検証・防災と復興
2

防災をめぐる
国際協力のあり方

グローバル・スタンダードと現場との間で

五百旗頭 真
[監修]

片山 裕
[編著]

ミネルヴァ書房

　　　　　　　巻　頭　言

　日本の近代史を振り返ってみれば，第二次世界大戦後は最も平和な時代であった。明治以来，10年をあけず戦争を重ねてきた近代日本が，20世紀後半の半世紀は，一度も戦争の当事者とはならなかった。
　興味深い偶然と言えようが，その間，日本列島の大地もまた平穏であり，1948（昭和23）年の福井地震を最後に，半世紀近く内陸部に大きな地震は起こらなかった。それを決定的にくつがえしたのが，1995（平成7）年の阪神・淡路大震災であった。6434名もの犠牲者を出す大災害は，戦後平和に慣れた日本人にとって文字通り驚天動地の衝撃であった。兵庫の地は，二度とこのような悲劇を繰り返すまいと，シンクタンクを創設して将来の災害から人々を守る研究を開始し，ミュージアムを開設して，人々と防災・減災の知識を共有しようとした。
　しかし，わが大地が阪神・淡路大震災を機に厳しい地震活性期に突入したことを，われわれは知らねばならなかった。鳥取地震，中越地震，岩手宮城内陸地震と，時計回りに地震を頻発させつつ，2011（平成23）年3月11日，ついに未曾有の東日本大震災に行きついたのである。しかも，それが地震活性期のフィナーレではなく，2016（平成28）年に列島南西部に熊本地震を起こし，それは内陸地震や火山を連鎖させつつ，南海トラフの海溝型大地震に行きつくのではないかと憂慮される今日である。
　このような事態を迎えて，ひょうご震災記念21世紀研究機構では，大災害対処のいくつもの研究グループを走らせてきたが，ここにミネルヴァ書房との合意に基づき，三書を世に問いたいと思う。
　まず，近代日本に起こった三つの大震災——関東，阪神・淡路，東日本——の比較検証である。全ての対処は，何が起こったかを知り，分析することから始まる。御厨貴を編者とする『大震災復興過程の政策比較分析』は力ある社会

i

科学者, 歴史家たちによる三大震災の多角的な比較研究である.

次に, 未曾有の巨大災害であった東日本大震災は, かつてない国際的支援の輪を生み出した. 阪神・淡路大震災までは, 外国の災害への支援も外国からの受援もよちよち歩きであったものが, 東日本大震災を経て, 大きな進展を見せている. 片山裕を編者とする『防災をめぐる国際協力のあり方』は, 出入り双方の国際的支援の実態と問題点を重層的に分析するたぐい稀な研究書である.

さらに, 阪神・淡路大震災が「ボランティア革命」を生んだのに対し, 東日本大震災は自治体間の広域支援の大きなうねりをもたらした. 大西裕を編者とする『災害に立ち向かう自治体間連携』は, 日本を代表する政治学者・行政学者たちが, 3年をこえる綿密な共同研究をもとに, 東日本大震災における広域支援の実態を国際比較の中に位置づけて分析し, 日本の災害対処体制のあり方を問う斬新な注目すべき研究である.

最近ようやく社会科学を中心とする東日本大震災の共同研究が成果を生み出した (村松岐夫・恒川惠市監修『大震災に学ぶ社会科学』[全8巻]) が, 従来, 震災研究と言えば, 地球物理や耐震技術をはじめ, 理工系の仕事が圧倒的な比重を占めてきた. ここに人間と社会の営みに焦点を合わせる独自の震災研究シリーズを, 人文・社会科学の分野から世に問うことができることを嬉しく思う.

2016年7月19日

ひょうご震災記念21世紀研究機構理事長　五百旗頭　真

　　　　　　　　は　し　が　き

　本研究は，公益財団法人ひょうご震災記念21世紀研究機構が2012年から2014年の2年間にかけて実施した共同研究プロジェクト「国際防災協力体制構築の検討——アジアを中心に」の研究成果である。

　同研究会は2014年3月，その最終報告書において，①日本から諸外国への支援送出しに際しての二国間・多国間調整の必要性，②日本が海外からの支援を受け入れる際の政府内における調整機能の強化と官民，中央—地方などの異なる主体間の連携必要性，をそれぞれ指摘した。

　本書はそれを踏まえ，外務省，JICA，NGOなどの実務家からも特別な協力をいただき，改めて，防災をめぐる日本と諸外国との国際協力の経緯と諸課題をまとめたものである。日本が諸外国の大規模災害に際して支援を行う時，あるいは，阪神・淡路大震災や東日本大震災のように日本が諸外国からの支援を受け入れる際のメカニズムや教訓を，包括的に分析することを目的としている。

　本書が特に焦点をあてるのは，国際防災のグローバル・スタンダード化である。

　近年，特にアジア太平洋地域では大規模な自然災害が多発しており，各国は緊急物資の供与といった物的支援に加え，救助チーム，医療チーム，専門家チームなどの人的支援を行ってきた。それに伴い，官民のさまざまなレベルで，人道支援・災害救援にかかる基本的な考え方やガイドラインといった国際的規範が共有されている。また，災害救援に関わるさまざまなアクター同士が効果的かつ効率的に活動を行うための相互運用性（interoperability）が重視され，緊急援助隊の技能，装備（asset），サービスの質などの標準化，ランク付けが行われ，標準手続き（Standard Operational Procedure）が定められる。東日本大震災の被災地では，行政，社会福祉協議会，NPOに加え，普段は日本以外の国で活動する日本の国際協力NGO，場所によっては外国の医療チームなどが関

与し，用語やルールの統一の重要性が認識された．自治体や企業，国家の単位でも，災害対応のマネジメントシステムである「インシデント・コマンド・システム（現場指揮システム：ICS）」が整備，共有されつつある．さらには，外国の援助隊をスムーズに受け入れたり，自国以外の場所で災害に遭遇してしまった人々を保護し，退避させたりするために，緊急時における各国の主権の範囲を柔軟に適応させる制度作りや，国際協定などが議論されている．これが，1987年以降2016年までに141件もの国際緊急援助隊による人的援助を実施し，2011年の東日本大震災において163の国と地域，43の国際機関から支援の申し出を経験した日本で広く共有されている認識である．

　災害多発国である日本では，災害救援や復興には，被災地の文化，被災者の自発性，内発性，援助アクターの多様性を尊重することが不可欠であることも経験的に指摘されてきた．支援物資の集積方法，配布方法，ボランティアの配置など，同じ自治体の中でさえ組織が違えば異なる手法もある．現場で積み重ねられてきた個々の知見と，グローバル・スタンダードは，来るべき災害に向け，どのように統合されていくべきなのだろうか．

　同時に，本研究会のそもそもの主眼がアジアであったことから，国連を中心に作られてきた規範や米国発のICSが，日本を含むアジアの制度や社会にどのように適応できるのかという点も，本書の重要なテーマとなっている．この10年，アジア太平洋地域ではかつてない規模の自然災害が頻発している．2013年にフィリピンのビサヤ地方に壊滅的な被害を与えた巨大台風「ハイヤン」，2015年のネパール震災などは，読者の記憶にも新しいところであろう．本書に収めた多くの論文は，東日本大震災に加え，フィリピン，ネパールの事例からの教訓も引き出している．

　15名の執筆者は研究者と実務家から構成され，そのバックグラウンドはさまざまであるが，以上の問題意識と，それぞれの専門分野や経験をもとに，多角的な分析を行った．

　今日，重要性を増している国際防災協力体制のために，本書が研究者と実務家のための基礎文献の一つとなることを強く願う次第である．

　本著が完成に至るまでに非常に多くの方々にお世話になった．共同研究プロ

はしがき

ジェクトの立ち上げから実施の過程では，伊賀司氏，富永泰代氏が献身的に研究会の事務局を支えてくれた。また，本著の企画・編集にあたっては共著者の一人でもある木場紗綾氏の全面的な協力を得た。木場氏の情熱がなければ，本書は完成しなかったであろう。特に記して感謝したい。

2017年6月15日

編著者　片山　裕

防災をめぐる国際協力のあり方
――グローバル・スタンダードと現場との間で――

目　次

巻 頭 言
は し が き

序　章　グローバル・スタンダードと現場との間で
　　　　　　　　　　　　　　　　　　　　　　片山　裕・木場紗綾 … 1
　　1　国際緊急援助のルーツは外交政策 …………………………………… 1
　　2　受援と外交：「災害外交」という視点 ………………………………… 4
　　3　国際人道支援の規範と調整メカニズム ……………………………… 7
　　4　市民社会の多様性を生かすには ……………………………………… 9
　　5　アジア太平洋地域における多国間調整メカニズムの形成 ………… 11
　　6　本書の目的：グローバル・スタンダードと現場との間で ………… 13
　　7　本書の構成 …………………………………………………………… 15

第Ⅰ部　緊急災害対応の送出し国・受入れ国としての日本：1987年から東日本大震災まで

第1章　日本の国際緊急援助・国際防災協力政策の展開
　　　　　　　　　　　　　　　　　　　　　　楠　綾子・栗栖薫子 … 25
　　1　日本の国際防災協力政策の歴史 ……………………………………… 25
　　2　外交政策としての国際緊急援助 ……………………………………… 25
　　3　国際防災協力への積極的取り組み …………………………………… 29
　　4　アジア太平洋地域の防災協力枠組みづくり ………………………… 39
　　5　日本の国際緊急援助並びに国際防災協力政策の展開 ……………… 42

第2章　国際緊急援助隊の派遣に関する法律（JDR法）
　　　　——制定経緯と主要問題点——
　　　　　　　　　　　　　　　　　　　　　　　　　　　　大島賢三 … 47
　　1　JDR法の制定に至る経緯 …………………………………………… 47
　　2　JDR法に関する主要問題点 ………………………………………… 52

| | 3 本法律整備の意義 …………………………………………………… 61 |

第3章 東日本大震災における国際支援受入れと外務省の対応
………………………………………………………………………… 河原節子 … 64
	1 本章の目的 ……………………………………………………… 64
	2 外務省の対応体制 ……………………………………………… 65
	3 支援の具体的な受入れ ………………………………………… 67
	4 当時の支援受入れと国際スタンダードの関係 ……………… 77

第4章 東日本大震災の国際支援と自治体 ………… 大江伸一郎 … 83
	1 地方自治体と国際支援 ………………………………………… 83
	2 阪神・淡路大震災と国際支援 ………………………………… 84
	3 阪神・淡路大震災後の検証作業 ……………………………… 87
	4 東日本大震災と国際支援 ……………………………………… 88
	5 東日本大震災後の検証作業 …………………………………… 90
	6 地方自治体の備え ……………………………………………… 92
	7 世界各地からの支援を活かすために ………………………… 94

第5章 自衛隊の災害救援活動 ………………………… 村上友章 … 96
──戦後日本における「国防」と「防災」の相克──
	1 災害派遣という「戦略文化」 ………………………………… 96
	2 災害派遣の出自 ………………………………………………… 97
	3 冷戦下の自衛隊と災害派遣 …………………………………… 100
	4 冷戦終結後の自衛隊の変容と災害派遣 ……………………… 105
	5 東日本大震災と「戦略文化」の定着 ………………………… 109

第6章　東日本大震災における米軍のトモダチ作戦
　　　　　──国際支援と防災協力のあり方──
　　　　　　　　　　　　　　　　　　　　　ロバート・D・エルドリッヂ…112

1　防災協力の展望……………………………………………112
2　「トモダチ作戦」の前史…………………………………112
3　東日本大震災の米軍の行動……………………………115
4　トモダチ作戦が成功した理由と背景…………………118
5　トモダチ作戦中の諸課題………………………………120
6　海兵隊の防災協力プログラム…………………………121
7　おわりに：次なる震災に備えて………………………127

第Ⅱ部　防災から減災へ：国際防災協力のさまざまな担い手

第7章　JICAによるアジアへの防災協力…………柳沢香枝…133

1　アジアの災害対応能力強化とJICAの役割……………133
2　被災国を重視する緊急災害援助………………………134
3　災害多発国の応急対応能力の強化……………………137
4　アジアの国際災害支援能力の強化……………………141
5　アジアの災害対応能力強化と今後の国際協力の展望…144

第8章　大災害後の教育復興支援をめぐる国際協力…桜井愛子…148
　　　　　──日本・アジアの災害被災地での対応──

1　災害が学校や教育へもたらす影響……………………148
2　国際的な枠組み…………………………………………150
3　アジアの被災地における国際支援と教育復興………154
4　東日本大震災被災地における国際的な教育復興支援…160
5　災害後の教育復興に対する国際協力の改善に向けて…163

第**9**章　アジアの防災教育……………………………中川裕子…167
　　　　——教育の共有と標準化——
　　1　防災教育の現状と課題………………………………………167
　　2　日本の防災教育………………………………………………168
　　3　海外への防災教育支援………………………………………170
　　4　アジアでの防災教育の課題…………………………………178
　　5　防災教育の技術移転…………………………………………181

第Ⅲ部　日本に何が求められているのか

第**10**章　防災教育及びコミュニティ防災分野における日本の役割
　　　　——防災先進国が行う国際協力とは——
　　　　……………………………………………ショウ智子…187
　　1　防災教育及びコミュニティ防災の潮流と本章の目的………187
　　2　途上国への防災支援の動き…………………………………188
　　3　調査手法と分析方法…………………………………………192
　　4　共通する防災意識の特徴……………………………………193
　　5　防災意識調査の結果…………………………………………195
　　6　防災意識調査を踏まえたコミュニティ防災活動からの学び……198
　　7　コミュニティ防災及び防災教育分野における日本の役割………199

第**11**章　自衛隊による災害救援・防災協力の今後……吉富　望…203
　　　　——東日本大震災からフィリピン，ネパールへ——
　　1　支援者であり受援者でもある自衛隊………………………203
　　2　自衛隊による国外での災害救援・防災協力………………204
　　3　東日本大震災に際する自衛隊による外国軍の受入れ……212
　　4　外国軍受入れ時の教訓：東日本大震災からフィリピン，
　　　　ネパールへ…………………………………………………215
　　5　自衛隊による災害救援・防災協力の展望…………………217

第12章　国際緊急援助隊の政策的課題……………………木場紗綾…221
　　　　——支援の送出しと受入れにかかる地位——
　　1　なぜ国際緊急援助隊の地位が重要なのか……………………………221
　　2　日本の現状と課題………………………………………………………223
　　3　ASEAN 主要国の見方…………………………………………………225
　　4　調査から明らかになった ASEAN 諸国のロジック…………………231
　　5　ASEAN 諸国とどのように議論を進めていくか………………………232

第13章　大規模自然災害における在外邦人輸送……安富　淳…235
　　1　在外邦人輸送……………………………………………………………235
　　2　大規模災害における NEO の特徴……………………………………239
　　3　NEO の課題と取り組み…………………………………………………244
　　4　大規模自然災害時に在外邦人を守るために…………………………250

国際緊急援助隊の派遣に関する法律……255
索　　引……259

序　章
グローバル・スタンダードと現場との間で

片山　裕・木場紗綾

1　国際緊急援助のルーツは外交政策

　2013年11月にフィリピンを襲った巨大台風「ハイヤン」，2015月4月にネパールで発生した大地震ではいずれも，青とオレンジのユニフォームを着て直ちに現地入りした日本の救援チーム，医療チームや，その後に大規模な装備を持って現地に到着した自衛官など，日本人による「国際緊急援助隊」の姿が報道された。

　国際緊急援助隊の事務所はJICA（国際協力機構）に置かれており，ホームページ*には「日本は，地震や台風などの自然災害が多いため，これまでに豊富な経験と技術的なノウハウを蓄積してきました。こうした経験を途上国の災害救援に活かしたいとの思いから，1970年代後半に医療チームの派遣を中心とする国際緊急援助活動が始まりました」と書かれている。

　＊　JICAウェブサイト「国際緊急援助隊（JDR）について」（https://www.jica.go.jp/jdr/about/jdr.html　2017年4月20日アクセス）。

　このように現在では，国際緊急援助隊の派遣は，日本の経験を途上国に伝えるための人道的目的に基づいた国際協力であるとの認識が広く共有されている。しかし，日本政府が諸外国の災害に際していち早く救援隊を派遣できる体制を検討しはじめ，1987年に「国際緊急援助隊の派遣に関する法律」が議論されたのは，外交上の事情によるものであった。70年代当時の日本は，戦後賠償からはじまった従来の開発途上国への国際協力に加えて，人道援助や災害救援を外交政策として重視するようになっていた。折しも世界各地で大規模災害が頻発

図序-1 日本の国際緊急援助（自衛隊部隊以外が「シビルJDR」と呼ばれる）

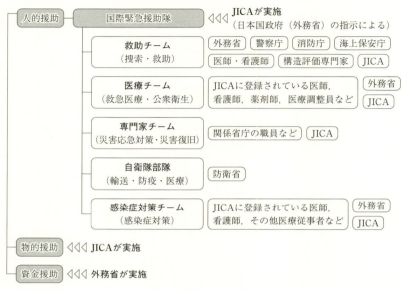

（出所）JICAのウェブサイト（www.jica.go.jp/jdr/about　2017年4月20日アクセス）をもとに筆者作成。

しており，他の先進国は救援チームを派遣して被害拡大防止に貢献していた。しかし，当時，「人」を派遣する制度をもたなかった日本の支援は，見舞金などの資金援助や緊急食糧援助など物資援助に限られていた。当時の国際協力事業団（現・国際協力機構：JICA）は79年に国際救助医療チームを初めて派遣し，1982年に外務省・JICAが「国際緊急医療体制」（Japan Medical Team for Disaster Relief: JMTDR）を整えたが，いずれも，災害発生直後の救援活動ではなく医療や復興の専門家を中心としたチーム構成であった。より迅速に対応し，被害を未然に防ぐ国際貢献が必要であると考えられ，消防庁，警察庁，海上保安庁，市町村消防，都道府県警察との協力によって救助隊を派遣して国際貢献を拡大すべきであるとの声が高まったことが，国際緊急援助隊結成の動機であった。

　自衛隊による災害救援も，日本の政治的・外交上の事情から制度化されてきた側面が強い。90年代に「国際連合平和維持活動等に対する協力に関する法律（PKO法）」が成立した後，「国際緊急援助隊」は文民の専門家らによる「シビ

序　章　グローバル・スタンダードと現場との間で

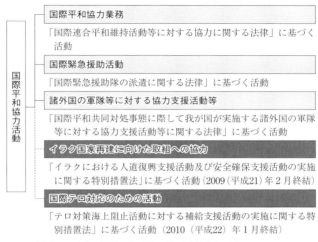

図序-2　自衛隊による国際平和協力活動

凡例：■は限時法，□は恒久法に基づく活動を示す。
（注）　国際緊急活動はPKO業務と同様に国際平和協力活動と位置付けられている。
（出所）　防衛省（2006）を筆者一部修正。

ルJDR（JDRは緊急援助隊の英訳であるJapan Disaster Reliefの略）」と，自衛隊による「自衛隊JDR」に分けられた（図序-1）。自衛隊による国際緊急援助活動は，その根拠法が異なるにもかかわらず，平和維持活動（PKO）と並んで，「国際平和協力活動」として位置付けられ，日本のあらたな外交・安全保障政策として組み込まれることになった。諸外国では軍による災害救援活動と平和維持活動は分けて考えられており，派遣される部隊や指揮部署も別であるが，日本の場合は両者がともに「国際平和協力活動」という曖昧な語でひとくくりにされている。そしてこの「国際平和協力活動」は，自衛隊がその法的・制度的な事情から伝統的な国連PKOの枠組みにある平和執行や平和維持活動に参加することがきわめて難しいという制限の中で，いかに海外での貢献度合いを高めていくかという視点から議論されてきた（図序-2）。2006年12月15日に成立した「防衛庁設置法等の一部を改正する法律」では，「国際平和協力活動」が自衛隊の本来任務と定められ，翌年には上記の大綱に基づき，国際平和協力活動の強化を目的の一つとして「中央即応集団」（Central Readiness Force: CRF）

が設置され，国内の緊急事態への対応と並んで，国際平和協力活動に関する教育及び訓練を行うと同時に，先遣隊を派遣し，派遣部隊を指揮して同活動に対応することが任務の一つとして定められたが，この際にも PKO 活動や対テロ活動と国際緊急援助は同列に扱われている。その後も国際緊急援助と PKO 活動の教訓は自衛隊の中ではしばしば混同して議論されてきた（Yasutomi and Kiba, 2017）。

2008年，福田康夫内閣下でとりまとめられた「平成21年度わが国の重点外交政策」では，国際平和協力活動への協力，平和構築分野の人材育成，人間の安全保障の推進，大規模災害への対応といった国際貢献が挙げられており，さまざまなスキームを組み合わせた国際防災協力が明確に外交戦略として位置付けられることとなった。

2　受援と外交：「災害外交」という視点

このように，国際緊急援助が通常の国際協力と同様に外交手段として制度化されてきたのは他国も同様であるが，近年，援助の送出し国の側の外交的利益だけでなく，送出し国と受入れ国の両者の国家間関係の変化を分析する「災害外交（Disaster Diplomacy）」の視点からの分析が注目を集めている。本書のシリーズ「検証・防災と復興」の第1巻目である『大震災復興過程の政策比較分析』（御厨貴編著，2016年）の最終章「三大震災時の受援をめぐる比較考察――「災害外交」の視点から」（渡邉公太）でもその考え方が紹介されている。

「災害外交」概念を最初に理論化したケルマンの "Disaster Diplomacy: How Disasters Affect Peace and Conflict（災害外交：災害が平和と紛争にどう影響するか）" において，伝統的に敵国とみなされてきた国家からやむなく緊急災害支援を受けた場合に2国間の国家関係はどのように変化するか，それは短期的なものなのか，それとも正統性をもって維持されるのか，という問題関心から書かれている（Kelman, 2011）*。

* ケルマンは災害外交に関する以下のウェブサイトも運営している（http://www.disasterdiplomacy.org/　2017年4月20日アクセス）。

序　章　グローバル・スタンダードと現場との間で

「災害外交」の新しさは，大規模災害に見舞われて諸外国から援助を受け入れた国が，その後，どのような外交関係を築いていくかという点に着目した点にある。

2011年，日本は東日本大震災において，史上最大規模の「受援」を経験した。東日本大震災においては複数の国連機関及び世界128ヶ国から支援を受けた。恒川惠市らの『大震災・原発危機下の国際関係』でも，短期的ではあるが受援を経験した日本が外交関係（特に米国との関係）をどう変化させたのかという分析が掲載されている。また，米国の日本研究者のサミュエルズは，2013年に発表した"3.11: Disaster and Change in Japan（3.11：災害と日本の変化）"において，東日本大震災が日本政治に与えた影響について，国家安全保障，エネルギー，地方自治の三分野に分けて分析している。同著は，「災害外交」は短期的なものであり，国家間関係や重要な外交・安全保障政策の大枠に影響を与えることはないと結論付ける。東日本大震災で軍を含む諸外国からの支援を受けた日本には，「危機への備えが不十分であるのでもっと防衛予算を拡張すべきである」との保守的な見方，「日本にとっての脅威はむしろ自然災害であるから，自衛隊は災害派遣に徹するべきである」との見方，そして「従来の日米同盟は正しかった」という現状肯定の見方の３つが存在したが，このうち，政策プラットフォームにおいて主流であったのは最後の現状維持派であったという。また，日本が震災直後に中国や韓国から援助を受け取ったことによって日中関係や日韓関係が改善されたという事実はなく，災害外交は通常の国際関係のダイナミズムに変化をもたらすことはないと結論付けている。

これに対して，大規模災害時における外国軍の派遣は，国家間関係に重要な影響を与えると結論付けているのが，ピースウィンズ・アメリカが笹川平和財団の支援を受け，米国，日本，フィリピンの３カ国の研究者や実務家らとともに実施した，2013年にフィリピンを直撃した台風ハイヤン後の教訓を抽出するための調査（Ehrenfeld and Aaneson, 2015）である。同調査はアジア太平洋地域における防災体制の強化を主眼としており，結論部分ではおもに文民政府，国際援助機関，非政府組織（NGO），そして自国軍，外国軍といった各アクター間の民軍調査協力（civil-military coordination）に関する提言を行っているが，

同時に、人道支援・災害救援は日米の戦略的連携の支柱となるとしており、例として、2015年4月に再改定された「日米防衛協力のための指針」において、「日米両政府が、大規模な人道災害及び自然災害の発生を受けた関係国政府又は国際機関からの要請に応じて、国際的な人道支援・災害救援活動を実施する場合、日米両政府は、適切なときは、参加する自衛隊と米軍との間の相互運用性を最大限に活用しつつ、相互に支援を行うため緊密に協力する」と記されたこと*に言及し、第3国における米軍と自衛隊との救援活動の経験が、日米同盟のダイナミクスに影響を与える可能性を示唆している。

* 「日米防衛協力のための指針（2015年4月27日）」防衛省ウェブサイト（http://www.mod.go.jp/j/approach/anpo/shishin/shishin_20150427j.html 2017年4月20日アクセス）より。

また、日本とフィリピンとの関係においては、2015年6月にベニグノ・アキノ大統領（当時）が国賓として来日した際に合意された「戦略的パートナーシップ強化のための行動計画（共同宣言附属文書）」に、「両政府は、2013年の台風ヨランダの際の人道支援・災害救援活動における日本国自衛隊の貢献を想起し、フィリピンにおける災害救援活動時の自衛隊の法的地位を定めるためのあり得べき方途について検討する。」と記述されたことは、まさに、災害救援の経験が長期的に2国間関係のあり方や制度変更にまで影響を与えた例として注目されよう*。もちろん、シェルドン（Sheldon, 2015）などが指摘するように、日本とフィリピンとの間で外国軍地位協定を締結するための協議を進めるべきだとの考え方は、台風を契機として始まったわけではなく、近年のアジア太平洋地域における海洋安全保障上の脅威の高まりを受けての議論として考えるのが当然であるが、ここで重要なことは、災害救援活動を表向きの理由として、訪問軍地位協定に向けた協力のように、外交・安全保障上きわめて機微な問題が合意文書に盛り込まれたという点である。

* "Action Plan for Strengthening of the Strategic Partnership (Annex of the Joint Declaration)," 外務省ウェブサイト（http://www.mofa.go.jp/mofaj/files/000083659.pdf 2017年4月20日アクセス）。

3 国際人道支援の規範と調整メカニズム

　上記のように国際緊急支援が外交的目的からはじまり，政治的な影響をもつものだとしても，その根底には，国境を越えて災害の脅威から人類を守り，救える命を救い，被災者が最低限の生存の尊厳を尊重され，一日も早くもとの生活に戻れるために国境を越えて協力すべきであるという人道的な規範がある。

　国連は1990年代を「国際防災の10年（IDNDR: International Decade for Natural Disaster Reduction）」と定め，防災・減災の枠組みの具現化に向けた議論が開始した。1994年には第1回国連防災世界会議が神奈川県横浜市で開催された。その後，兵庫県で2005年に第2回国連防災世界会議が開催され，「兵庫行動枠組（Hyogo Framework for Action: HFA 2005-2015）」が示された。当時は，各国が国際的な防災の枠組みに合意するということ自体に意義が見い出されたが，同時に，戦略目標を目標のままで終わらせるのではなく，各国政府の進捗状況をモニターするメカニズムとして，国連国際防災戦略（UNISDR）が整備され，同枠組みを推進するため，2年に1度，ジュネーブで「グローバル・プラットフォーム」が開催され，各国政府だけでなく，自治体やNGO，コミュニティ団体などのさまざまなステイクホルダーが参加してきた。

　第3回世界会議は，2015年以降の新たな国際防災の枠組みを策定するため，2015年3月に東日本大震災の被災地である宮城県仙台市で開催され，その成果として，兵庫行動枠組HFAの後継となる新しい国際的防災指針である「仙台防災枠組2015-2030」と会議の成果をまとめた「仙台宣言」が採択された。「仙台防災枠組」の40％を占めるのが，「優先行動」である。ここには，中央政府だけでなく地方自治体の努力も含まれる。具体的アクションが明記されており，「ステイクホルダーの役割」が重視されている。7つのターゲット，13の指導原則などが詳細に示され，より具体的な方針や優先事項と，数値目標が示されている。たとえば，10万人あたりの死亡者数，被災者数の削減，世界のGDP比での災害による経済的損失の削減，重要インフラの損害の削減などである。

　各国の政策レベルで防災にかかるこうした目標や方法論が共有，合意され，

表序-1　重要な国際ガイドラインの例

Voluntary guidelines governing humanitarian action
1．Code of Conduct for the RCRC Movement and NGOs in Disaster Relief
2．Sphere Project: Humanitarian Charter and Minimum Standards in Humanitarian Response（Sphere Handbook）
3．HAP Standards in Humanitarian Accountability
4．IASC Operational Guidelines on the Protection of Persons in Situations of Natural Disasters
5．Guiding Principles on Internal Displacement
6．Oslo Guidelines on the Use of Foreign Military and Civil-Defense Assets in Disaster Relief
7．Asia-Pacific Regional Guidelines for the Use of Foreign Military Assets in Natural Disaster Response Operations
8．Management of Dead Bodies after Disasters Field Manual
9．Guidelines for Environmental Emergencies
10．IASC Guidelines for Gender-Based Violence Interventions in Humanitarian Settings
11．IASC Gender Handbook in Humanitarian Action

（出所）　UNOCHA［国連人道問題調整事務所］アジア・太平洋事務所のホームページ（http://www.unocha.org/publications/asiadisasterresponse/InterntionalHumanitarianArchitecture.html#Voluntary%20guidelines%20governing%20humanitarian%20action　2017年5月18日アクセス）から抜粋．第3章担当・河原節子作成．

行動に移されてきたのと同時に，発災直後の緊急災害支援においても，支援の規範や手続きの一定の基準化，規範化が必要であるとの指摘がなされるようになってきた。国際人道支援コミュニティにおいては，世界的な視点からみた災害と国際協力のしくみやルールの整備も進んできた。

「大災害と国際協力」研究会が2013年に刊行した『大災害に立ち向かう世界と日本――災害と国際協力』は，それらを体系的に整理した書籍である。災害救援・人道支援，復興支援，防災に携わるJICAの実務者が中心となって編集された同著には，災害支援・防災分野の国際協力のメカニズムが詳細に記載されている。中でも第2章「大規模災害に対する救援活動と国際社会」は，大規模災害の救援活動に携わる国際的な担い手を網羅的に整理したうえで，多様なアクター同士の調整を可能とするためのルールとメカニズムを説明している。具体的には**表序-1**のようなルールが挙げられている。

　紙面の都合上，本書では説明を省くが，このうち，広く知られているのはスフィア・スタンダードである。これは人道支援の現場において支援者が守るべき最低基準であり，冷戦終結後，世界各地で内戦が頻発する中，国際機関や

NGO が効果的な調整を行い，人道支援の質を管理し，説明責任を果たす目的で定められ，2000年にハンドブックとして取りまとめられたものである。人道支援及び裨益者の権利擁護やマイノリティへの配慮にかかる基本的な考え方とともに，たとえば，「避難所におけるトイレは50人あたり1ヵ所，男性用1に対し女性用3の割合で設置すべきである」などの数値基準が示されている。

また同書は，国連人道問題調整所（UNOCHA）の機能，国連災害評価調整（UNDAC）チーム及び，海外の災害支援の現場では発災直後に設置される「クラスター・アプローチ」を通じた支援分野別会合のメカニズムについても説明している。同アプローチは2010年のハイチ大地震，2013年の台風ハイヤン（フィリピン），2015年のネパール地震などで採用され，機能してきた。

4　市民社会の多様性を生かすには

しかし，東日本大震災において各国からの支援を受け入れた日本は，こうした国際基準を遵守してはいなかったとの指摘が，特に，東日本大震災後，東北に赴いた日本の国際協力 NGO からなされている。「(特活) 国際協力 NGO センター (Japan NGO Center for International Cooperation: JANIC)」によると，東日本大震災でプロジェクトを実施した国際協力 NGO は59団体にのぼった（国際協力 NGO センター，2012）。同センターが取りまとめた報告や座談会では，スフィア・スタンダードや「人道支援団体の説明責任パートナーシップ（Humanitarian Accountability Partnership）」などの国際的な基準が十分に活用できなかったことが指摘されている。東北で緊急支援に従事した NGO 職員らは，食料の水準は国際基準で必要とされているレベルに達していない避難所が多くみられた一方，安全な水は国際基準以上の量が供給されていても「不足している」とみられたこと，クラスター・アプローチに基づく調整会議が立ち上げられなかったために支援分野ごとの情報が入らなかったこと（国際協力 NGO センター，2012，17-21頁），日本から海外に緊急支援に赴く際には現地の行政機関と同じテーブルについて役割分担の議論をしてきた日本の国際協力 NGO が，海外での援助プロジェクトに豊かな経験をもち，人道支援のガイドラインや基準につ

いて高い知識を有する職員を派遣したにもかかわらず，東北の被災地ではあくまでも部外者して扱われてしまい，その知見を活かすことができず，ボランティアとして扱われてしまったこと（多賀・国際協力NGOセンター，2012）などを指摘している。そのうえで，サイコロジカル・ファーストエイドなどの精神面での被災者のケアを行う基準についても，すでに先進国を含めた災害現場での適用がされている中で，日本の関係者も積極的にこのような基準を採用し，平時から準備を行う必要があると提言している（国際協力NGOセンター，2012，113頁）。

　災害支援の標準化の必要性は，かねてより国内でも議論されてきた。同じ自治体の中であっても，支援物資の集積方法や配布方法などの手順が異なるため，ボランティアセンターとして異なる組織の人員を効果的に配置することが困難であるなどの課題は恒久的に存在し，それらを繋ぐための平素からの組織間ネットワークや連携メカニズム，調整を担える人材の育成などの重要性が指摘されてきた。そうした議論を踏まえ，災害対応のマネジメントシステムである「インシデント・コマンド・システム（現場指揮システム：ICS）」が近年，行政，企業，市民社会の各レベルで導入されてきたのである。

　しかし，市民社会組織による活動は，その多様性や，標準手続きに縛られない自由で自発的な活動形態にこそ意味がある。本書の第Ⅱ部で扱うように，たとえば被災児童が教育を受ける権利についてはさまざまな規範があるが，防災教育には標準化されたカリキュラムが存在しない。社会，文化，経済環境が国によって異なるし，災害リスクはその地域ごとに固有であり，行政の機能の仕方も異なる。地域ごと，裨益者ごとに柔軟にカスタマイズした教育を提供できるのが，小回りの利くNGO／NPOの強みである。桜井政成編著『東日本大震災とNPO・ボランティア——市民の力はいかにして立ち現れたか』（2013年）は，NPO，学生ボランティア，大学ボランティアセンター，国際協力NGO，企業のCSR活動など，市民社会組織の多様性と，それらが有機的に協働できる可能性を描いている。防災計画立案やICSへのコミュニティや市民社会組織の参加は，多様性をもつアクターが情報や教訓を共有し合い，地域固有の情報を行政に伝えるという意味でも非常に重要である。

国際防災協力では，調査を行うべきアクターはさらに増える。国際的な支援の担い手がより効率的に調整・分業・協力するためにはどのような条件が必要なのだろうか。

5　アジア太平洋地域における多国間調整メカニズムの形成

2004年スマトラ沖地震，2008年サイクロン・ナルギス（ミャンマー大水害），2011年東日本大震災，2013年台風ハイヤンなど，この10年の間にアジア地域で発生した大災害においては，かつてない規模で各国の軍や国際機関，国際NGO，企業などの多国籍のアクターが出動した。「防災ガバナンス」を担うアクターの多元化・グローバル化は，アジア太平洋地域の多くの国々にとって，もはや当然の事象として認識されるようになってきたと言えるだろう。

東南アジア諸国連合（Association of South-East Asian Nations: ASEAN）加盟国の間では，2005年には地域における防災協力を法的に義務化するASEAN災害管理・緊急対応協定（ASEAN Agreement Disaster Management and Emergency Response: AADMER）への署名が行われ，2009年にすべての加盟国が国内批准を終えて発効した。2008年のサイクロン・ナルギスにおいては初めてASEANから災害支援派遣が行われ，翌2009年にはASEAN事務局が人道支援調整を担うことに加盟国外相らが合意し，2011年のAHAセンター（ASEAN Coordinating Center for Humanitarian Assistance on Disaster Management）の開設に至った。「地域の待機制度および統合災害対処・危機対処活動の統合標準作業手続」（Standard Operating Procedure for Regional Standby Arrangements and Coordination of Joint Disaster Relief and Emergency Response Operations: SASOP）は，2009年に起草され，見直しが続けられてきている。

この地域の多国間枠組みの中でこの10年間で顕著に進んだできたのは，民軍調整（civil-military coordination）に関する議論であろう。

1994年にUNOCHAが中心となって主要45ヶ国と関係国際機関の参加のもとに作成した文書「オスロ・ガイドライン（Oslo Guidelines）」は，災害時の国際緊急援助に関する原則をとりまとめており，その中に「軍の装備（アセット）

の使用は最後の手段とする」ことが明示されている。しかし，東南アジアの新興民主主義国では，民主化以降，国軍改革を含む治安部門の制度的改革とシビリアン・コントロール（文民統制）の強化が議論されてきたが，依然として軍が災害救援活動の指揮をとっている国も多い。

　こうした背景から，2014年，オスロ・ガイドラインのアジア太平洋版である「自然災害対処において外国軍の施設を利用する際のアジア太平洋地域ガイドライン」（Asia-Pacific Regional Guidelines For The Use of Foreign Military Assets in Natural Disaster Response Operations: APC MADRO）が作られた*。アジア諸国が，西洋型の国際規範を地域の事情に合わせてカスタマイズしている代表的な事例である。

　　*　同文書は「生きた文書（living document）」として随時，加筆修正されていく予定である。

　現場での民軍調整については，UNOCHAのクラスター制度を下敷きに，フィリピンとネパールの経験から，さまざまな多国間調整のメカニズムが提案され，実用化されてきた。2013年の台風ハイヤンでは，米国や豪州はもちろんのこと，近隣の東南アジアの政府が，捜索チーム，医療チームの派遣に加え，軍用機を使っての輸送支援を一斉に申し出た。そして，かねてより構想されていた軍による「多国間調整所（Multi-National Coordination Center: MNCC）」がマニラ首都圏のフィリピン国軍本部に設置され，各国軍がもち込んだアセット（資産，装備）を最大限に活用するための多国間協議が現実化した。しかし，被災地であるレイテ島，セブ島は首都マニラから遠く離れており，実際には被災地にもっとも近い第二の都市であるセブ市がMNCCのハブとして機能した。ところが，UNOCHAや国際NGOなどの国際人道組織が調整の拠点を置いたのは被災地であるレイテ州の首都のタクロバンであった。マニラ首都圏に置かれたMNCCは軍のアセットによる輸送機能といった軍の機能に特化した任務のみを取り扱っていたが，現実には，自衛隊を含む各国の軍組織は輸送だけでなく，医療や瓦礫除去，復興といった活動も担っていた。そして，国際人道支援組織の側も，たとえば国連食糧計画（World Food Programme: WFP）のように，

序　章　グローバル・スタンダードと現場との間で

高い輸送能力を発揮した。マニラ，セブ，タクロバンという複数のハブが設けられたこと，軍と国際人道支援機関との役割が重複し，互いの情報を交換するメカニズムが必ずしも機能しなかったことで，国際支援の調整は困難を極めた。

　その教訓から生まれた発想は，国際人道支援組織は互いに調整官（リエゾン・オフィサー）を送り，人道支援機関と軍との運用調整所（Humanitarian-Military Operations Coordination Centre: HuMOCC）を設けること，さらに，MNCCとHuMOCCは物理的に近い場所に置くこと（co-location）であった。これらは2015年のネパールの震災に際しておおむね効果的に機能したと評価されている＊。

＊　アジア太平洋地域での多国間調整，民軍調整については，米国太平洋軍のシンクタンクであるCenter for Excellence in Disaster Management and Humanitarian Assistanceが教訓を取りまとめている。特にフィリピンとネパールの評価やHuMOCCの機能については，同シンクタンク発行のジャーナル「LIAISON」（https://www.cfe-dmha.org/Liaison　2017年4月20日アクセス）に詳しい。

6　本書の目的：グローバル・スタンダードと現場との間で

　本書はこうした背景及びすでに紹介した先行研究を受け，諸外国の大規模災害に際して支援を行う際，あるいは，阪神・淡路大震災や東日本大震災のように日本が諸外国からの支援を受け入れる際のメカニズムや教訓を，日本の政治的・外交的な文脈と，人道支援におけるグローバル・スタンダードの両面から，包括的に分析することを目的としている。

　本書の執筆者らは，東日本大震災後の2012年から2014年にかけ，公益財団法人ひょうご震災記念21世紀研究機構において共同研究「国際防災協力体制構築の検討——アジアを中心に」を実施した。研究会では，日本の災害緊急支援の歴史的展開と阪神・淡路大震災，東日本大震災における課題，企業の国際防災への対応，国際防災協力枠組みのレビュー，国や地域ごとの特性を考慮した防災教育などのテーマを議論した。

　2013年1月には，東日本大震災当時に外務省国際協力局緊急・人道支援課長

を務めた河原節子氏（本書第3章を担当）を研究会に招いた。第3章に詳述の通り、日本政府は東日本大震災の発生直後に、「我が国から国際社会に対して支援の要請はしないが、支援の申し出については現場のニーズに合うか否かを迅速に検討して、被災地での受け取り手が決まり次第速やかに受け入れる、受入れに当たって現場に負担のかからないよう外務省としてもできる限りの支援を行う」との基本的方向性に合意していた。これは日本独自の方向性であった。研究会では、従来型の人道支援、つまり、先進国から途上国への支援を前提として構築されてきたスフィア・スタンダードのような「国際的スタンダード」は東日本大震災のように先進国が受入国になった場合には必ずしも適応できない、むしろ日本の事例をもとに新しいモデルを模索すべきではないか、という点に議論が集中した。日本では災害救援は一義的には自治体が担うため、いくら人道支援の質の確保という目的であっても、一定の基準を自治体に押し付けることはできない。そもそも、日本が外国に支援を行う際にも、国際的スタンダードに照準を合わせるのではなく、被災国、被災者のニーズとリクエストに応じた支援をするのが当然である。よって、最低限の基準は守りつつも、日本は日本版の支援受入れの方針や基準で対応するほうが望ましいのではないか、との意見があった。

　河原氏もメンバーであった「東日本大震災と国際人道支援研究会」が2014年3月に発表した報告書は、東日本大震災において、日本の政府、自治体、NGOなどが必ずしも国際人道支援のスタンダードを満たした適切な「国際支援の受入れ環境」を準備することができなかった点、今後は国際支援の受入れの可能性を視野に法制度の整備や人材育成が急務であることが指摘されている。

　2015年には、JICAの理事（当時）である柳沢香枝氏（本書第7章を担当）らの編集による "Disaster Risk Reduction for Economic Growth and Livelihood — Investing in Resilience and Development（経済成長と生計獲得のための防災：レジリエンスと開発への投資）" がRoutledge社から出版された。これは、災害への備えとレジリエンスへの配慮が経済成長と持続的発展に不可欠であるとの立場から、日本をはじめとする世界の経験をまとめたもので、スマトラ沖大地震・インド洋大津波の後、インドネシア・アチェで取り組まれた復興の経験、

バングラデシュの地域コミュニティでの防災の取り組み，欧州委員会のアフリカでの干ばつ対策に関する論考などを事例として取り上げている。日本の先進的な防災の取り組みを詳細に説明するとともに，国際的な視野から防災を論じる必要性を強調している。

本書はこれらの問題提起を受け，日本が今後，アジア諸国と緊急人道支援，防災協力体制を強化していくうえでの現状と課題を，外交とグローバル・スタンダードとのバランスという観点から分析する。

支援の送出し・受入れの手続き，国連を中心とした支援国と受入れ国との間での調整，規範やルールの共有は重要であるが，同時に，国連のガイドラインや西欧諸国のドナー・コミュニティの規範，ルールが，日本を含むアジア地域にそのまま適用できるとは限らない。東日本の際の国際支援の受入れにおいて，従来は途上国を想定してきたスフィア・スタンダードなどを必ずしも適用することができないように，個別の国には個別の事情が存在する。最近では，アジア太平洋諸国の政府も日本に倣い，受入れに際しても送出しに際しても，独自の多国間調整ルール作りを志向している（木場・安富，2015）。

グローバル・スタンダードの適用をすべての国に強要し，東日本大震災時の日本がそれを遵守しなかったことを批判することも，反対に，国際的な潮流を無視して国益や組織利益を追求した独善的な災害支援を行うことも，どちらに偏りすぎても，効果的な国際防災協力は実現しない。日本及び各送出し国，受入れ国の独自の事情を鑑みつつ，現在の日本の政府機関，企業，非営利組織などの支援，受援の体制が国際的にどう評価され，どのように受け入れられるのか，改善すべき課題は何か。本書が，そうした政策的課題への答えの一助となれば幸いである。

7　本書の構成

本書は3部14章から構成されており，各章の主要な議論は以下の通りである。

「第Ⅰ部　緊急災害対応の送出し国・受入れ国としての日本：1987年から東日本大震災まで」では，日本はアジア太平洋地域への災害救援を効率的，効果

的に展開するうえで，従来，どのような取り組みをしてきたか，その際，国際スタンダードはどのように解釈され，日本はどのように支援・受援の体制を変容させてきたかという問いに答える。

まず，「第1章　日本の国際緊急援助・国際防災協力政策の展開（楠　綾子・栗栖薫子）」は，80年代以降の日本の国際緊急援助政策及び国際防災協力を外交プロセスと位置付けたうえで，日本政府の他国への緊急災害救援に関する政策的課題を，膨大なデータから分析する。「送出し」と近年の「受入れ」にかかる政策形成を取り巻く環境や政策の変化を，日本外交における意義という観点から考察する。これはまさに「災害外交」のアプローチであり，先述のように，日本の「災害外交」を最初に制度化したのは，現在も日本の他国への緊急災害援助の根拠となっている1987年の「緊急援助隊の派遣に関する法律」である。同法律は，中曽根康弘内閣のもと，外務省を中心におよそ2年に及ぶ調整を経て可決された。その当時のいちばんの課題は何だったのかを，当時，外務省の担当課長のであった大島賢三氏が回想し，法案の作成過程における国内関係省庁の議論と論点を分析したのが，「第2章　国際緊急援助隊の派遣に関する法律（JDR法）」である。

「第3章　東日本大震災における国際支援受入れと外務省の対応（河原節子）」は，東日本大震災の発生時，外務省の人道支援・緊急援助課長として各国からの支援の申し出への対応を実際に経験していた河原課長（現・在オランダ日本大使館次席公使）による論考である。公益財団法人ひょうご震災記念21世紀研究機構における非公開の研究会やインタビューにおいて語られた内容をぜひ公開してほしいと編者より無理な依頼をした，特別な書き下ろし原稿である。公開に際しては，外務省内部での同意取り付けや各課への決裁など多くの労力と関係各課からのご協力があったと思う。非常に客観的なトーンで書かれているが，読者の皆様にはどうか，あの3.11直後の，節電のために電気を消したままでこうした業務（もちろん，それだけではなく他のさまざまな業務）に奔走していた官邸と外務省の空気を想像しながら読んでいただきたい。

「第4章　東日本大震災の国際支援と自治体（大江伸一郎）」は，阪神・淡路大震災時と2011年の東日本大震災時の際の海外支援の受入れに対する日本の対

応ぶりとその課題を，時系列に沿って整理する。筆者は兵庫県職員でありながら，東日本大震災後，内閣府にて国際防災協力業務に従事していた経験から，阪神・淡路大震災時の課題は東日本大震災でどう乗り越えられ，その後の再度の見直し作業に反映させられたのかを，国と地方自治体の両面から概観する。国は，阪神・淡路大震災後に初めて防災基本計画上で海外からの支援受入れについて規定し，東日本大震災を経た後に，被災自治体の負担をより軽減する方向で見直しを行ってきた。今後は，発災直後という混乱期に世界中から届けられる「善意」を真っ先に受け取り，采配をする可能性がある地方自治体の側の準備態勢が求められる。

「第5章　自衛隊の災害救援活動（村上友章）」は，「防災」と「国防」という2つの政策の間に立たされてきた自衛隊の災害派遣の歴史を論じる。トップダウン型の「国防」組織たる自衛隊が，ボトムアップ型の「防災」政策をいかに受容してきたのか，50年代以降，日本国内において在日米軍による災害救援活動が縮小したのはなぜだったのか，日米協力は伊勢湾台風災害，阪神淡路大震災への対処を通じて，どのように展開されてきたのかを考察する。

続く「第6章　東日本大震災おける米軍のトモダチ作戦（ロバート・D・エルドリッヂ）」は，東日本大震災における米軍からの「トモダチ作戦」の様相と，在日米軍，特に沖縄を拠点にする在日海兵隊が，将来の大規模災害に備えるために，優先地域を定めて日本との連携体制を強化する「防災協力プログラム（Disaster Cooperation Program）」の内容，同プログラムが2016年4月に発生した熊本地震にどう生かされたのかを考察している。筆者のエルドリッヂ氏は，「トモダチ作戦」の際は前方司令部付の政治顧問を務め，「防災協力プログラム」の策定にも関わった実務家である。本書第6章でも述べられているように，エルドリッヂ氏は2006年3月に在阪の米海兵隊員とともに，「災害における日米の相互支援と協力に関する協定」（案）を提言した。こうした協定があれば，在日米軍が日本での災害において救援活動ができるのみならず，米国で発生する災害には自衛隊を人道支援・救援活動のために派遣できることになり，ひいては，より対等な日米関係構築に繋がる。在日米軍に関していえば，特に重要なのが，この枠組みがあれば，各都道府県が行っている総合防災訓練への参加

が容易になると同時に，米軍は，日本政府だけでなく，被災地との間や，救援のために駆けつけてくる他国からの支援者との間での直接の対話や交流が制度化される機会になると期待したのである（エルドリッヂ・ウッドフィン，2006）。

「第Ⅱ部　防災から減災へ：国際防災協力のさまざまな担い手」は，JICA，NGO，教育機関といったさまざまなアクターが，国際人道支援のルールに見合った受入れ態勢の整備や国際協調のために平時からどのような努力を重ねているかを分析する。

「第7章　JICAによるアジアへの防災協力（柳沢香枝）」は，JICAの理事であり，国際防災協力の分野では第一人者とされる筆者は，「災害援助は人道支援であると同時に，被災国との連帯を強調する『災害外交』としての側面も持っていることは否めない」としつつも，アジア諸国の災害対応力が向上しつつある現在，日本は「災害援助先進国」としての新しい役割も果たしていく必要があると指摘する。2つの重要な提言がなされている。第一に，日本が国際的な支援の調整により積極的に関わり，アジア諸国にモデルを示すことである。「これだけの人の被災者を治療した」といった目にみえる実績をPRすることはできなくとも，こうした調整の役割は国際社会から認められるであろう。第二に，確立された支援メニューに加え，再建や復旧・復興，開発援助など，より柔軟に被災国が真に必要としているものに応えていくことである。

「第8章　大災害後の教育復興支援をめぐる国際協力（桜井愛子）」は，教育復興支援に関わる国際的枠組を扱う。インド洋津波後のアチェ，台風ハイヤン後のフィリピン，東日本大震災後の東北地方という3つの教育復興の事例から，国際的な協力支援がどのように展開され，そこには国際的なスタンダードがどのように反映され，改善され，進化してきたのかを分析する。

「第9章　アジアへの防災教育（中川裕子）」と，第Ⅲ部の「第10章　防災教育及びコミュニティ防災分野における日本の役割（ショウ智子）」はいずれも防災教育に焦点をあて，国際スタンダードと，地域特有の社会状況への配慮のバランスについて現場の経験から論じている。中川氏は日本の防災NGOであるSEEDS Asiaの事例から，日本の経験や教訓をどのような形で海外の国々に共有し，防災教育を技術移転できるのかという点に焦点をあてて論じる。一国の

経験をただ伝達するだけでなく，現地の事情に合わせてカスタマイズすることが何よりも重要であり，そのためには，現地関係者が主体となって計画をつくる「オーナーシップ」，そのための教育行政官や学校教員などへの人材育成，そして，ネットワークづくりの重要性が指摘されている。ショウ氏は，JICAの事例を通じ，防災教育やコミュニティ防災にガバナンスの観点を取り入れるという点から日本の優位性に着目し，防災先進国である日本が，映像による記録・教育や防災計画立案へのコミュニティの参加，防災博物館などのモデルを率先して提案していくことを提言している。

「第Ⅲ部　日本に何が求められているのか」では，上述の第10章も含め，おもに自衛隊の海外での展開という観点から，東日本大震災，フィリピン台風ハイヤン，ネパール大地震を経た日本のアジア太平洋諸国との「災害外交」を概観したうえで，制度的な課題を指摘する。

「第11章　自衛隊による災害救援・防災協力の今後（吉富望）」は，日本の自衛隊にとって転機となった2013年フィリピン派遣，2015年ネパール派遣からの教訓を，日本と被災国の関係だけでなく，日米同盟を基軸として分析する。筆者は退役陸上自衛隊（陸将補）であり，在職中からアジア太平洋地域の安全保障，陸上自衛隊の態勢，自衛隊（軍）による人道支援・災害救援，民軍連携に関する研究を行ってきた。

「第12章　国際緊急援助隊の政策的課題（木場紗綾）」は，アジア太平洋地域で起こりうる大規模災害に備えた日本と東南アジア間の防災協力の制度的枠組み，特に，国際緊急援助隊の法的地位や損害賠償責任に関する課題と展望を論じる。ASEAN主要国は，ASEAN共同体の発足に伴う域内協力の強化を見据えて，加盟国10ヶ国内での災害救援部隊の身分保障や外国の救援部隊の医療活動にかかる規定整備についての議論に強い関心を抱いている。拡大ASEAN国防相会議（ADMMプラス）の専門家会合などでは，すでに軍組織が他国で災害救援に従事する際の法的な身分保障（識別，通過，不逮捕特権，賠償補償など）が提案されてきた。それは，①自国の緊急援助隊の海外委での活動時の安全を確保したい，②救援活動を域外大国にコントロールされたくない，との２つの理由によって支えられている。こうした機微な議論が提起されている中，日本

が留意すべき課題は何かを，筆者が日本，タイ，フィリピン，インドネシアの研究者，実務家らと実施した共同研究の結果から論じる。

「第13章　大規模自然災害における在外邦人輸送（安富淳）」は，大規模自然災害発生時の自国民保護という従来にない視点から，災害への備えにおける多国間協力の必要性と，そのための制度整備の必要性を指摘する。日本では，在外邦人輸送は2013年のアルジェリアでの人質事件や2016年のバングラデシュにおけるテロ，同年7月の南スーダンの治安悪化に伴うJICA職員の退避など，海外での治安悪化時における文脈で注目されてきたが，軍組織による自国民の退避支援や輸送は，大規模自然災害にも適用される。

諸外国では自然災害時の退避支援の事例は少数ながら存在する。たとえば，米国沿岸警備隊は，2010年にハイチ大地震で負傷した米国の文民職員を輸送しているし，東日本大震災において，米軍は軍属家族2100世帯を米国本土に帰国させる輸送活動を実施した。タイでは毎年，多国間軍事演習「コブラ・ゴールド」で，タイ，米国，日本，マレーシアなどが参加し，大規模自然発生時にどのように自国民を退避させるか，救出活動に係るドクトリン，方法論，手続き，用語などを共有し，相互理解を深めるための訓練が実施されている。

引用・参考文献

木場紗綾・安富淳「災害救援を通じた東南アジアの軍の組織変容――民軍協力への積極的姿勢の分析」『国際協力論集』第23巻第1号，神戸大学大学院国際協力研究科，2015年。

国際協力NGOセンター「東日本大震災と国際協力NGO ――国内での新たな可能性と課題」（報告書）（www.janic.org/MT/img/shinsai_ngo_report.pdf　2017年4月20日アクセス）。

国際協力機構ウェブサイト「国際緊急援助隊（JDR）について」（http://www.jica.go.jp/jdr/about/jdr.html　2016年9月10日アクセス）。

桜井政成『東日本大震災とNPO・ボランティア――市民の力はいかにして立ち現れたか』ミネルヴァ書房，2013年。

「大災害と国際協力」研究会著・柳沢香枝編『大災害に立ち向かう世界と日本――災害と国際協力』佐伯印刷，2013年。

多賀秀敏・国際協力NGOセンター『あの日私たちは東北へ向かった――国際協力

NGOと3・11』早稲田大学出版部，2012年．

恒川惠市編『大震災・原発危機下の国際関係』東洋経済新報社，2015年．

東日本大震災と国際人道支援研究会「提言書」『The Journal of Humanitarian Studies』Vol. 3, Annex, 2014，日本赤十字社，2014年（https://docs.unocha.org/sites/dms/Japan/Japan%20Study%20Group%20Report%20Final%20Japanese%20version.pdf　2017年4月20日アクセス）．

防衛省「平成28年度防衛白書」2016年．

吉崎知典「大規模災害における軍事組織の役割——日本の視点」防衛省防衛研究所『大規模災害における軍事組織の役割』防衛省防衛研究所，2012年．

ロバート・D・エルドリッヂ，アルフレド・J・ウッドフィン「日本における大規模災害救援活動と在日米軍の役割についての提言」『国際公共政策研究』第11巻第1号，2006年9月，143-158頁．

渡邊公太「三大震災時の受援をめぐる比較考察——「災害外交」の視点から」五百旗頭真監修，御厨貴編著『大震災復興過程の政策比較分析』ミネルヴァ書房，2016年．

Davis, Ian., Kae Yanagisawa, Kristalina Georgieva (eds.), *Disaster Risk Reduction for Economic Growth and Livelihood—Investing in resilience and development,* Routledge, 2015.

Ehrenfeld, Jon and Charle Aaneson, "Frameworks and Partnerships—Improving HA/DR in the Asia Pacific," Peace Winds America, 2015. (http://peacewindsamerica.org/readiness/civil-military-initiative/trilateral-initiative-report/　2017年4月20日アクセス）．

Kelman, Ilan, *Disaster Diplomacy: How Disasters Affect Peace and Conflict,* Routledge, 2011.

Samuels, Richard J., *3.11: Disaster and Change in Japan,* Ithaca and London: Cornell University Press, 2013.

Sheldon, Simon, "U. S.-Southeast Asia Relations: Courting Partners," Comparative Connections, September 2015. (http://csis.org/files/publication/1502qusseasia.pdf　2017年4月20日アクセス）．

Yasutomi, Atsushi and Saya Kiba, "Civil-military cooporation Strategy for Disaster Relief in Japan—Missing in Disaster Preparedness," *Liaison Magazine,* Vol. IX-1, 2017.

第 I 部

緊急災害対応の送出し国・受入れ国としての日本：
1987年から東日本大震災まで

第1章
日本の国際緊急援助・国際防災協力政策の展開

楠　綾子・栗栖薫子

1　日本の国際防災協力政策の歴史

　東日本大震災の経験を経て，日本の国際防災協力政策は，その理念と実行において，大きく変化を遂げつつある。対外支援に加えて海外からの支援受入れ体制の整備も，国際防災協力として（再）検討されるようになった。
　本章ではその前史として，1980年代以降の日本の国際緊急援助及び国際防災協力政策を振り返る。政策形成を取り巻く環境や政策の変化を促した要因，アクターの動機などを分析し，災害救助や防災協力をめぐる外交の形成プロセスを明らかにすることで，その課題と日本外交における意義を考察したい。

2　外交政策としての国際緊急援助

（1）国際緊急援助隊（JDR）の誕生
　1970年代に入るころから，外務省においては，文化交流とともに，人道援助や緊急援助を含む途上国に対する開発援助が，「平和国家」「文化国家」日本の対外活動として位置づけられるようになった。それらは，国際社会の平和と繁栄の維持，増進をはかるという点で，日本の長期的国益に資すると考えられたのだった（楠，2015，92-97頁）。ただ，文化交流が国際交流基金（1972年10月設立）によって統合的に推進されるようになったのに対して，人道・緊急援助活動の体系化は遅れた。世界各地の人道危機や自然災害による被害に対して，日本政府が本格的な救援体制を整えたのは，ようやく1980年代に入ってからのことであった。

まず整備されたのは医療支援体制であり、外務省と国際協力事業団（JICA，現・国際協力機構）を中心として国際緊急医療体制（Japan Medical Team for Disaster Relief: JMTDR）が1982年に設立された。このJMTDRがエチオピア干ばつ（1984年）やメキシコ地震（1985年），コロンビア火山噴火（1985年）で経験を積み重ねる中で、外務省では、救助要員の派遣を含めた国際緊急援助体制をさらに整備する必要があるとの議論が強まった。開発途上国の経済・社会開発への支援を通じてその平和と安定に貢献することは、平和国家であり、対外経済依存度の高い日本にとってもっとも重要な責務である。また、そうした協力を通じて「開発途上国の政治的、経済的、社会的強靭性の強化を支援することは、当該国・当該地域、さらには世界の平和と安定に貢献し、ひいては我が国の平和と繁栄にも資する」（『外交青書1986年版』第Ⅰ部第3章第3節）。こうした観点から、政府開発援助（ODA）を1986年からの7年間で倍増することが計画されていた時期であった。途上国の災害に対して資金援助を行い、また人的派遣を含む緊急援助体制を整備することも、途上国支援の一環に位置付けられた。

　当時の中曽根康弘内閣は、外務省を中心におよそ2年に及ぶ調整を経て1987年8月、「国際緊急援助隊の派遣に関する法律（JDR法）」を成立させ（9月公布・施行）、被災国または国際機関の要請に応じて捜索・救助活動、医療活動及び災害応急対策・災害復旧活動を行うJDRの派遣に途を開いた（和田，1998，46-47，229-230頁）。国会で法案提出に際しての基本的な心構えを問われた倉成正外相（以下，肩書はすべて当時のもの）は、次のように答えている。「これだけ国際国家日本として経済的に成長した日本といたしましては、やはり大きな災害、また非常に手の行き届かない地域に対する災害等につきまして組織的に対応する必要がある。……この法律の成立によって従来我々が行っておりました〔災害救助〕の活動をより組織的に、より効率的に、そして迅速に活動できるようにいたして、日本という国が本当に世界のそういう自然災害あるいは人的な災害というものについて貢献する国であるというイメージをつくることが私は大変大事なことだと信ずるわけでございまして……」（「第109回国会衆議院外務委員会議録第2号」，1987. 8. 19）。

　「国際国家」は、中曽根首相が提唱した概念である。「国際法上の権利と義務

を十分に享有しながら，弱小国や最貧国に対し日本は奉仕する。また，アジア諸国に対しては，戦争の賠償はないが，遺憾の意を表して手厚くするという中曽根外交の基本路線」を表現したことばであった（中曽根，2012，345-346頁）。1970年代以降，「経済大国」日本の存在感は高まっていた。その一方で，急激に成長を遂げた日本に対しては，米国を中心に日本異質論が噴出していた。そうした事情を背景に，自民党政権は，日本が国力にふさわしい，すなわち「一割国家」（日本が世界のGDPの1割を占めるようになったことを指す）としてふさわしい，国際貢献をしなければならないと説いた。そのためには，従来のような金銭的，物質的援助だけでは不十分であり，人的な援助を増大して「人と人とのつながり」を中心とする援助に移行する必要があると考えられたのだった（「第109回国会衆議院外務委員会議録第2号」，1987.8.19）。

（2）JDR法の改正とその要因

第2章「国際緊急援助隊の派遣に関する法律（JDR法）」に詳述するように，JDR法の成立に際して，自衛隊の国際緊急援助隊への参加は見送られた。自衛隊の海外派遣への道を開くのではないかという懸念を考慮したためであった。しかし，国会審議においては，自衛隊の国際緊急援助隊への参加を考えるべきではないかとの議論もあった。民社党の永末英一議員は，自衛隊法第100条の5（「防衛庁長官は，国の機関から依頼があつた場合には，自衛隊の任務遂行に支障を生じない限度において，航空機による国賓，内閣総理大臣その他政令で定める者の輸送を行うことができる」）を引いて，武力行使の目的でなければいわゆる海外派兵ではない，したがって自衛隊法を改正して海外での災害に対して緊急援助ができるようにすればよいのではないか，国内の災害で自衛隊の能力が必要とされているのに，海外では必要ないというのはおかしいのではないか，と政府に問い質している（「第109回国会衆議院外務委員会議録第2号」，1987.8.19）。自衛隊創設から30年以上経ったこの時期には，その災害救助，救援能力は広く認知されるようになっていた。また大規模災害に際しては，軍隊のもつ組織力や装備，技術が有用であることも理解されつつあった。

しかし，自衛隊も含めた，より大規模で自己完結的な緊急援助隊の派遣を可

能とする枠組みが整えられたのは，冷戦終結後のことであった。1992年6月，国際連合平和維持活動等に対する協力に関する法律（PKO法）と合わせてJDR法の一部改正案が成立し，自衛隊の国際緊急援助隊参加への道が開けた。改正法では，国際緊急援助隊の派遣に際して必要がある場合，外務大臣は防衛庁長官と協議し，国際緊急援助活動や人員，機材などの輸送について自衛隊の協力を求めること（第3条），これに基づいて防衛庁長官は，自衛隊の各部隊にそのための活動を行わせることができること（第4条）が規定され，自衛隊の国際緊急援助隊参加への道が開けた。

宮下創平防衛庁長官は，改正案の提案理由を次のように説明している。第一に，災害の規模によってはさらに大規模な援助隊を派遣する必要があること。第二に，被災地において自己完結的な活動を行える体制を充実する必要があること。第三に，輸送手段の改善をはかる必要があること。そこで自衛隊の保有する能力を十分活用することによって，日本の国際緊急援助体制のいっそうの充実強化をはかるとした（「第123回国会参議院国際平和協力等に関する特別委員会議録第10号」，1992.5.20）。

同時に，宮澤喜一首相をはじめ政府・自民党は，両法案は日本が平和憲法の枠内でその国力にふさわしい国際的責務を果たすために必要であると強調した。湾岸戦争の「敗北」を経て，日本の「国際貢献」「国際協力」のあり方が厳しく問われるようになったとき，日本は自衛隊の海外派遣にあらたな方向性を見出したといえる。1980年代から意識に上っていた「人と人とのつながり」を中心とする援助の最大の担い手として，自衛隊は期待された。また1998年4月には，JICA医療協力部に設置されていた国際緊急援助室が国際緊急援助隊事務局へと格上げされ，体制強化がはかられた（国際緊急援助隊事務局，2009.9. 1頁）。自衛隊の災害派遣は，1998年11月のホンジュラスのハリケーン災害に対する支援活動にはじまり，輸送業務も含めて2016年末まで計18回を数えている（JICA「国際緊急援助の活動実績」2017年3月1日）。

1990年代に入って自衛隊の任務にあらたに加わった国際平和協力業務と国際緊急援助活動は，『防衛白書』においては「国際貢献」と位置付けられた。これが1995年版からは，「国際社会安定化への貢献」として理解されるようにな

った（『平成7年版防衛白書』第2章第5節）。1996年版からは，国際緊急援助活動はPKOとともに「より安定した安全保障環境の構築への貢献」を目的とする活動として項目化されている（『平成8年版防衛白書』第4章第3節）。こうした意義付けの変化は，1995年11月に閣議決定された新防衛大綱（平成8年度以降に係る防衛計画の大綱）が，防衛力の中心的役割は日本の防衛にあるとしつつも，大規模災害など各種事態への対応とより安定した安全保障環境の構築への貢献も自衛隊の役割として提示したことによる。すなわち，「国際平和協力業務の実施を通じ，国際平和のための努力に寄与するとともに，国際緊急援助活動の実施による国際協力を推進する（以下略）」（『平成8年版防衛白書』第2章第3節）。

　経済大国化した日本は，国際社会の共通の問題の解決のために国力に応じた貢献をしなければならないという観点が，日本の国際緊急援助のそもそもの出発点であった。「貢献」ということばがもつニュアンスから，当初の緊急援助活動はどちらかといえば国際社会へのお付き合いという感覚が強かったように思われる。それが1990年代半ば以降は，安定的な安全保障環境の創出という，日本自身の主体的な取り組みの中に位置付けられるようになった。冷戦後においても，日本の生存と繁栄はアジア太平洋地域の伝統的な大国間関係に左右されるところが大きいが，大量破壊兵器の拡散やテロリズム，難民の発生や貧困・飢餓も地域・国際社会全体の不安定要因となりうる。安定的な安全保障環境の構築が外交・安全保障政策の1つの目的となったことで，国際緊急援助活動に対する姿勢も変わったのだった。

　以上では，日本政府が海外での災害救援活動を積極的な政策として推進するようになった過程を概観した。これを前史として次の段階では，日本政府は，開発協力政策との関わりから長期的視座を要する防災への関心が高まる中で，その国際的枠組み形成に重要な役割を果たすことになる。

3　国際防災協力への積極的取り組み

（1）途上国支援と国際防災協力

　1980年代に入るころから，国際社会の目は途上国における開発と災害との関

係に向けられるようになった。実際に発生した災害への対処とは異なり，緊急性のない防災分野への予算配分の優先度は低くなりがちである。とりわけ開発途上国では，経済的な制約から防災対策に資源を割くことは難しい。また，不適切な土地利用計画や環境管理の失敗が災害リスクを増大させることもある。そのため，途上国ではひとたび災害が発生すると甚大な被害が生じ，さらなる貧困を招くという悪循環に陥る。

1987年の第42回国連総会は，1990年代を自然災害軽減のための期間とする「国際防災の10年（IDNDR: International Decade of Natural Disaster Reduction）」を採択した。災害に耐えうる社会を建設して，災害と貧困の悪循環を絶つことが，開発途上国における持続可能な開発の大前提となるとの認識が広く共有されるようになった結果であった。開発途上国の防災能力を強化するために，各国の自助努力や国際支援のみならず，持続可能な開発をテーマとする環境，教育，農村振興など幅広い分野と連携した国際防災協力の推進が必要とされるようになった（外務省・内閣府，2007，4-6頁）。

「国際防災の10年」が終わりに近づいたころ，1999年11月の国連総会では，その後続として国際防災戦略（International Strategy for Disaster Reduction: ISDR）に関する決議が採択された。ISDRは，強い災害対応力をもつコミュニティの形成を目指して，国連による国際防災活動の窓口・事務局として関係機関タスクフォースの活動を支援することや，防災に関する意識啓発活動，防災関連情報・知識の提供などを主たる任務として設置された。ただ，ISDRが発足しても，国際社会において防災戦略を国際的に推進しなければならないという意識は当初はまだ希薄であった。人道問題担当国連事務次長として2001年から2003年までISDRを担当した大島賢三氏によれば，ISDRには当初，その任務に見合った組織を与えられてはいなかった。

その状況が転機を迎えたのは，2002年にヨハネスブルグで開かれた開発戦略の会議であった。開発戦略の中に防災のコンセプトを入れることは，持続的な開発を実現するための1つの重要なポイントではないかというISDRでの議論が，開発戦略の会議に反映された。加えて，2004年12月に発生したスマトラ沖地震・インド洋大津波は，国際的に防災意識を一挙に高めることになった（大

島賢三氏へのヒアリング)。

　インド洋大津波の直後の2005年1月，神戸で開催された第二回国連防災世界会議には，168ヶ国の政府代表，国際機関，NGOなど4000人以上が参加した。ここで採択された「兵庫行動枠組」は，災害に強い国・コミュニティ構築のために3つの戦略目標を掲げた。第一に，持続可能な開発の取り組みに減災の観点をより効果的に取り入れること。第二に，すべてのレベル，特にコミュニティレベルで防災体制を整備し，防災力を向上すること。そして第三に，緊急対応や復旧・復興段階においてリスク軽減の手法を体系的に取り入れることである。またこれらを実現するためのより具体的な目的（優先行動）として，①防災を国，地方の優先事項に位置付け，実行のための強力な制度基盤を確保する，②災害リスクを特定，評価，観測し，早期警報を強化する，③すべてのレベルで防災文化を構築するため，知識，技術，教育を活用する，④潜在的なリスク要因を軽減する，⑤効果的な対応のための備え，事前準備を強化する，が定められた。さらに翌年12月の国連総会では，「兵庫行動枠組」を効果的に推進するための体制として，これまでの国際機関を中心としたタスクフォース（16の国連・国際機関，10の地域機関，8つのNGO）に，各国政府をメンバーに加えた防災グローバルプラットフォームの創設が決定された（大島賢三氏へのヒアリング：外務省・内閣府，2007，4-6頁)。

(2) 日本政府による国際防災協力政策の展開

　神戸で開催された国連防災世界会議で，当時の小泉純一郎首相は「防災協力イニシアティブ」を発表した。「自然災害は，毎年世界各国に様々な形で深刻な被害を及ぼす地球的規模の問題である。度重なる被害により人々の生活や経済社会の開発が阻害される悪循環を断つことは，貧困削減，持続可能な開発を実現する上で最も重要な前提条件の一つである」「災害は人間に対する直接的な脅威であり，グローバルな視点や地域，国レベルの視点とともに，個々の人間に着目した『人間の安全保障』やジェンダーの視点を踏まえて対処することが重要である。また，災害への対処に効果的に協力していくためには，受益者の立場を十分考慮して災害の各段階に応じて対処していく必要がある」。この

第Ⅰ部　緊急災害対応の送出し国・受入れ国としての日本：1987年から東日本大震災まで

ような基本認識に立って，「災害予防の開発政策への統合」，「災害直後の迅速で的確な支援」，「復興から持続可能な開発に向けた協力」のそれぞれの段階に応じて，「一貫性のある防災協力の実施」に努力するとの決意を表明している。そして具体的施策として，制度構築や人づくり，経済社会基盤の整備，被災者の生活再建の支援が挙げられた（「防災協力イニシアティブ」，2005.1）。

　インド洋大津波のすさまじい被害が防災の重要性を浮き彫りにしたことに加えて，人間の安全保障の観点も，国際防災協力の進展に寄与したと言えよう。人間の生存，生活，尊厳を脅かすあらゆる種類の脅威を包括的にとらえ，これらに対する取組を強化するという考え方である。日本政府は，1990年代の終わりごろから「人間の安全保障」を対外政策の用語として導入し，1998年12月には当時の小渕恵三首相が，国連に「人間の安全保障基金」を設置した（『平成11年版外交青書』第Ⅰ部第2章第3節）。「兵庫行動枠組」に同概念は盛り込まれなかったものの，国連防災世界会議にあたって日本外務省は人間の安全保障の考えを重視していた。同会議では，予防・減災，応急対応，復旧・復興のサイクルを一体としてとらえて支援する防災協力のあり方が定式化された。

　2005年4月にインドネシアで開かれたアジア・アフリカ首脳会議で，小泉首相は，防災・災害復興対策としてアジア・アフリカ地域を中心に5年間で25億ドル以上の支援を行う方針を明らかにした（「アジア・アフリカ首脳会議における小泉総理大臣スピーチ」，2005.4.22；外務省国際協力局，2008，2頁）。実際には，2005年度から2007年度の3年間で，日本政府は25.3億ドルの支援を行うことになる（外務省国際協力局，2008，1-2頁）。また，9月には中国の主催で「アジア防災閣僚会議」が開催された。これは2007年にインド，2008年にマレーシアと引き継がれ，アジア地域における防災協力について政府間で議論する場として活用されている（外務省国際協力局，2008，4頁）。

　こうしてアジア太平洋地域を構成する各国との防災をめぐる協力関係が徐々に強化される中で，福田康夫内閣は2008年8月，「平成21年度わが国の重点外交政策」において，「『平和協力国家』として，国際社会の平和と発展への一層の貢献」を2009年度の日本外交の1つの柱とすることを表明した。PKOやテロとの闘いなど国際平和協力活動への協力，平和構築分野の人材育成，人間の

安全保障の推進と並んで，大規模災害への対応が「貢献」の具体的内容として挙げられている（外務省，2008. 8，1，5頁）。災害多発国の経験とノウハウの蓄積を基盤とする国際防災協力を，日本の外交戦略の一環に明確に位置付けた点で注目される。

（3）民主党政権下の国際防災協力

2009年9月に誕生した鳩山由紀夫内閣の外交は，東アジア共同体構想に温室効果ガスの2020年度までの25％削減（1990年比），そして沖縄の米海兵隊普天間基地の県外移設など，外交政策においても自民党政権とは異なる新規性を打ち出そうとした。しかし，国際防災協力に関するかぎり自民党政権までの取り組みを踏襲する姿勢を明らかにした。2009年10月の所信表明演説では，スマトラ沖地震に際して日本の国際緊急援助隊が世界の先陣を切って活動したことを挙げ，その重要性を強調している（鳩山首相所信表明演説，2009.10.26）。

岡田克也外相が，鳩山の掲げる東アジア共同体構想の中に防災協力を位置付けたのが，2010年1月，外交の基本方針についての所信表明演説である。「私たちの政権は，東アジア共同体構想という長期ビジョンを掲げています。具体的には，貿易・投資，金融，環境，エネルギー，開発，災害救助，教育，人の交流，感染症などの分野で，開放的で透明性の高い地域協力を推進してまいります」（『第174回国会衆議院本会議録第4号』，2010.1.29）。折しもハイチでは，首都ポルトープランス近郊を震源とする地震が22万人を超える死者を出す大災害となり，この10年で最悪の人道危機の1つともいわれる深刻な被害をもたらしていた。地震発生から4日後には，国際緊急援助隊の医療チームと自衛隊が派遣され（「JDR派遣事例」），2月には国連ハイチ安定化ミッション（United Nations Stabilization Mission in Haiti: MINUSTAH）に自衛隊施設部隊が派遣された（『平成22年版防衛白書』第3部第3章第1節）。

インド洋大津波を上回る被害の実態が伝えられるにつれ，日本国内では，日本は国境を越えた災害対策の協力体制作りに積極的であるべきだとの論調が出てきた（たとえば『朝日新聞』［2010.3.22］など）。またこの地震では，いち早く現地に入った中国の救援隊の活動がテレビに映し出されて注目を集めたが，そ

れは中南米を舞台に，中国と台湾が熾烈な争いを繰り広げている実態が表面化した一瞬でもあった。台湾と国交をもつハイチに対して，中国が影響力の拡大をねらったものとみられた。災害救援が外交関係を動かす可能性，あるいは「ソフトパワー」として活用されうる可能性も視野に入りはじめたのがこの時期であったといえよう（『朝日新聞 GLOBE』［2011.4.3］など）。

　そうした現状に対する認識を問われた岡田外相は，次のように答えている。「災害復旧支援活動というものが外交政策上非常に重要になってきているのはご指摘のとおりであります。ハイチのときにも，各国が集まって，まさしくそういった災害復旧活動を，いわば競い合うような形で力を入れたということであります。もちろん，宣伝の場というよりは，やはりそこで生活している人たちの命，生活，これを日本としてもきちっと守るために力を尽くしていくことが基本だというふうに思いますが，最近，大きな災害も相次いでおりますので，そういう際に，日本としての存在感をきちっと発揮できるような，しっかりとした災害復旧支援活動を行っていきたい」（「第174回国会衆議院外務委員会議録第12号」，2010. 4. 14）。外交政策の中で災害支援の重要性が高まっており，日本としても存在感を示したいという認識があったことはうかがえるであろう。

　もっとも，民主党のマニフェストで，災害派遣活動が「国力に相応しい国際貢献を積極的に展開し，日本にプレゼンスを高める」ための取り組みの1つに挙げられたのはようやく2012年であった（民主党，2012）。2010年6月8日に成立した菅直人内閣は，就任直後の所信表明で「責任感に立脚した外交・安全保障政策」を，改造内閣発足（9月17日）後の所信表明では「主体的な外交の展開」の意思を表明し，地球規模の問題への取り組みの必要性を訴えつつも，災害復旧支援や防災に関する言及はない（「第174回国会衆議院本会議録第35号」，2010. 6. 11；「第176回国会衆議院本会議録第1号」，2010. 10. 1）。普天間問題でこじれた対米関係の再構築や尖閣諸島近海で海上保安庁の巡視艇に中国漁船が衝突した事件（2010年9月）など，難しい外交課題が山積していたことによるものだろうか。だが，ハイチ地震の後にもかかわらず施政方針演説には災害復旧支援は登場しない（「第177回国会衆議院本会議録第1号」，2011. 1. 24）ことから，首相自身に災害からの復旧・復興支援や防災に関する国際協力への関心が当初は低

かったのかもしれない。

（4）東日本大震災のインパクト

2011年3月11日に発生した東日本大震災は，国際緊急援助や国際防災協力が外交政策上もつ意味と意義をあらためて考えさせる契機となった。

まず，東日本大震災に際して日本に寄せられた支援は，世界124の国・地域および9の国際機関に上った。その事実は，戦後日本が行ってきた政府開発援助の意義を実証するものと外務省は理解した。そしてこの震災によって，「日本は世界との関係なしでは生存し得ないということが改めて幅広く認識された。国際社会から提供された支援は，日本がまさに国際社会との相互依存関係の中で自らの安定と繁栄を確保しており，諸外国との強固な友好関係の構築と国際社会に対する積極的な貢献が日本自身のためにもなるということを示している」(『平成24年度版外交青書』第3章第2節)。それは2012年度外務省ODA予算を増額する有力な根拠となった*。さらに，そのODAを戦略的に活用するために，防災協力が1つの柱として位置付けられるようになったのだった。

  * 政府全体のODA予算は1998年度以来減少している（外務省「ODA予算」2014年2月）。

2011年9月に発足した野田佳彦内閣は，ODAの戦略的活用を首相施政方針演説に盛り込んだ（「第180回国会衆議院本会議録第1号」，2012.1.24）。玄葉光一郎外相は，国会で次のように説明している。「〔2012年度外務省ODA予算の〕内容としては，ODAを活用したパッケージ型インフラ海外展開の促進，グリーン成長の促進，中小企業の海外事業展開支援といった新たな成長への取組や，アフガニスタン支援や防災などの重点項目を中心にメリハリのついた予算の確保に努めました」。予算の増額措置は，「震災支援に対する感謝ということもありますけれども，ここで内向き志向脱却のやはり端緒を開くということが大切だという思いで今回の予算編成にかかわったということでございまして，総論に申し上げれば，MDGs〔ミレニアム開発目標〕，あるいは防災，平和構築，そして……各国際会議に出ていて，日本への信頼というのは，何だかんだ言っ

てやっぱりあります。特に人間の安全保障というのは，かつての先輩方がある意味編み出した概念であります。一人一人の尊厳を大切にする，そういった人間の安全保障という概念なども踏まえながらこの ODA というものを効果的にかつ戦略的に活用したいというふうに考えております」(「第180回国会参議院政府開発援助等に関する特別委員会議録第3号」，2012.3.27)。

　第二に，震災経験の共有が国際社会への恩返しであると同時に，震災経験を踏まえた国際防災協力が日本の使命であるとの感覚が生まれた。2011年6月25日に公表された東日本大震災復興構想会議（議長：五百旗頭真防衛大学校）の提言「復興への提言――悲惨のなかの希望」は，「我が国は，国際社会との絆を強化し，内向きでない，世界に開かれた復興を目指さなければならない」として，「開かれた復興」を復興の4つの柱の1つに据えた。そのうえで，「今回の教訓を国際公共財として海外と共有することが必要である。こうして，防災・『減災』の分野で国際社会に積極的に貢献していくことは，我が国が今後果たすべき責務である。復旧・復興過程での教訓を活かして，アジアをはじめとする途上国の人材を育成するなど，人の絆を大切にした国際協力を積極的に推進すべきである」と論じた（東日本大震災復興構想会議，2011.6.25)。

　同じころにまとめられた外務省国際協力局の「平成23年度国際協力重点方針」も，「〔官民一体となった『開かれた復興』の〕実現に資するため ODA を活用することを平成23年度の最優先課題」に挙げ，「今回の震災に際して示された各国からの信頼に応えるため，我が国の国際的コミットメントを誠実に実現していくための支援等を実施する」ことを重点領域の1つに設定した。具体策として，「世界各地で今後も発生し得る災害や紛争に対しては，今次震災で世界各国が我が国に示した支援に恩返しする意味でも，我が国の防災・震災対策の知見・経験も十分活用する等，国際機関とも連携しつつ，引き続き積極的に国際社会に対する緊急・人道支援活動等を実施する」（外務省国際協力局，2011.6）。

　東日本大震災の前から外務省は，遅まきながら人道支援政策の基本方針の策定に着手していたが，これが震災の経験を踏まえて加筆修正され，2011年7月に「我が国の人道支援方針」を公表するに至った（担当は河原節子・緊急人道支

援課長)。日本の人道支援活動が依拠する基本方針を初めて示したという意味で，重要性をもつといえるだろう。同報告書は，人道支援を「人道主義に基づき人命救助，苦痛の軽減及び人間の尊厳の維持・保護のために行われる支援」と定義した。難民，国内避難民，被災者といった「最も脆弱な立場にある人々の生命，尊厳及び安全を確保し，一人一人が再び自らの足で立ち上がれるよう自立を支援することがその最終的な目標」であり，したがって「緊急事態への対応だけでなく，災害予防，救援，復旧・復興支援等も含むもの」「人間の安全保障を確保するための取組の一つ」として，適切かつ積極的に推進することとされた。

　具体的取り組みとしては，自然災害の発生に際して迅速に国際緊急援助隊を派遣する，緊急援助物資を供与するといった従来の方針に加えて，平素からの取り組みとして防災協力が挙げられた。「我が国は，これまで様々な災害を経験し，耐震・防災の備えをソフト・ハード両面で行ってきた国として，東日本大震災を含む自らの災害経験から得た防災に関する豊富な知見及び教訓を，国内の防災体制に活かすとともに，我が国に温かい支援の手をさしのべてくれた国際社会とも共有しつつ，国際的な防災の取組に引き続き貢献していく」(外務省，2011.7.1)。

　2011年9月の野田首相の所信表明演説「我が国は唯一の被爆国であり，未曾有の大震災の被災国でもあります。各国の先頭に立って核軍縮，核不拡散を訴え続けるとともに，原子力安全や防災分野における教訓や知見を他国と共有し，〔震災への支援に対して〕世界への恩返しをしていかなければなりません」(「第178回国会衆議院本会議録」，2011.9.13)は，以上の流れを踏まえたものであったろう。

　さらに，2012年7月初旬に東北地方で開催された世界防災閣僚会議は，防災の重要性が国際的に再確認される機会となった。外務省はこの会議を，「防災の主流化と強靱な社会の構築に向けた，国際社会の政治的コミットメントを表明」「ポストMDGsに防災を位置づけ，実効的なポスト兵庫行動枠組を策定していくとの国際社会の方向性が明確になった」と総括している。さらに日本は「国際社会の防災分野の取組を主導していく決意を表明した」のであった(外

務省，2012.7.4）。

　防災の重要性とそのための国際協力の必要性は，2000年代半ごろから国際社会の中で共有が進んだ１つの認識であった。そうした国際的潮流に3.11の経験が相互作用して，「防災の主流化」「強靭な社会の構築」という概念が前面に押し出されたと考えられる。これと軌を一にして，防災協力は日本の国際協力の前面に押し出されるようになった。『平成24年度外交青書』は，「日本の強みをいかした外交」に「震災の経験」を挙げた。「震災での経験とそこから得られた教訓を世界と共有することは日本が果たすべき責務である」。「国際協力の分野における防災の主流化を進めていく。……防災能力の向上は，国際社会全体にとって重要な課題になっている。日本は，東日本大震災を含む大規模災害の経験から得られた教訓を国際社会と共有し，また，各国の努力を支援することで，災害に強い強靭な社会づくりに貢献する方針である」（『平成24年度外交青書』第１章第２節）。

　2015年３月に仙台で開催された第３回国連防災世界会議は，日本が主導した2005年の兵庫行動枠組採択から10年の節目にあたり，また東日本大震災という経験を踏まえて，ホストである日本政府にとって対外政策上の重要課題の１つとなった。日本政府は，以下の点を考慮した。兵庫行動枠組に基づく国際協力の経験を活かすこと，日本の防災分野における知見を土台とすること，さらに東日本大震災の経験を活かすことである。

　また同会議への取り組みは，より広範なグローバルな課題への対応という意味での，日本の多国間外交の中にも位置付けることができる。この時期，外務省は，これまで国連などにおいて推進してきた人間の安全保障概念を今後具体的にどう利用するかについて，また2015年に目標期限の切れるミレニアム開発目標（MDGs）の後続をどうするのかについて，具体的なアイディアを必要としていた。そこで，ポストMDGsの開発課題において防災を主流化すべく主張すること，そしてそこに通底する視点として人間の安全保障を置くという考え方が生まれた（外務省国際協力局，2014）。

　仙台会議初日の３月14日，安倍晋三首相は，国際的な災害リスク削減に2015年からの４年間で40億ドルの支援，また４万人規模での防災・復興訓練を提供

する「仙台防災協力イニシアティブ」を日本政府の取り組みとして発表した。同イニシアティブは，自然災害は人間の安全保障の問題であること，開発政策において気候変動への対応と防災・減災を「主流化」すること，などを強調した。そして人間の安全保障の視点とともに，女性の参画の推進などジェンダーの視点を取り入れることの必要性，日本の経験・知見・技術を活用することも提示した。そして，日本政府の基本方針として以下の3点を提示した。①長期的視点にたった防災投資による強靭な社会の構築，②被災の経験を踏まえたよりよい復興，③中央政府と多様な主体の連携である。

　同会議の参加諸国は，会議最終日の18日に「仙台防災枠組2015-2030」を採択した。兵庫行動枠組を土台としながら，より具体的な行動のための指針が提示され，15年間に，死者数，被災者数，経済的損失を削減するなどの，明確な達成ターゲットを設定した。また，指導原則として，各国が防災の第一義的な責任をもつが，当該国の状況によっては多様な主体が責任を共有すること，途上国への資金・技術移転，能力構築を通じた支援を行うことを定めた。

　日本の国連外交において，人間の安全保障がアイディアや規範レベルで国際的な潮流を生み出すことを狙ったイニシアティブであったとすれば，防災分野では，技術と経験の蓄積をベースとしつつ同様に国際的な潮流をつくろうとイニシアティブが発揮されたといえる。2000年代になってからの日本の多国間外交の積み重ねは地味ではあるが，一定の成果を生みつつあった。同年9月に国連総会で合意された，持続可能な開発目標（SDGs）では，日本が力を入れてきた人間の安全保障の視点（人間中心のアプローチ，能力強化とリジリエンス），当該国政府のオーナーシップとその支援，そして防災の主流化が導入された（JICA, 2014）。

4　アジア太平洋地域の防災協力枠組みづくり

　日本の防災協力は，国際的な枠組み形成と地域協力という2つの軸で展開している。冷戦の終結後，アジア太平洋地域においては米国を一方の当事者とする2国間関係だけではなく，地域構成国の2国間，多国間の安全保障協力関係

が形成され，あるいは深化している。くわえて，この地域は世界有数の自然災害多発地帯であった。中国の軍事大国化が地域の不安定要因となっていることはまぎれもない事実であるが，地震・津波災害や風水害はより蓋然性が高い。国際防災協力への関心の高まりと地域特有の事情を背景に，実体としての安全保障協力を基盤として，地域における防災協力の枠組みづくりが進んだ。

　災害救援をめぐる地域協力は，ASEAN地域フォーラム（ASEAN Regional Forum: ARF）での取り組みがもっとも早かった。1997年からはじまったARF災害救援会期間会合は，一時期中断したもののインド洋大津波を契機に2005年に再開し，人道支援・災害救援における地域枠組みや具体的活動について意見交換が行われている（外務省，2015.2.16）。2009年5月からは災害救援をテーマとした多国間の災害救援実動演習（ARF-DiREx）が行われるようになった（外務省，2009.3.27）。東日本大震災直後の2011年3月末には，日本とインドネシアの共催で実動演習が行われている（外務省，2011.4）。この年7月に開かれたARF閣僚会合では，東日本大震災の経験を経て地域としていっそうの防災協力を進めることが合意された。議長声明は，災害救援オペレーションの遂行にあたり軍・民間の調整を確保する「全政府」アプローチを発展させることの重要性，ARF以外の地域主要機関における災害管理及び対応に関するアジェンダを考慮に入れる必要性，ASEAN国防相会議（ADMMプラス）や東アジア首脳会議（East Asia Summit: EAS）など既存の地域メカニズムとの相乗効果及び調整を追求すること，そして人道支援及び災害救援能力に関する設備やセンター間のネットワーク構築を促進していくことを確認した（外務省，2011.7.23）。ARFを中心に，地域的な防災協力活動の枠組みや共通の規範，ルールが構築されつつある。

　EASでは，2007年1月に開催された第2回EASにおいて，日本政府は，アジア防災センターが実施する学校での防災教育，地方行政官に対する防災研修など4案件について，日ASEAN統合基金（Japan-ASEAN Integration Fund: JAIF）を活用して総額300万ドル規模を支援する方針を表明した（2008年4月始動）。また2009年4月には，緊急援助物資を備蓄する目的でJAIFに1300万ドルの追加資金を投入することや，災害の評価・分析にあたる人材の育成，

JAIF を活用した ASEAN 域内の災害時情報通信システムの構築，今後 5 年間で約300名に防災分野の研修を実施すること，「21世紀東アジア青少年交流計画」を通じて EAS 諸国の若者に防災に関する日本の取り組みを体験する機会を提供すること，などから成る支援策を発表している（外務省「安倍総理の東アジア協力案件」）。

東日本大震災後の2011年11月，インドネシアのバリ島で開かれた日・ASEAN 首脳会議は，「共に繁栄する日本と ASEAN の戦略的パートナーシップの強化のための共同宣言」（バリ宣言）」と「行動計画」（2011-2015）を採択した。日本と ASEAN が，5 つの戦略のもとで両者の協力をいっそう強化することを謳ったものである。すなわち，「地域における政治および安全保障協力の強化」「ASEAN 共同体構築に向けた協力の強化」「日本と ASEAN の紐帯を強化するための双方向の連結性の強化」「より災害に強靭な社会の構築」「地域の共通課題及び地球規模の課題への対処」であった（「第14回日・ASEAN 首脳会議　議長声明（骨子）」，2011. 11. 18）。

日米豪の 3 ヶ国間では，2008年 6 月の日米豪閣僚級戦略対話において「戦略対話共同ステートメント（アジア太平洋地域における人道支援・災害救援）」が発表された。ここでは，防災と緊急対応をめぐる協力関係の強化や，3 ヶ国間協力及び人道支援・災害救援に関する情報交換を円滑化するためのガイドラインの策定（12月に採択）などが合意された（"Trilateral Strategic Dialogue Joint Statement," June 27, 2008）。2007年には，日米豪の協力関係を補完するものとして日豪間の安全保障協力関係の強化が確認された。3 月に発表された共同宣言は，「アジア太平洋地域及びそれを越える地域における共通の戦略的利益に係る問題についての協力及び協議を強化する」ことを明らかにし，協力の分野として国境の安全，軍縮・不拡散，テロ対策，戦略的情報交換などと並んで「災害救援を含む人道支援活動」を挙げた（「安全保障に関する日豪共同宣言」，2007. 3. 13）。この年 6 月以降は，定期的に外務・防衛閣僚会議（2 プラス 2）が行われるようになった。第 1 回 2 プラス 2 では，共通の戦略的課題への取り組みや防衛協力の推進，テロ及び大量破壊兵器の不拡散への対処のほか，災害救援に関する協力についても協議され，両国間で人道支援分野における共同訓練及び交流を

実施することが決定されている(「日豪外務・防衛協力会議共同発表2007」)。

日中韓3ヶ国間でも,2008年12月に開かれた首脳会議では,防災担当閣僚級会合の開催が決定された。「3ヶ国間防災協力に関する共同発表」には,総合的な防災体制の整備,災害に対する脆弱性の低減及び被害の極小化のための対策・体制の整備,国・地方・コミュニティ各レベルでの効果的な防災対策の強化について,協力を推進することなどが盛り込まれた(外務省,2008.12.13)。3国は持ち回りで防災担当閣僚級会合を開催しており(2009年以降隔年で開催),災害対応に関する情報共有や3ヶ国間の防災協力のあり方などが協議されている。またこの枠組みの下で,3国は相互の支援提供・受入れ能力向上のために,日中韓三国防災机上演習を実施している(『平成27年版防災白書』第3章第4節)。歴史問題や領土問題によって,民主党政権末期から第2次安倍晋三内閣期まで首脳レベルの対話は滞りがちであったが,防災協力分野での対話は継続されてきたのである。災害救援や防災という人道的・実務的な分野においては,国家は利害対立を抱えつつも協力することが可能であることを示す好例と言えよう。

5 日本の国際緊急援助並びに国際防災協力政策の展開

この章では,日本の外交政策の中での国際緊急援助政策並びに国際的な防災協力(国際的な枠組み形成と地域協力)の展開を概観してきた。海外での災害救援活動は,1980年代に具体的な政策として実施されるようになり,経済大国日本の国際貢献の一翼を担うものとして期待された。JDR法が制度的基盤となり,冷戦終結後の改定によって自衛隊が参画するようになったことでより包括的な対応が可能となった。1990年代以降,安全保障上の脅威の多様化が認識される中で,国際緊急援助活動はPKOなどとともに「より安定した安全保障環境の構築への貢献」の手段として,日本の外交・安全保障政策の中に取り入れられた。

2000年代に入ったころから,自衛隊などによる国際平和協力,国づくりなどの平和構築,人間の安全保障と並んで,自然災害への対応が,より広い意味での国際協力政策に利用可能な主要ツールの1つとして位置付けられるようにな

った。またこれらの近接分野との関連性も政策形成において強く意識されるようになった。防災分野での日本の経験と開発援助や人間の安全保障分野での概念形成が連動しつつ，日本の国際防災協力政策は展開されたと言える。国際緊急援助及び防災協力は，政治的な主義主張や党派的な違いを超えて支持されやすい分野であったことも，体系的な政策形成，推進を容易にした。近年では，開発援助大綱（2003年；2015年に開発協力大綱へと改定）にくわえて，東日本大震災の経験を踏まえてまとめられた人道支援方針が，日本の国際協力政策を基礎づける方針となっている。

　他方，地域協力という側面をみれば，地政学的な対立が目につくアジア地域において，日本はARFなどの地域的枠組みを利用しながら災害緊急援助，防災分野での協力を推進してきた。国際緊急援助，国際防災協力政策は，災害多発国としての経験を教訓にし，具体的なノウハウ，技術の提供を行ってきたことから，堅実な政策であった。同時に，この分野における国際的な方向性を形作るうえでも，日本は一定の影響力を及ぼしてきたと言えるであろう。

引用・参考文献

『朝日新聞』2010年3月22日社説。
『朝日新聞GLOBE』第60号，2011年4月3日。
大島賢三「国際緊急援助隊法のことなど（その1）――伏魔殿に手をつっこむ」『霞関会会報』2008年7月号，10-15頁。
大島賢三「国際緊急援助のことなど（その2）――オチャで，お茶を濁す」『霞関会会報』2008年9月号，21-27頁。
沖田陽介「国際緊急援助におけるUNOCHAの援助調整と日本の取り組み――自然災害発災直後の緊急対応を例に」『国際協力研究』22-1，2006年4月，22-31頁。
貝原俊民『兵庫県知事の阪神・淡路大震災――15年の記録』丸善，2009年。
外務省『外交青書――我が外交の近況　1986年版』1986年（http://www.mofa.go.jp/mofaj/gaiko/bluebook/1986/s61-1030300.htm　2017年4月20日アクセス）。
外務省『平成11年版外交青書』（http://www.mofa.go.jp/mofaj/gaiko/bluebook/99/1st/bk99_23.html#2-3-1　2017年4月20日アクセス）。
外務省『平成24年度版外交青書』（http://www.mofa.go.jp/mofaj/gaiko/bluebook/2012/html/chapter3/chapter3_02_01.html, http://www.mofa.go.jp/mofaj/gaiko/

bluebook/2012/html/chapter1/chapter1_01.html#h01_14，2014年2月23日アクセス）。

外務省国際協力局『ポスト2015年開発アジェンダと人間の安全保障』2014年3月。

外務省・内閣府『日本の国際防災協力』外務省国際協力局，2007年。

楠綾子「国際交流基金の設立――日米関係の危機と日本外交の意識変容」福永文夫編『第二の「戦後」の形成過程――1970年代日本の政治的・外交的再編』有斐閣，2015年，89-118頁。

JICA国際防災研修センター『2007年度国際防災研修センター活動報告』2008年3月。

内閣府『平成27年版防災白書』（http://www.bousai.go.jp/kaigirep/hakusho/h27/index.html　2017年4月20日アクセス）。

中曽根康弘『中曽根康弘が語る戦後日本外交』新潮社，2012年。

阪神・淡路大震災記念協会編『阪神・淡路大震災10年　翔べフェニックス――創造的復興への群像』阪神・淡路大震災記念協会，2005年。

防衛庁『平成5年版防衛白書』（http://www.clearing.mod.go.jp/hakusho_data/1993/w1993_03.html　2017年4月20日アクセス）。

防衛庁『平成7年版防衛白書』（http://www.clearing.mod.go.jp/hakusho_data/1995/ara25.htm，http://www.clearing.mod.go.jp/hakusho_data/1995/ara34.htm　2017年4月20日アクセス）。

防衛庁『平成8年版防衛白書』（http://www.clearing.mod.go.jp/hakusho_data/1996/403.htm　2017年4月20日アクセス）。

防衛省『平成22年版防衛白書』（http://www.clearing.mod.go.jp/hakusho_data/2010/2010/index.html　2017年4月20日アクセス）。

民主党『民主党　政権政策　Manifesto』2012年11月26日。

和田彰男『国際緊急援助最前線――国どうしの助けあい災害援助協力』国際協力出版会，1998年。

資　料

「アジア・アフリカ首脳会議における小泉総理大臣スピーチ」2005年4月22日（http://www.mofa.go.jp/mofaj/press/enzetsu/17/ekoi_0422.html　2017年4月20日アクセス）。

「安全保障に関する日豪共同宣言」2007年3月13日（http://www.mofa.go.jp/mofaj/area/australia/visit/0703_ks.html　2017年4月20日アクセス）。

外務省「平成21年度我が国の重点外交政策」2008年8月。

外務省「安倍総理の東アジア協力案件」（http://www.mofa.go.jp/mofaj/area/eas/pdfs/anken.pdf　2017年4月20日アクセス）。

外務省「日中韓首脳会議（概要）」2008年12月13日（"China-Japan-ROK Trilateral Summit Trilateral Joint Announcement on Disaster Management."〔http://www.mofa.go.jp/region/asia-paci/australia/joint0806-2.html〕2017年4月20日アクセス）。

外務省「ARF災害救援実動演習への我が国の参加について」2009年3月27日（http://www.mofa.go.jp/mofaj/press/release/21/3/1189807_1094.html　2017年4月20日アクセス）。

外務省「ARF災害救援実動演習の開催について」2011年4月（http://www.mofa.go.jp/mofaj/area/asean/arf/arf-direx2011/gaiyo.html　2017年4月20日アクセス）。

外務省「我が国の人道支援方針」2011年7月1日（http://www.mofa.go.jp/mofaj/gaiko/jindo/jindoushien2_1_1.html　2014年2月23日アクセス）。

外務省「第18回ARF閣僚会合概要」2011年7月23日（http://www.mofa.go.jp/mofaj/area/asean/arf/arf11_kk.html　2017年4月20日アクセス）。

外務省「第18回ARF閣僚会合議長声明の骨子」2011年7月23日（http://www.mofa.go.jp/mofaj/area/asean/arf/pdfs/state1107_ky.pdf　2017年4月20日アクセス）。

外務省「世界防災閣僚会議in東北（概要と評価）」2012年7月4日（http://www.mofa.go.jp/mofaj/gaiko/kankyo/bousai_hilv_2012/gaiyo.html　2017年4月20日アクセス）。

外務省「ODA予算」2014年2月（http://www.mofa.go.jp/mofaj/gaiko/oda/shiryo/yosan.html　2014年2月23日アクセス）。

外務省「第14回ARF災害救援会期間会合の開催（結果）」2015年2月16日（http://www.mofa.go.jp/mofaj/fp/nsp/page22_001810.html　2016年5月3日アクセス）。

外務省国際協力局「防災分野における日本の国際協力」2008年7月。

外務省国際協力局「平成23年度国際協力重点方針」2011年6月（http://www.mofa.go.jp/mofaj/gaiko/oda/seisaku/pdfs/23_jyuten.pdf　2017年4月20日アクセス）。

国際緊急援助隊事務局「国際緊急援助事業概要」2009年9月。

国際緊急援助隊事務局「国際緊急援助隊（JDR）のあゆみ」（http://www.jica.go.jp/jdr/history2.html　2010年3月26日アクセス）。

国際緊急援助隊事務局「国際緊急援助とJICA」2013年10月（http://www.jica.go.jp/jdr/ku57pq00000t85pm-att/pamphlet_jdr_j.pdf　2014年2月19日アクセス）。

JICA「国際緊急援助の活動実績」2017年5月1日（http://www.jica.go.jp/jdr/activities/index.html　2016年5月3日アクセス）。

「JDR派遣事例」（http://www.jica.go.jp/jdr/case.html　2014年2月21日アクセス）。

「第108回国会衆議院地方行政委員会議録第5号」1987年5月26日。

「第109回国会衆議院外務委員会議録第2号」1987年8月19日。

「第123回国会参議院国際平和協力等に関する特別委員会議録第10号」1992年5月20日。
「第64回国連総会における鳩山総理大臣一般討論演説」2009年9月24日（http://www.kantei.go.jp/jp/hatoyama/statement/200909/ehat_0924c.html　2017年4月20日アクセス）。
「第174回国会衆議院本会議録第4号」2010年1月29日。
「第174回国会衆議院外務委員会議録第12号」2010年4月14日。
「第174回国会衆議院本会議録第35号」2010年6月11日。
「第176回国会衆議院本会議録第1号」2010年10月1日。
「第176回国会衆議院外務委員会議録第4号」2010年11月12日。
「第177回国会衆議院本会議録第1号」2011年1月24日。
「第178回国会衆議院本会議録」2011年9月13日。
「第14回日・ASEAN首脳会議　議長声明（骨子）」2011年11月18日（http://www.mofa.go.jp/mofaj/area/asean/j_asean/shuno_14th_gsk.html　2017年4月20日アクセス）。
「第180回国会衆議院本会議録第1号」2012年1月24日。
「第180回国会参議院政府開発援助等に関する特別委員会議録第3号」2012年3月27日。
「日豪外務・防衛協力会議共同発表2007（仮訳）」2007年6月6日（http://www.mofa.go.jp/mofaj/area/australia/visit/0706_kh.html　2017年4月20日アクセス）。
鳩山首相所信表明演説「第173回国会衆議院本会議録第1号」2009年10月26日。
「鳩山総理によるアジア政策基調講演　アジアへの新しいコミットメント——東アジア共同体構想の実現に向けて」2009年11月15日（http://www.kantei.go.jp/jp/hatoyama/statement/200911/15singapore.html　2017年4月20日アクセス）。
東日本大震災復興構想会議「復興への提言——悲惨のなかの希望」2011年6月25日（http://www.cas.go.jp/jp/fukkou/pdf/fukkouhenoteigen.pdf　2017年4月20日アクセス）。
「防災協力イニシアティブ」2005年1月（http://www.kantei.go.jp/jp/koizumispeech/2005/01/18initiative.html　2017年4月20日アクセス）。
JICA, "Perspectives on the Post-2015 Development Agenda," October, 2014.
"Trilateral Strategic Dialogue Joint Statement," June 27, 2008.（http://www.mofa.go.jp/region/asia-paci/australia/joint0806-2.html　2017年4月20日アクセス）。

聞き取り調査

五百旗頭真，楠綾子による大島賢三JICA副理事長へのヒアリング（2009年9月3日，JICA本部）。

第2章

国際緊急援助隊の派遣に関する法律（JDR法）
――制定経緯と主要問題点――

大島賢三

1　JDR法の制定に至る経緯

(1) 国際緊急医療体制（JMTDR）の設立

　海外の地域，特に開発途上地域において大規模な自然災害や紛争が発生した場合の日本の緊急援助は，見舞金などの資金援助や緊急食糧援助など物資援助に限られ，人的な参加が足りないとの批判がかねてよりみられた。1970年代後半に発生したカンボジア難民への支援に際し，欧米諸国は素早く医療チームを派遣して救援活動に乗り出したが，政府も民間も即応しうるシステムを欠いた日本の活動は立ち遅れ，批判が高まった。

　そこで政府は，民間医療団体などの協力を得て，国際協力事業団（JICA，現・国際協力機構）を通じて医療チームを組織的に派遣するシステムを立ち上げ，出遅れたとはいえ，1979年末に政府チームの第一次隊派遣にこぎ着け，3年間に延べ14チーム，計424人を派遣し，高い評価を得た（わが国最初の国際救助医療チーム［JMT］）。この経験をもとに，外務省・JICAを中心に1982年4月より「国際緊急医療体制」（Japan Medical Team for Disaster Relief: JMTDR）が設立された*。

　　*　本多（1988）。本多憲児氏（元福島県立医科大学教授，故人）は初代JMTDR運営委員長などを務め，初期段階においてJMTDRの立ち上げに大きな貢献をされた。山本保博氏（東京臨海病院長・顧問），鵜飼卓氏（兵庫県災害医療センター顧問），太田宗夫氏（大阪府立千里救命救急センター名誉所長）なども活躍され，現在に及んでいる。その後，1984年ごろから深刻化したエチオピア干ばつの被災民救済のため，JMTDRにより半年間に4次にわたり医療チーム計32人が派遣された。

47

（2）国際緊急援助隊派遣体制＊の整備

筆者が外務省経済協力局技術協力課長に就任直後の1985年9月にメキシコで大地震が発生し（死者約7000人，負傷者4万人）＊＊，日本からはJMTDRにより医療チーム計6人を派遣した。この時も，米，仏，スイスなどは救助隊を含む多数の援助要員を派遣して華々しく救助活動を展開したのに対し，日本の対応には「人の影が薄い」とマスコミからの批判を招いた。JMTDRに続き，地震や建築の専門家チームを3次にわたり派遣し，メキシコ側からは高い評価を受けたが，救助面での対応欠如に対する批判は残り，JMTDR参加者の中からも救助隊を含む総合チームを派遣しうるよう体制強化を求める要望が出された。

＊ 国際緊急援助隊をJapan Disaster Relief Teamと略称，以下JDR。
＊＊ なお，筆者は当時，担当課長として，JDR法案の調整に携わった。

そのような矢先，1985年11月にはコロンビアで大きな火山噴火災害が発生し（死者約2万5000人），日本は再度JMTDRにより2次にわたり医療チーム計8人，火山専門家チームの派遣，泥流監視装置の機材供与などを行った。コロンビア火山噴火の場合はメキシコ地震の場合に比し，外国救助チームの参加は少なかったが，それでも米，英などのヘリコプター部隊などが活動した（なお，災害発生後に，消防庁より，救助隊員の派遣を提供しうるとの申し出がなされたが，コロンビア政府は派遣要請を出さないとしたため，実現に至らなかった）。

こうして大災害が短期間に相前後して発生した衝撃の中で，日本の海外緊急援助体制の整備強化に対する関心が高まりをみせ，外務省内では法律制定の可能性を含め検討が開始された。国会質疑においても，海外の災害に対し援助隊を編成・派遣しうる制度を早急に検討すべしとの議論がなされ，安倍晋太郎外務大臣が積極的検討を約した。

安倍大臣の指示を受けて，外務省内の検討が加速し構想の具体化に向け前進が図られた。構想の骨子は，①救助チームは消防庁，警察庁，海上保安庁の協力のもとに市町村消防，都道府県警察，海上保安庁を中核として設置する，②医療チームは従来のJMTDRを維持する，③災害応急対策や復旧などに関する「専門家チーム」を新たな柱として立てる，④調整員・通訳などについては，

必要であれば青年海外協力隊 OB チームを加える，⑤以上をもって「国際緊急援助隊」と総称し，従来の JMTDR の例にならい外務省・JICA を中心に派遣する体制とする，との基本路線が固まった。あわせて関係14省庁の課長レベルの連絡体制が準備された。

こうして固まった派遣体制整備案につき，これを政府の意思として確認するため1985年末の最終閣議に報告することを目標に調整作業がはじめられた。その閣議報告案の協議過程において，市町村消防，都道府県警察及び海上保安庁の職員が海外で救助活動に従事することが現行法上，問題ないことを念のため内閣法制局（以下，法制局）に確認することとなり，急遽法制局との協議がもたれた。

法制局のとりあえずの回答は，本件は法令解釈上の問題を含んでおり，すぐに結論を出すのは困難であるというものであり，このため，予定していた「閣議報告」より軽い形式として，外務大臣はじめ関係大臣の「閣議発言」の形式によることとされた。これが予定通り同年12月末の最終閣議において行われた。

（3）法制局見解，官邸の裁定

外務省の求めに応じて法的側面の検討を行っていた法制局より，1986年2月に次の通りの口頭見解が示された。

①自治体消防や都道府県警察の職員が個々に，所属先との関係では「休職」や「職務専念義務免除」の形で，かつ，JICA との関係では「JICA 専門家」の身分を得て国際救助隊に参加することは法的には可能である。他方，地方自治体がこれら職員を地方公務員の身分を保持したまま「公務出張」として参加せしめるためには，その派遣が日本政府の事業の一環として行われるものである以上（本来，地方自治体の事務ではないのであるから）明文の法的根拠が必要である。現在，かかる明文規定は存在しないので「公務出張」としての参加を可能とするためには何らかの法整備が必要となる。

②いかなる法整備をするかは，立法政策論になるので公式の意見は控えるが，外務省が中心になって取りまとめるのが良いと思われ，一本のしっかりした法律（国際救助隊法ともいうべきもの）の制定が望ましいのではないか。ただ

し，法整備以前であっても，緊急事態にはそれなりの法理が働き実行上やれることがありうるが，上記見解は実行上やれることまで封じてしまう趣旨ではない。

かかる法制局の見解により，個別法令の改正によるか，一本の特別立法によるか，いずれにせよ法的根拠の整備が必要であることが動かし難いところとなった。そのような中で，消防，警察両庁は，折から開会中の国会に対し法案提出のための案件登録を行った。この時点では，消防庁は消防組織法の改正により対処するとの個別法の改正方式に積極的であり，警察庁と海上保安庁は，どちらかといえば，外務省の新規立法による取りまとめを希望したようであった。

そのような状況下で，しばらく様子をうかがう状態が続いたが，消防庁は市町村消防の救助隊員の海外派遣に係る改正を含む「消防法及び消防組織法の一部を改正する法律案」について各省との法令協議を開始した。その後関係省庁間の法令協議が長引く様相を呈する中で，法制局サイドより本件が官邸に持ち上げられた。

これに対し官邸の意向として，救助チームを含む国際緊急援助隊の法整備については個別法改正でなく，外務省が取りまとめて新規立法化をはかるべきとの示唆がなされ，1986年2月，後藤田官房長官の指示に基づき，藤森官房副長官が外務，消防，警察，海上保安庁の4省庁の官房長・局長レベル会議を招集し，本件立法化が話し合われた。そこでは，消防庁は，新規立法による総合的な体制準備を進めることに異論はないが，それには時間もかかるので，当面可能なところから着手すべきであり，消防組織法の改正に向けての準備が相当進んでいるのでその線で進みたいとの立場であり，その他の省庁はおおむね，新規立法により早急に全体の枠組みを整備すべきであるとの意見であった。結論として，外務省主導により次期国会を目指して新規立法に進むとの政府方針が確認された。

（4）法案作成，法令協議及び国会提出

以上の方針確定を受け，外務省は1986年3月，省内体制として官房総務課長を座長，経済協力局技術協力課長を事務局長とし，関係部局の課長レベルを含

むタスクフォースを設置して法案作成の作業に本格的に着手し，ここで次のような大枠の方針を確定した。

①法案をバランスの良いものとするため，救助隊のみに限定せず，医療チーム，災害対策専門家チーム，青年海外協力隊OBチームについても規定する方向で検討する（青年海外協力隊OBの参加については，その後法律上明示するまでもないとの判断で，除外されることになった）。

②派遣先については，法律を作る以上，開発途上地域を主としつつも非開発途上地域を排除しない。

③災害には自然災害と人為災害を含める。なお，国連の平和維持活動ないしこれに類するもののうち，直接武力紛争に係る場合は明らかに除外されるべきであるが，少なくとも国連などからの要請に応じて行う救援活動（たとえば紛争終結後の復旧・復興など）に派遣できる余地を残す。

この大筋方針に基づき，外務省は法制局第三部とも内々に協議して「国際緊急援助隊の派遣に関する法律骨子案」を作成し，これをもって各省協議が開始された。当初の予定では，同年9月に開会が見込まれた臨時国会への提出を目指すこととされたが，法案の中身の詰め（特に派遣の主体，費用の負担者，事務論など法律技術的問題）が残されたこと，また，1986年4月末のソ連（チェルノブイリ）原発事故を受け，9月下旬に国際原子力機関（International Atomic Energy Agency: IAEA）の特別総会で採択されることとなった2条約のうち「原子力事故時の援助に関する条約」と本件法律との整合性の検討も必要になったことなどの理由により，臨時国会への提出を見送り，官邸の了承を得て次期通常国会を目指すこととされた。

その後，法律案の検討が進められ，法制局及び主要5省庁（大蔵省，消防庁，警察庁，海上保安庁，自治省）との協議を踏まえて作成された「国際緊急援助隊の派遣に関する法律案」をもとに，1986年12月より法制局の正式事前審査が開始された。ここで若干の修正が加えられて案文が確定し，翌1987年2月より全省庁との正式の法令協議が開始された。この間に，緊急援助隊への自衛隊の参加問題については，防衛庁とも協議のうえ，これを明示的に除く方針を確認した。

各省庁との法令協議の過程では，特に第3条（外務大臣の協力要請）及び第6条（外務大臣の調整権）を中心に，意見の取りまとめが難航したため，最終段階では外務省と各省庁間で覚書作成により収拾をはかることとなった。この結果，1987年3月には閣議決定にこぎつけ，政府提出法律案「閣法第63号」として第108国会に提出された。なお，法律の運用や了解事項についての覚書交渉はかなりの難航を余儀なくされたが，外務省と16省庁との間に合計28本の覚書が取り交わされた。

（5）国会審議，法案成立及び交付，施行

本法律案は外務委員会付託となったところ，折からの通常国会は与野党対立のため長期空転し，そのあおりで国会正常化後の残された短時日に成立させる必要のある案件の厳選を求められたこと，また野党側の一部より本件法律案について自衛隊の参加問題などの絡みで慎重審議を求める声が出されたことなどの理由により，「継続審議」扱いとされて次期国会送りとなった。

こうして次期国会（第109臨時国会）での本法案審議では，いくつかの別の法案の関係で審議全面ストップなどの波乱があったが，国会正常化後，衆議院外務委員会においては8月19日，参議院外務委員会では同25日に各1日ずつの審議が行われ，自衛隊の参加問題を中心に質疑がなされた後，各党全会一致で可決成立した。なお，衆・参とも外務委員会では社会党より付帯決議の提案がなされ，外務委員会調査室が作成した決議案がそれぞれ全会一致（共産党のみ棄権）で採択された。

本法律は1987年9月16日に公布，同日施行された（和田［1998］。和田章男氏は元外務省緊急援助室長。実経験をもとに法律の実施・運用面を中心に解説）。

2　JDR法に関する主要問題点

（1）自衛隊の参加問題

本件法律の制定過程を通じ，政治的に機微な問題は自衛隊の扱いであった。結果的には，今回は自衛隊の参加は見送られることになったが，国会審議及び

マスコミの関心はこれを中心に展開した。

外務省は，自衛隊の参加問題については種々の角度から検討した結果，次のような理由で「不参加」の方針で臨むべきと考えていた。

①自衛隊の参加は，一部野党の強い批判を招く可能性と本法案を対決法案化させる懸念があり，本法案の成立及び今後の運用上得策とは考えられない。

②国際緊急援助隊の派遣運用において自衛隊に期待できるのは主に輸送力，救助人員及び自衛隊にしかない特殊技術（たとえば航空医学，潜水医学など）であろうが，これまでの経験からいって，自衛隊の協力がなければ派遣自体が不可能になる性格のものではない。

③防衛庁当局も，将来のことは別として，自衛隊の参加にむしろ慎重であり，自衛隊の不参加が法的に明確になるよう措置を希望している。

法案作成の過程で，参加省庁の指定を法律事項ではなく政令事項とする案も検討されたが，政令に落とす場合には，政府限りで将来防衛庁を参加省庁に追加しうることとなるので，防衛庁の要請もあり，法律事項として別表*に掲げる方式を採用することに落ち着いた。

* 現在，別表に挙げられているものは，内閣府，警察庁，総務省，消防庁，文部科学省，厚生労働省，農林水産省，経済産業省，資源エネルギー庁，国土交通省，気象庁，海上保安庁，環境省，防衛省の14省庁。

将来，自衛隊が参加することになる場合の本件法律及び自衛隊法の改正をめぐる論点については，政府部内の見解は一致しておらず，法制局もこの点は明確な判断を下していないので，将来の検討課題として残された。

国会審議では，将来の自衛隊の参加問題については，自民党，民社党，公明党が積極論，社会党と共産党が消極論であった。政府側は「将来，自衛隊の参加が必要と判断されるような状況が生じた場合には，その時点で改めて検討されるべき課題である」との答弁で終始した（なお，政府答弁に関連し，これは自衛隊の「海外派兵」に道を開こうとするものであるとの社・共の批判及びマスコミの一部報道が散見された。これは自衛隊の「海外派兵」と「海外派遣」を混同するものであり，前者は政府答弁書［1955年10月28日］の通り「武力行使の目的をもって武装した部隊を

他国の領土，領海，領空に派遣」するものであり憲法上許されないが，武力行使の目的をもたない部隊を他国へ派遣することは，自衛隊の任務，権限とされておれば「海外派遣」として可能であるとの整理である）。

(2)「災害」の定義

国際緊急援助隊派遣の対象となる災害に自然災害に加え人為災害（工場爆発など）を含めることに問題はないが，国連の平和維持活動（PKO）ないしこれに類する活動であって直接武力紛争に関わらないような場合の扱いについては，災害を広く定義し，少なくともその解釈の余地を残しておくことが適切であろうとの判断で，法律上は単に「大規模な災害」とのみ規定し，災害対策基本法にあるような定義条項は設けないこととした。

ただし，直接武力紛争に係るものは排除するとの方針については，「紛争，内乱等戦闘地域における武力の使用による直接の被害は，（『災害』というよりも『事態』であって）本法にいう「災害」には含まれない。ただし紛争によって生じる難民への支援は排除されないとのラインで整理した*。

* 1991年の湾岸戦争に伴うクルド難民への支援（医療チーム）は行われたが，1992年の法改正で紛争起因の難民支援は「国際連合平和維持活動等に対する協力に関する法律（PKO法）」によるとの整理になった。
 なお，災害の定義との関連で，特に国際紛争に巻き込まれないように法律の運用をはかるべきことを付帯決議の一項として謳うことが野党の一部から主張されたが，将来の運用において，それに縛られるのを回避するため，政府与党側より説得し，納得を得て付帯決議に盛り込まれることはなかった。

(3) 事務論（国の事務，地方自治体の事務，JICA の事務）

ここでいう「事務論」とは，国際緊急援助隊を海外に派遣する事業（国の事務）に市町村消防，都道府県警察の職員が「公務出張」の形で参加すること（地方自治体の事務）を可能とし，その派遣業務を国際協力事業団（現・国際協力機構）という特殊法人が行う（JICA の事務）という法律上相互に矛盾を含むかのような諸点を法理論上いかに整理するかの問題である。この問題は国会審議などの場で表面化することはなかったが，事務的，法技術的には法制局審査を

通るまで，関係省庁間の調整過程でもっとも時間を要し，とりまとめ上の困難を極めたものである。

すなわち，海外への援助隊派遣が本来的に国の業務であって，地方公共団体独自の業務でないことは明らかである。そこで，地方公共団体に所属する消防，警察の職員が「休職」の身分措置のもとに国の業務たる援助隊に参加するのであれば，事務論としては整理がつく。しかし，消防庁，警察庁は諸般の事由（十分な補償の確保，指揮命令系統の確保，参加者の士気高揚など）から休職措置のもとでの協力参加はありえず，「公務出張」の派遣を絶対条件とする姿勢で臨んだ。国の業務を地方公務員の公務として行うためには法律上の根拠が必要となる。

そこで法律上の根拠を明示する一項を法案に設けることとなったが，そのような根拠規定を設けることは，同時に国と地方のいずれが経費を負担するかという予算設定のあり方の問題に関係してくる。従来，JMTDR 派遣の関連予算は外務省からの交付金として JICA 予算に計上されていたところ，財政当局は，国際緊急援助隊派遣予算を JICA 予算として計上するのであれば，法律上は国際緊急援助隊派遣の業務が「JICA の事務」であることを明示する規定となるべきと主張し，消防，警察の立場との折り合いがつかなくなった。

かくして，国の事務でもあり，地方の事務でもあり，JICA の事務でもあるとの三方ジレンマをどう解決するかの問題に逢着したが，種々難航の末，三者関係の整理は次のような形をとることで決着にこぎつけた。

①「国・地方の事務」と「JICA の事務」との関係については，国（関係行政機関）と地方の事務については，それぞれがその職員に国際緊急援助活動を行わせる（法第4条第1項，第3項，第5項），JICA の事務はこれらの職員を援助隊として派遣すること（法第5条第1項，第7条）とし，JICA は国・地方に対し「出張依頼」を出すものとして理論構成のうえ，連結させることとする。

②「国の事務」と「地方の事務」の関係については，地方公共団体（市町村消防，都道府県警察）に対し，国がその職員に国際緊急援助活動を行わせる権限を付与することを法律に規定することにより（法第4条3項，第5項），本来

国の事務たる国際緊急援助活動を地方に団体委任する（「団体委任事務」と観念する）こととする。

（4）費用負担の問題

上記のごとく事務論が整理されたことから，国（JICA）と地方公共団体との間の費用分担については次のように整理することとする。

①法の別表にある14関係省庁の国家公務員並びに都道府県警察，市町村消防の地方公務員の場合は，その職員に国際緊急援助活動を行わせる権限はそれぞれの所属長が有しているので，これら公務員の出張中の人件費（給与）については各々の所属先が負担する。他方，これらの公務員につき出張を依頼し，援助隊として海外に「派遣」するのはJICAの業務とみなされるので，旅費（航空賃，日当，宿泊費など）はJICAが負担する。

②ただし，地方公務員の人件費部分については，地方公務員の派遣は団体委任事務として観念される以上，法的には（本法律に別途の明文規定がない以上）地方公共団体の負担となるべきものであるが，地方公共団体に実質的な財政負担がかからないよう，自治省の強い主張に基づき，JICAから所属先に対し「人件費補てんに相当する額」を支払うこととして，その旨覚書で確認する。

③医師などの民間人の派遣の場合は，JICAが要員をリクルートのうえ援助隊として派遣して行うので，人件費，旅費ともJICAが負担する。

なお，この国と地方の間の費用分担の問題解決にあたっては，地方財政を預かる自治省と国の財政を預かる大蔵省との間の積年の論争点に巻き込まれることとなり，調整は難航を極めたが，長いやり取りのうえ，上記の解決策にこぎつけるという経緯があった。

（5）災害補償

海外の被災地に派遣されて災害救助活動を行う参加者に対して，万一の死亡や事故の場合に十分な災害補償措置を講ずる必要がある。そもそも本法律を制定することとなった理由の1つは，そのために，特に危険を伴う救助活動に従事する市町村消防，都道府県警察の職員に対する公務災害補償の適用を可能と

するために，公務出張の法的根拠を設けるとの点にあった。まず国家公務員については法第4条第1項により，地方公務員については法第4条第3項及び第5項により，それぞれ公務出張の根拠たりうる規定を設けたことにより，それぞれ国家公務員災害補償法及び地方公務員災害補償法が適用されることとなった。

問題となったのは，JICAが募集して派遣する民間人に，如何なる形で基礎的災害補償を確保するかであった。本件法律の成立までは，援助隊の派遣は技術協力（JICA団法第21条第1項）の枠組みの中でとらえ，この場合，民間人（及び地方公務員）は通常のJICA専門家（派遣対象国は原則として開発途上地域）と同様に，労働者災害補償保険法の特別加入制度による補償を行うこととしていた。そこで，本法律の制定に際しては，民間人の右特別制度の適用を明確化するとともに，非開発途上地域にもその適用範囲を拡大する可能性検討し，担当省（労働省）に照会した。

これに対する回答は，①右特別加入制度は抜本的に見直し中でありその縮小はありえても制度の拡大は難しい，②法律が制定されるとなる以上，災害緊急援助活動を技術協力と観念し続けることは難しい，③援助隊に参加する民間人は，公務員の場合と同様に，いわば「出張」して業務を行うものと考えられ，労災法上の「派遣」，「派遣先の事業への事務従事」とは異なり，趣旨に合致しないとの否定的なものであった。

しかし，民間人と公務員との間の不均衡は好ましくないので，代替方法を検討の結果，民間人をJICAの嘱託として採用し，常勤職員と同様，労災保険への通常加入により基礎的災害補償を確保するとの解決によることとされた。

（6）外務大臣の協議，調整に関する権限

国際緊急援助隊の派遣は，外国に対する政府ベースの災害援助の一環として行われることに鑑み，本件法律では外務大臣主導型で行われることが明確に規定された（法第3条／関係行政機関の長などとの協議，法第6条第1項／外務大臣による調整）。

①まず第3条では，他国より派遣の要請があった場合に，派遣が必要・適切

か否かの判断及びどの省庁に協力を求めるかの判断については，外務大臣に裁量権があることになっている。各省との法令協議の過程で多数の省庁より，外国から要請があった場合には，外務大臣は必ずその情報を各省に関係あるなしにかかわらずすべて提供すべきこと，及び各省の同意が無ければ外務大臣は如何なる援助隊も派遣できないことを規定するよう要求がなされた。この点については，外務省は援助隊の派遣は対外関係事務の処理として外務大臣に裁量権があるとの主張を貫徹した。また，外務大臣が協議を求めない限り，関係行政機関の職員を派遣することはできないことも確認された。

②援助隊の実際の活動の「調整」は，外務大臣（海外においては在外公館長）が行う事となっている（法第6条第1項）。各省庁は，その職員に対して指揮監督権をもっているが，全体の調整はあくまでも外務大臣が行う。この点，各省庁の指揮命令権と外務大臣の調整権との関係が問題になりえたが，日本から遠く離れた外国の地における緊急援助活動という性格に鑑みれば，調整権を外務大臣が持てば，派遣職員に対し直接の指揮命令権がなくとも，全体の援助隊活動を十分にコントロールしうるとの立場で収めることができた。

なお，各省との法令協議の過程で，上記の外務大臣の調整権の問題については，この調整権を縮小すべきとする一部省庁の抵抗がみられ，調整が難航し，修文要求をめぐってぎりぎりの折衝が続けられるという一幕があったが，最終的には覚書を取り交わすことで山場を収めることができた。

（7）各省設置法の改正問題

法案作成の段階での論点の1つは，警察及び消防の職員を公務出張として援助隊に参加できるようにしたことの延長線上で，援助隊に職員を派遣する各省の権能をそれぞれの設置法の中に明示的に書き込むか否かであった。議論の結果，以下の理由から，消防庁，海上保安庁，警察庁の3つの庁に限定して設置法の改正方針が合意された。

①これら3庁は，いずれも救助活動に関与するとの特殊性があること（そもそも本件立法化の契機は，救助活動の法的根拠を明確化することであった）。

②各省設置法のいわゆるバスケット・クローズ（「前各号に掲げるもののほか，

法律に基づき○○省に属せられた権限」という規定）が設置法上認められていないので改正の必要があること（警察庁，海上保安庁にあてはまる）。

③地方公共団体の職員の派遣に関係することで明示が望ましいこと（消防庁，警察庁にあてはまる）。

上記の3つの基準に該当しないその他の省庁については，設置法の改正を求めないとの整理で臨んだ。

なお，外務省の設置法の改正については，現行法上十分に読み込めるとの判断で行わないこととされ，外務省組織令の改正で本法の施行事務を経済協力局に追加した。

（8）国際協力事業団法の改正

従来のJMTDRの派遣は，法的にJICAの業務として「運用」でなされていたものか，国際協力事業団法（1974）上の「技術協力」として読み込んで行われていたものか，必ずしも明確でなかったこと，緊急援助体制を整備するにあたってはJICAの役割がいっそう大きくなるので法的根拠を明確化しておいたほうが良いとの判断から，この機会に法改正を行うこととされた。

その際，国の業務としての援助隊の要員派遣については，国の責任の下にJICAは「事務局」としての役割を果たすにとどまるが，援助物資供与の場合は，物資の輸送，国内及び海外の備蓄についてはJICAの業務であることを規定し，その責任を明示した。

（9）輸送の問題

国際緊急援助隊の参加者及び必要に応じ，緊急援助物資を被災国に迅速に輸送する手段を講ずることは極めて重要である。この点，従来のJMTDRなどの経験に鑑み，民間定期便やチャーター便で十分対応しうると考えられたが，一部政党より，軍用機を緊急輸送に使用している欧米諸国の例をみれば，それでは不十分であり，自衛隊機及び将来的には政府の保有する航空機を使用可能とすべきではないかとの主張があった。しかし，自衛隊機使用の議論は，自衛隊の参加問題との絡みで選択肢にはなりえず，政府専用機については，この時

点では日本政府が専用機を保有していなかったので，「将来の検討課題」とされるに留まった。こうして，輸送は重要であるが，JICA による「輸送の手配」を明示することの他に特別の規定を置かないこととされた。

なお，本法案の国会継続審議中に政府専用機の購入が現実のものとなり，これを1987年度補正予算で購入するとの方針が確定したため，その使用目的に緊急援助隊の輸送を含めるか否かの問題が生じた。政府部内ではこれを含めるとの方針が内々に固まりつつあったが，政府専用機の管理・運用が防衛庁に委ねられる可能性があることから，国会での無用の混乱を避けるため，これも国会対策上は「将来の検討課題」として整理された。

(10) 各省間の覚書

本件法案案文の最終確定と閣議提出の間のわずか2日間に，外務省と16省庁との間に28本という多数の覚書が交わされた。これは，ギリギリの段階で法律の案文変更に関する各省要求を退け，主要点について主管省たる外務省の立場を貫くための代償としてやむをえないものであった。多数の省庁の主な狙いは，外務大臣から関係行政機関の長などへの協議（法第3条）及び外務大臣による活動の調整（法第6条）につき外務省の権限を薄めようとするものであった。

このうち，前者については，被災国から援助要請があった場合には，外務省はその内容を無条件にすべての関係省庁に通報することを求め，要請内容が各省庁の所掌事務にかかる場合には，当該省庁からの申し入れに対し，無条件に協議に応じることを求めるものであった。また，後者については，外務大臣の調整権限は，援助隊として派遣される各省庁の職員に対する当該省庁の長（任命権者）の指揮監督権を侵すものではないとの内容であった。

これらの要求は，一部に理解しうるものもあったが，援助隊派遣の迅速かつ円滑な施行を達成するうえにおいて不都合が生じることのないように，外務大臣の裁量権との調和のもとに処理されるべきものとの見地に立って，双方の立場を覚書の形で確認して収拾することとされた。

3　本法律整備の意義

　このように，JDR法作成は案文確定まで意外に長い時間を要することになった。理由の1つは，この種の法律は前例がないこともあり，いわゆる事務論をはじめ法律技術的な詰めに労力を要したこと，外務省主導の法律作成に対しいくつかの省庁から抵抗がみられたこと，その外務省はこの種の国内法を手がけることは珍しく，十分なノウハウに欠け，各省庁の法令専門担当官相手の協議過程において，種々の苦戦が伴ったことなどにあったといえる。先行きの難航を察知してか，かなり早い段階であったが，本件法律作成の話を聞いた大蔵省主計局の担当主査は，「伏魔殿に手を突っ込むようなものだから，法律など思いとどまった方が賢明ではないか」と冗談めかしてコメントする一場面もあった。

　しかし，最終的に案文を調整し，国会承認にたどり着くにあたっては，制定経緯にもある通り，法制局の意見を背景に，官邸による裁定というプロセスが介在したことが大きかったといえよう。もしこれなしに，外務省独自のイニシアティブのみではじまった場合，この種法律の成立に漕ぎつけることができたかどうかは疑わしいところである。

　「将来の検討課題」として積み残しになっていた自衛隊の参加問題は，法律発効後数年たったところで，東西冷戦の終了と湾岸戦争の勃発（1991年）という事態を受け，日本がより積極的な国際協力へと舵を切り替える中で，1992年に「国際連合平和維持活動等に対する協力に関する法律（PKO法）」が成立，これに合わせ，同年中に「国際緊急援助隊の派遣に関する法律（JDR法）」の一部改正が実現し，これにより自衛隊の援助隊参加への道が開かれた。この結果，PKO法とJDR法の対象範囲が整理され，紛争起因の災害には前者，それ以外の災害（自然災害や人為的災害）は後者が適用されることになった。なお，後に自衛隊の海外派遣については，従来は自衛隊法上の「付随任務」とされていたものが，2006年には法改正により「本来任務」に格上げされた。

　1987年の法律施行から2015年まで28年の間，人的貢献としての国際緊急援助

隊の派遣の実績は，救助チームが19回（延べ926人），医療チームが57回（延べ930人），専門家チームが46回（延べ379人）となっており，また，物的援助としての援助物資供与は490回を数えるに至っている。自衛隊部隊の派遣（輸送業務を含む）については，16回（延べ5345人）で，海外派遣人員の総数は延べ7580人を数えている。

こうして現在に至るまで国際緊急援助隊は世界各地で数多くの災害現場に派遣され，被災地の救済と人道的支援のために大きな貢献を重ねてきた。一例として，これまで最大の派遣規模となった2004年12月のインドネシアのスマトラ沖地震・津波災害においては，スリランカ，モルディブ，インドネシア，タイの4ヶ国に救助，医療，専門家，自衛隊部隊の合計14チームが派遣され，緊急対応から復旧・復興支援への切れ目のない支援を行った。

また，日本の救助チームについては，捜索救助の国際的ネットワークである国際捜索救助諮問グループ（International Search and Rescue Advisory Group: INSARAG，国連人道問題調整事務所［UN Office for the Coordination of Humanitarian Affairs: UNOCHA］が事務局を務める）により，救助チームの国際能力検定において，2010年に最高水準である「ヘビー・チーム」の認定を受けるに至り（2015年再認定），優れた救助体制と能力が実証されている。

本法律の制定により，大規模災害の発生時に必要となる緊急援助，人道支援への人的貢献を促進する基本的な法体制が整い，日本の国際貢献の1つの重要な柱をつくることができた。また，緊急援助隊の海外派遣の経験は，国内での大規模災害・事故などに対応するための災害派遣医療チーム（Disaster Medical Assistance Team: DMAT）設立などへと波及していることも指摘されて良い。

世界では先進国を中心に緊急災害援助に活発に参加する国は多いが，このためにわざわざ特別の国内法を制定している国は，（あったとしても）数少ないのであろう。その意味で本法律はユニークな実例といえるかもしれないが，いずれにせよ，重要なことは，支援提供国側の関係法令の有無如何ではなく，実際の災害救援の場面において被災地のニーズに合致した活動を，いかに迅速かつ効果的に実施しうるか否かである。

一説によれば，平均すれば世界で10日に1度の割合で中規模以上の災害が発

生し，大きな人的・物的被害が生じている。特に脆弱性の高い開発途上地域にとっては経済的損失その他の影響は大きい。気候変動（地球温暖化）の影響により自然災害の発生頻度は今後ますます増え，海外においても国内においても，人的・物的被害や経済的損失も格段に増大することが予想されている。有数の災害多発国でもある日本が，その経験と技術をもとにユニークな貢献を行いうる余地は大きく，今後とも緊急援助の研究と体制整備が継続的に着実に進められることがますます重要となるのは明らかである。引き続いての関係者の努力が期待されるところである。

引用・参考文献

本多憲児『空翔ぶ救急医療』上，下，毎日新聞社，1988年。

和田章男『国際緊急援助最前線』国際協力出版会，1998年。

第3章
東日本大震災における国際支援受入れと外務省の対応

河原節子

1　本章の目的

　筆者は，東日本大震災発生当時，国際協力局緊急・人道支援課長として国際支援受入れの調整に携わった。同課は，諸外国における災害や紛争等に起因する人道危機に際して支援を提供する業務を担っており，たとえば2010年のハイチ地震や2011年2月のクライスト・チャーチ地震をはじめとする大規模災害において，国際緊急援助隊の派遣や緊急支援物資の送付等の支援等を行った。外務省は，東日本大震災発生直後に，大臣を長とする緊急対策本部を立ち上げ，全省体制で国際支援の受入れ調整に全力をあげた。同課は，人道支援国際機関及び諸外国政府の人道支援関係者と常時意見・情報交換を行っており，人道支援に関する国際的なルールやメカニズムについて幅広い知見を有しているため，特例的に今回の震災に際して支援受入れを円滑化する役割を担ったと考える。通常は，緊急支援を行う立場にあった者が，急遽支援を受け入れる側になったことから，さまざまな課題や有益な工夫に気づくことができた。
　本章は，日本政府による情報及び筆者のこうした経験を基に，できる限り事実に即して当時の状況を説明し，将来への備えに役立てようとするものである。ただし，具体的対応ぶりに関する分析・評価や将来の国際支援受入れに際しての改善策は，筆者の個人的な見解であり，外務省や日本政府の立場を代表するものではないことをお断りしておく。

第3章　東日本大震災における国際支援受入れと外務省の対応

2　外務省の対応体制

（1）政府全体の体制における外務省の位置付け

　東日本大震災における国際支援受入れの体制面において，第一に強調すべきことは，阪神・淡路大震災の経験を踏まえ，国際支援の受入れの基本的考え方及びプロセス，並びに外務省の役割が事前に明確にされていたことである。これが，国際支援受入れの円滑化に大きく繋がった。今回は，163の国・地域及び43の国際機関からの支援表明という，未曾有の申し出があったが，そのうち，128の国・地域・機関から物資及び寄付金を受領した。（外務省，2015）。とりわけ，すべての地域から，そして先進国からのみではなく，極めて多数の発展途上国からも支援を受け入れたことは特徴的であり，人道支援の歴史の中でも特例的といえる（なお，米国におけるハリケーン・カトリーナの際も，多数の発展途上国を含む国際社会から支援の申し出があったが，発展途上国からも支援を受け入れたか否かは不明）。

　阪神・淡路大震災の事例の詳細については次章に譲るが，当時は災害対応に関する政府の基本計画において，海外からの支援受入れが想定されておらず，そのための基本的な考え方や体制・手続きは全く整備されていなかった。そのため，76の国・地域及び複数の国際機関から支援の申し出があったにもかかわらず，受入れの遅延や現場での混乱等，問題が多々発生したとされている（内閣府による「阪神・淡路大震災総括・検証事業」によれば，被災地における輸送機能の麻痺，通訳要員・宿泊施設の欠如のための受け入れ困難や現場のニーズとの国際支援のミスマッチが生じたとされている）。

　この経験を踏まえ，政府の「防災基本計画」において，大規模災害の際の海外支援受入れに関する基本的考え方と体制が規定されることになった。1995年7月の「防災基本計画」改定において，「国は，海外からの支援を受け入れる場合に必要な諸手続などについては，あらかじめ定めておく」とされ，「外交ルートで海外から支援の申し出があった場合には，外務省は非常本部等にその種類・規模・到着予定日・場所等を通報するものとする。非常本部等は支援の

65

受入れの可能性について検討する」旨が規定されている。また，被災地における混乱を避けるため，より具体的に「被災地等に過大な負担をかけない自己完結型であるかなどを……調査」する旨が規定されている。さらに，1998年には「海外からの支援受入れに関する関係省庁連絡会議申し合わせ」が定められ，各省庁の役割や支援受入れの具体的な手続きが明確になった。加えて，実際に緊急対策本部が設置された場合における本部の構成・人員等について，より実務的なマニュアルも用意されるなど，支援受入れのための制度整備が進められた。

（2）外務省内の体制

外務省においては，さまざまな緊急事態を想定した体制を常日頃より整備しており，大規模国内災害もその想定の1つになっている。そのため，東日本大震災の発生直後，上述の通り外務大臣をヘッドとした緊急対策本部を立ち上げ，官房総務課及び危機管理調整室を中心とした特別体制を設置した。加えて，省内各課の役割分担を直ちに明確化し，すべての関係課による事務レベルでの連絡・調整会議を開始した*。

　　* 連絡・調整会議は，1日に数度開催され，刻々と変わる諸外国の対応ぶりや現地の状況・留意点等について，ほぼリアルタイムで省内すべての関係者に共有された。

今回の震災の被害は，直ちにCNNを初めとする国際メディアや人道支援機関の情報共有サイトを通じて世界中に知られたため，発災直後より，多くの外国政府・国際機関より具体的な支援の申し出が外交ルートを通じてなされた（外務省の報道発表によれば，同日21:00現在で25ヶ国・地域，12日0:00現在では51ヶ国・地域から外交ルートで申し出があった）。発災直後（11日15:00）に松本外務大臣（当時）の下で開催された第一回外務省緊急対策本部会議においては，<u>わが国から国際社会に対して支援の要請はしないが，支援の申し出については現場のニーズに合うか否かを迅速に検討して，被災地での受け取り手が決まり次第速やかに受け入れる，受け入れに当たって現場に負担のかからないよう外務省としてもできる限りの支援を行う</u>との基本的方向性が示された。この方向性は，その直後に総理官邸で開催された政府全体の第1回緊急災害対策本部（11日，

15:37) の会合において，各大臣にも共有され，了承された*。

> * 本方針は事前に用意されたものではなく当日に合意され決定されたものであった。こうした方針決定が速やかになされた背景には，阪神・淡路大震災の際の経験と解決策とが外務省内及び政府全体で広く共有されていたことが一因と考えられよう。

3　支援の具体的な受入れ

　災害時の海外からの支援といっても，救助隊や医療隊の派遣ほか，支援物資の提供，寄付金の提供といったさまざまな形態があることに留意する必要がある。その形態毎に，受入れのしくみや注意点は異なるため，人員の派遣，支援物資の提供，寄付金の提供という3つの形態に分けて説明することとする。まず，事前に定められている政府のマニュアルによれば，緊急対策本部の中に海外からの人員や緊急物資の支援受入れを調整する班が置かれることとされている。同班が，①外交ルートで海外からの支援の申し出を受ける外務省，②支援の具体的中身に関係する関係省庁*，そして，③各被災自治体といった三者の間での調整の役割を担うこととされている。今回も基本的にはこのようなメカニズムに従い，緊急対策本部のもとに設置された「被災者生活支援特別本部」の中に，その役割を担う班が置かれ，海外からの支援の申し出を受け入れるか否か，受け入れる場合にはどの自治体にどのように届けるのかという点についての調整が行われた（図3-1：人的支援，図3-2：物的支援。詳細は，内閣府（防災担当）ウェブサイト「緊急災害対策本部（被災者生活支援特別対策本部）におけるC7班（外務省［2011］）を参照。）

> * 関係する省庁は，救助隊であれば警察庁・消防庁，医療隊であれば厚生労働省といった形で，具体的な支援の内容に基づいて判断される。

（1）人員の派遣
　災害支援にあたって主に派遣される人員は，救助隊と医療隊である。
　救助隊は，人命救助の観点からきわめて重要であり，かつ，迅速性が不可欠である。わが国も，海外の災害に際して救助隊を派遣した経験は多いが，1分

第Ⅰ部　緊急災害対応の送出し国・受入れ国としての日本：1987年から東日本大震災まで

図3-1　人的支援受入れの体制（救助隊の例）

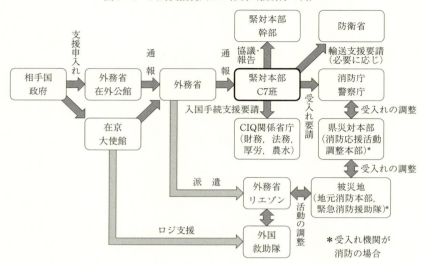

でも1秒でも早く派遣する必要がある一方，被災国政府・自治体自らによる救助活動との連携・調整（活動地域の割り当て，移動手段，安全確保方法等）が必須であり，受け入れ体制がないまま派遣することは，かえって現場に混乱をもたらす危険性があることに十分留意する必要がある。

　今回は，災害発生直後に多くの国から救助隊の早期派遣の申し出があり，この申し出を直ちに緊急災害対策本部に伝えた。同本部は現地で救助活動を行っている警察庁及び消防庁と協議し，また各被災自治体とも調整のうえ，活動地域及びいずれの省庁と現場で活動の連携を行うかを決定した。その結果，発災翌日の12日には，韓国隊（第一陣）とシンガポール隊が到着し，13日には，独，スイス，米，中，英，ニュージーランドの救助隊も到着する等，阪神・淡路大震災の際に比較すると，格段に迅速な受入れが行われた。なお，救助隊の多くは災害救助犬を同行させるため，震災当日（11日）農林水産省は，災害救助犬の検疫を弾力的に運用するようにとの事務連絡を発し，救助犬もスムーズに入国できた。さらに，各国の救助隊の受入れが地元自治体や現場で活動している我が国の救助隊の妨げや負担にならないよう，さまざまな工夫がなされた。第一は，受入れに際して，人員派遣を申し出た各国政府に対して，自己完結型の

図3-2 物的支援受入れ体制

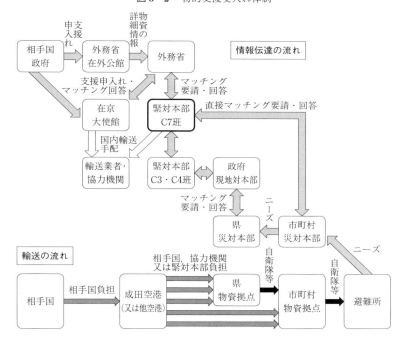

活動とすることを条件とした。具体的には，現場への移動手段，宿泊場所（テント）や防寒具，食料や水については，自ら事前に調達・用意するよう要請した*。第二に，外国のチームとわが国の救助隊との現場での連携・調整を円滑にするため，必ず各外国救助隊に1名から2名の外務省リエゾンを同行させたことである。同リエゾンは，わが国の救助隊や地元自治体との間で通訳や活動調整等の役割を担い，活動の円滑化に努力をした**。

* ただし，実際すべてのチームが完全に自己完結型であったとはいえず，準備状況や体制には大きな違いがあったとされている（外務省，2011）。
** 外務省の当該国担当官や，当該国の言語・文化に詳しい若手職員を在外から用務帰国させ，被災地にリエゾンとして派遣した。

医療隊については，当初から数多くの国から派遣の申し出を受けた。これを受け，3月14日に厚生労働省は，外国の医師免許を有する者の医療行為につい

て、「こうした事態の下では、被災者に対し必要最小限の医療行為を行うことは、刑法第35条に規定する正当業務行為として違法性が阻却されるものと考える」とする事務連絡を発出し、外国医師の受入れに道を開いた。しかし、外国の医療隊を受け入れたいとする自治体はほとんどなく、唯一宮城県南三陸町がイスラエルの医療隊50数名を受け入れた＊。イスラエル医療隊は、X線や超音波測定器など高度な機材を備えており、多くの病院が被災した現場において、検査・測定の面で一定の役割を果たしたとして評価できる。一方、今回の被災地の医療面での特徴として、外傷の治療というより高齢者の慢性疾患への対応のニーズが格段に大きかったことに注意すべきである。そのため、過去の病歴や症状、さらに服用している各種の薬についての問診が必要であり、災害時の医療に特化したような海外の医療チームとはニーズにおいてなじまなかった面もあると考えられる。一口に災害時の医療といっても、医療ニーズは多様であり、具体的な医療ニーズを早期に国際社会に発信することにより、ニーズとマッチした支援の検討が可能になると考えられる。また、わが国の被災者は、言語・文化のみならず治療方法も異なる可能性のある外国の医師による診断や治療に不安を感じることも十分想定されるため、こうした不安を除くには、受入れの際にわが国の病院や医師との密接な連携体制が重要と考えられる。

> ＊　その他、フィリピン等が少人数の医師を派遣したが、これらは主として被災地在住の同国民の医療・精神面での支援を目的とした。

（2）支援物資の提供

日本政府は、64の国・地域・機関から物資の提供を受けたが、その内容は、毛布・テント、日用品、水・食料品から衣料品、ぬいぐるみ、液化天然ガスまできわめて多岐にわたる。上述の通り、今回政府は、国際社会に支援の要請はしないが、申し出があれば、被災地のニーズとマッチする限りは積極的に受け入れるとの基本的方針を立て、右方針を最後まで貫いた。政府としては、支援物資の輸入手続きの簡易化・迅速化のためにあらゆる可能な措置をとった＊。また、日本国内における輸送ルートに不要な負荷がかかることや被災地における混乱を避けるために、必ず個々の物資の受入れ市町村が決まってから、先方

政府に受入れの決定を通知した。
　＊　具体的には，明細書の提出の省略や審査の簡素化等である。詳細は，内閣府（2012.12）を参照。

　今回の震災にあたっては，甚大な被害を受けた自治体がきわめて多く，多数の国からの多様な物資の支援申し出を，各自治体のニーズとマッチさせることは容易ではなかった。特に，最初の数日は，通信インフラも十分機能せず，被災地との連絡に困難を来した面も大きく，また，そもそも自治体の事務所や職員が被災したため，個々の自治体の被災状況やニーズを直ちに把握することはきわめて困難であった。一方で，各国政府は，一刻も早く支援物資を届けたい，受け取ってほしいという思いがあり，受け取り市町村が決まる前に輸送機を離陸させたいという要請をした国もあったが，それはかえって現地での混乱を来しかねないため，なんとかおもいとどまってもらった。

　具体的にどのようなメカニズムで個々の物資の受入れ自治体を決めたかについては，上述の内閣府（防災担当）（2011）に詳しい（図3-2：物的支援参照）が，一言でいえば，マニュアルに定められている手続きに従い，外交ルートで外務省が支援の申し出を受け，これを緊急災害対策本部に伝え，同本部が，各県の緊急災害対策本部に伝え，その後県内各市町村にニーズがあるかどうかを確認するとの流れとなっている。しかし，当然のことながら，物資支援の申し出は海外からだけではなく，日本政府主導による物資支援，他の都道府県からの支援，さらには民間企業からの支援と多岐にわたる。さまざまなアクターからの支援申し出が被災県の対策本部に寄せられ，同本部が県内の各市町村の細かなニーズを把握し，迅速にマッチングをはかることは困難であり，非常に手間暇と時間がかかることが早い段階で明らかになった。そのため，海外からの支援調整を担当するC7班は，県の災害対策本部を通さず，各市町村に直接連絡をとってニーズを確認し，調整したとのことである。さらに，C7班は各省庁からの職員を集めたシフト制で24時間体制をしいていたが，それでも物資の種類によっては，迅速に物資の受け取り手をみつけることができない場合もあった。そのため，外務省（特に，各国との関係を担当する地域課）が直接被災自治体に連

絡をとったり，自治体のウェブサイトで必要な物資を確認したりする等，申し出のあった物資と自治体のマッチングのために尽力した。

特に今回すべての関係者が注意したことは，諸外国が送付した支援物資が，想像していたものと違うといったことにより，十分活用されないといった事態が生じることを防ぐことであった。そのために，個々の物資の名称だけではなく，詳しい仕様や数を事前に十分確認するよう留意した。たとえば，「毛布を送付したい」という申し出を受け，その材料や大きさを確認したところ，ある国の毛布は綿製品であり，日本風にいえば「夏掛け」である一方，極寒の地からの申し出は，かなり厚手の毛製品であった。また，大きさもシングル・サイズ，ダブル・サイズとさまざまであり，1枚の重さも数倍の差があった。こうした情報は，保管場所や輸送の手配を行う際にも不可欠の情報であった。また，CNN等で被災者が1日に1つのおにぎりしか支給されないといった報道があったこともあり，多くの国から食料品の申し出があった。食料品の場合は，嗜好の違いにより活用されない懸念が特に高いと思われたため，食料品は必ず在外の日本大使館で味見をし，今回の被災地には高齢者も多いことに留意しつつ，日本人の味覚にあうかどうか確認をしたうえで，その内容を詳細に自治体に伝え，受け入れるか否かを判断してもらった（たとえば，「肉の缶詰」というだけでは，どのような肉が使われているのか，どのような調理や味付けがされているのか不明であったため，肉の種類，味や固さを確認した）。

こうした支援内容の確認の重要性は，国内からの物資支援でも同様であろうが，海外からの支援の場合，さらに考慮しなければならない点を2点挙げたい。第一は，タイムラグについてである。支援が必要な物資には，食料や消耗品等，常時一定のニーズが存在するものもある一方，毛布や寝袋のように，当初ニーズはあるが，その後ニーズは極端に減るものもある。震災の生じた3月，凍える被災者の姿をみて，多くの国から大量の毛布の申し出があった。被災地に確認したところ，いくつかの避難所で大量の毛布が不足しているとのことであったため，直ちに申し出のあった国に送付を依頼し，翌日に成田空港に到着した。しかし，その時点では，すでに国内各地からの支援により毛布がそれらの避難所に届いており，ニーズがなくなっていたということがあった*。海外からの

支援の場合、如何に物資輸送を急いだとしても、国内での支援に比べて格段に輸送に時間がかかるとの制約があり、刻々と変わるニーズの変化に十分迅速に対応できないという弱点があることに留意する必要がある。

　＊　この時に受け入れた外国からの毛布は、その後他の自治体でニーズがみつかり活用した。

　第二は、輸送と保管に関する責任及びコストを誰が担うかという点である。国内からの物資支援の場合、物資を提供する側が支援を受ける自治体まで輸送を手配することが通常であろう。また、一時保管が必要となる場合も、支援側が保管の用意をするか被災自治体の管理下の建物・倉庫等に保管することになると考えられる。一方、海外からの支援の場合、まず日本国内の国際空港（たとえば、成田空港や関西国際空港）に届くため、空港から被災地までの輸送・一時保管の手配や費用負担を誰がどのように担うかという問題が生ずる。今回は、わが国の実働官庁（たとえば、防衛省）が救援・救助活動といったより喫緊のニーズに対応する必要があったため、国内官庁に諸外国からの支援物資の国内輸送を担ってもらえるケースはほとんどなかった。そのため、支援国政府に自らの負担で国内輸送を手配してもらったケース（在京大使館の車両を利用するか同大使館が輸送業者を手配する等）が多かったが、国内輸送経費を日本政府が負担したケース、国連世界食糧計画（WFP）の手配による民間業者の無料輸送支援を活用したケース＊等さまざまであった。わが国政府としては、各国が自ら輸送を手配する場合には、速やかに被災地に入れるよう緊急車両認定の手続きをとる等できる限りの便宜ははかったものの、発災直後はガソリンの入手も困難であった等、空港に到着後スムーズに被災地に届けるのは物理的に困難なケースも多かったと考えられる。

　＊　以下（4）に後述する。

（3）寄付金＊

　震災直後から、各国市民がわが国在外公館等に対して寄付をしたいとの申し出があいついだが、これまでわが国国民や外国の市民から日本政府が寄付金を

受け入れたことがなかったため，外務省としては，外国の市民に対しては，当該国の赤十字・赤新月社への寄付を通じて日本赤十字社へ寄付ができると紹介した。ところが，各国の赤十字・赤新月社を通じずに日本赤十字社に直接送金したいとの希望もあったため，震災5日後の3月16日に日本赤十字社への寄付を在外公館で受け付けることとした**。さらにその後，政府が直接寄付金を受け付けてほしいという国内外からの強い要請を受け，4月5日に，特例的な措置として，政府が自ら義援金を受け付けることとした（内閣府発表「政府における義援金受付について」2011年4月5日）。これに基づき，在外公館でも外国市民から政府としての義援金受入れを開始した。2015年9月30日時点の集計によれば，在外公館が受け付けた義援金は，双方あわせて約89億円にのぼる。

  * 被災者に現金の形で配布されることになる資金（義援金）と，その他の形で被災者の支援事業のために活用される資金があるが，ここでは，双方をまとめて「寄付金」と呼ぶ。
  ** 日本赤十字社は，個人からの寄付金は義援金として自治体を通じて被災者個人に配布し，各国赤十字社・赤新月社からの寄付は，避難所や仮設住宅における被災者の生活状況改善の活動や医療施設の復旧等，さまざまな被災者支援・復旧活動に用いることとした。

寄付金は，受入れに当たって被災地に負担をかけるおそれはほとんどなく，また，受け入れる意思があれば直ちに受付を開始できることから，海外からの支援をもっとも迅速・効率的に受け入れられる方法であると考えられる。一方，人員の派遣や物資の提供と異なり，具体的にどのような形で支援が役立ったのか目にみえにくいとの点もあるため，アカウンタビリティーの観点から，寄付金の使途や効果等をわかりやすく伝える努力も必要であろう。

（4）NGO

大規模災害の際には，諸外国から数多くのNGOが人道支援活動に参加することが一般的となった。こうした活動は意味が大きい一方，政府派遣の救助・医療隊と異なり，外交ルートによる政府の受入れ調整を要しないため，現場での活動・調整に混乱を来す可能性も高い。特に，文化・言語のみならず，活動

方針も異なる諸外国のNGOが何の調整もなく被災地入りすれば，相当の混乱が起きることが危惧された。

そのため，何らかの事前調整メカニズムを用意することが望ましいと思われた一方，政府自らが各NGOの活動の諾否を決めることは適当でないと判断された。こうした点を踏まえて関係者間で協議が行われた結果，わが国の国際協力NGOに対する支援の経験があり，また，多くのNGOとネットワークのあるジャパン・プラットフォーム（Japan Plat Form: JPF）及び国際協力NGOセンター（Japan NGO Center for International Cooperation: JANIC）が，海外NGOとの連絡窓口となることを表明し，被災状況・ニーズ，留意事項に関する英文での情報提供や，わが国NGOとの連携支援といった活動を行った。外務省資料（外務省，2015）によれば，16ヶ国から43のNGOが来日した模様であるが，特段の混乱もなく活動が行われたのは，両機関の努力によるものと思われ，この事例は成功事例として今後も参考となろう。ただし，今回は福島原子力事故のため，被災地での活動を思いとどまった海外NGOも多いと考えられ，今後のわが国での大規模自然災害時には，今回来日したNGOより格段に多いNGOが活動することも想定される。そのため，今回の事例を参考にしつつ，今後の対応ぶりにつき検討しておくことが望ましいであろう。

（5）国際機関

各国政府からの支援と並んで忘れてはならないのが，人道支援関係の国際機関からの支援である。いうまでもなく，こういった国際機関は，世界中の過酷な人道危機において，常にもっとも重要なアクターとして豊富な経験と卓越した能力を有している。一方，こうした国際機関は，もっぱら発展途上国や紛争地における活動を中心としており，わが国のような自ら対応能力の高い先進国での人道支援活動の経験はほとんどない。そのため，どのような形での支援が，もっとも意味があるかについてさまざまな調整及び工夫が行われた。

まず，通常発展途上国での飢餓を防ぐために食料を配布している国連世界食糧計画（World Food Programme: WFP）は，わが国においては，食料配布はごく一部とし，ロジスティック（物資の輸送や保管）について大きな役割を果たし

てもらった*。具体的には，WFP は世界的な民間輸送会社と無料の輸送支援契約を有していること，さらには輸送・保管のアレンジのプロである職員を有していることから，物流支援要員として邦人職員25名を派遣してもらい，外国からの支援物資の被災地までの輸送，可動式一時保管庫の設置・運営等を行ってもらった。こうした活動は，諸外国政府が行うのは困難な活動であり，外国からの物資の迅速な受入れにきわめて大きな役割を果たした。わが国自身が十分対応できない分野でまさに人道支援機関のプロフェッショナリズムが存分に活用された事例であり，成功事例として記憶しておく必要があると考える。

* WFPはグローバルな人道支援システムにおいて，ロジスティック分野のリード役を託されている。

国連難民高等弁務官事務所（United Nations High Commissioner for Refugees: UNHCR）は，難民への支援を中心的な任務としており，緊急支援のためのさまざまな物資を提供した。特に，被災地で高く評価されたのが，ソーラーランプである。日中屋外に出しておけば，夜間電源として使えるため，何日も電気が使えなかった被災地域において，自宅や親類宅での避難者に夕食の際の灯りを提供し，また，体育館等の避難所で夜の灯りを提供した。実用的な面のみならず，心理面や避難所の治安維持面でも大きく貢献したとして，被災者から大変喜ばれた。

また，国連児童基金（United Nations Children's Fund: UNICEF）に対しては，震災当初から多くの寄付の申し出が相次ぎ，こうした寄付金を通じて，水や子供用の下着の提供といった緊急時の支援から，数ヶ月後のバック・トゥ・スクール・キャンペーン（学用品やランドセルの配布），その後の児童・福祉関係施設の復旧支援といった息の長い活動を行っている。特に，子供たちの精神面でのケア等については，専門的知見を有した組織の職員の関与や支援がきわめて有益であった。

最後に，国連人道問題調整事務所（UN Office for the Coordination of Humanitarian Affairs: UNOCHA）の支援について触れておきたい。この機関は，わが国ではあまり知られていないが，人道危機の際にさまざまなアクター（当事

国・外国政府，国際機関やNGO）間の調整を行う機関である。今回，震災当日に，同機関の組織する専門家チーム（国連災害評価調整チーム：UN Disaster Assessment and Coordination Team: UNDAC）を派遣したいとの申し出があり，外務省は官邸に諮ったうえでこれを受け入れることとした。通常，このチームは，被災現場において，被災自治体，外国チーム，国際機関，外国NGO等のすべてのアクターの調整のハブになることが想定されているが，わが国では，そのような調整をUNDACに任せることは災害基本計画でも想定されておらず，また現実的ではないと考えられた。それにもかかわらず，今回UNDACを受け入れることとしたのは，これほど世界的な関心の高い災害の被災状況と支援状況について，透明性の高い形で世界に情報提供する必要がある点，そして，海外NGOの受入れ等，わが国が未経験の分野について，専門家としての助言が得られると考えられたためである。UNDACは米軍の協力でいくつかの被災地を回った後，基本的に東京のJICA東京国際センターの一部をオフィスとして活動し，英文での状況報告書（Situation Report）の作成・発信等の業務を行った。同レポートは，ほぼ毎日，わが国政府の情報を基に正確に被災地の状況（ニーズの変化や諸外国チームの活動内容等）を世界中に伝えたほか，たとえば，海外NGOに対しては必ず来日前にJPF／JANICに連絡をとり，日本のNGOと連携するよう要請する等，わが国の対外情報発信努力を補完する上で，大きな役割を果たしたと考えられる。また，UNDACメンバーと外務省緊急・人道支援課員はかねてより面識があったことから，電話やEメールを通じた情報共有，会合など頻繁に行ったことにより，対外情報発信が円滑に行われた。

4　当時の支援受入れと国際スタンダードの関係

（1）大前提：発展途上国と先進国の違い

　本書の基本的な問題意識の1つは，防災協力枠組みにおける国際的スタンダードの追求と課題である。本章で扱った東日本大震災の際の国際支援受入れが国際スタンダードに見合ったものであったのかという問いがあるかもしれないが，それは，YesまたはNoで答えられるような簡単な問いではない。のみな

らず，わが国の事例が新しいモデルケースをも提示する側面もあると考える。すなわち，これまで大規模自然災害時の国際人道支援の受入れや調整について，多くの事例からの経験や教訓を踏まえ，国際的なガイドラインやスタンダードづくりが進められてきた*。特に注意すべきことは，こういったスタンダードに関する議論の際に，災害対応能力・体制の不十分な発展途上国が自らの対応能力を大きく上回る自然災害に見舞われた場合を想定している点である。代表的な事例は，マグニチュード7.0ながら，死者約30万人という未曾有の大災害となった2010年1月のハイチ大地震である。ハイチは，同国政府自らの治安維持能力が十分でないためにPKOが派遣されており，また，国際通貨基金（IMF）によれば同年の1人あたりGDPは167位である等，統治能力・経済力共にきわめて乏しく，災害対応準備は皆無に等しかった。そのため，救援活動及び被災者支援のほとんどは，諸外国政府及び国際機関によるものであった。

* ただしこの分野において策定されてきたのは，法的拘束力のあるルールではなく，ガイドラインといった形のゆるやかな指針である。主たるガイドラインのリストは，表序-1を参照。

我が国の災害対応能力・体制が完璧とはいえないにせよ，法制度・人材・経済能力を基にした対応能力は，通常想定されている発展途上国のモデルとは大きく異なり，この点を踏まえて検討することが必要である。

（2）支援の要請と受入れ同意

国際支援の提供や受入れに関するガイドラインは数多く，ここでその逐一について説明する紙幅はないが，もっとも根本的な原則は，支援は押しつけであってはならず，被災国政府の同意があるときにのみ，かつ原則として要請に基づき支援をすべきであるということである（たとえば，"Guidelines for the Domestic Facilitation and Regulation of International Disaster Relief and Initial Recovery Assistance"［国際的な災害救援及び初期復興支援の国内における円滑化及び規制のためのガイドライン］第三部「10. 開始」）。したがって，被災国が具体的にどのような支援を必要とするかを可及的速やかに諸外国に伝えることが重要と考えら

れている。そのためには、被害状況及びニーズを直ちに把握することが必要であり、これを目的とした UNDAC チームがしばしば派遣されている。

東日本大震災の場合は、上記第2節（2）の通り、わが国政府から支援の要請はしないが、諸外国から支援の具体的な申し出がなされ、現地のニーズに見合えば（すなわち、受け入れたいとする自治体があれば）受け入れるという基本的姿勢であり、「要請に基づく支援」という国際的な原則通りではなかった。したがって、諸外国からは、いったい何が必要なのか、ニーズを知らせてほしい、必要な物は何でも送るといった連絡が多かった。しかし、わが国からは、具体的な要請をすることなく、どのような形の支援をしたいのか、まず支援国の具体的なオファーを受けてから検討することとなった。そのため、諸外国がどのようなオファーをしたらよいか思案する面もあったと思われる。加えて、上記第3節（2）の通り、具体的なオファーがあってから、受入れ自治体を見出すために時間がかかった例もあったことは否めない。

わが国においては、政府・自治体、民間企業、NGO 等のさまざまなアクターが活発な支援活動を行うことが通例であるため、現場のニーズと国内対応能力のギャップを埋めるために、具体的にいかなる形で国際社会からの支援を活用するかは難しい論点である。たとえば、日本国内で供給が不足すると思われる物資の例を提示する（ポジティブ・リスト）、または国内で十分充足できるので国際社会からの支援は要しないと思われる物資の例を提示する（ネガティブ・リスト）といった形で、ニーズとオファーのマッチングをより効率的に行うことも考えられる。また、支援受入れを迅速化することを目的に、受入れ自治体が決まる以前に政府の判断で、特定のカテゴリーの物資について諸外国からの支援受入れを決定することも考えられる。ただし、その際には、被災地で活用されないといった問題が生じないよう、物資の内容や数量を適切に検討する必要がある。

（3）支援の輸送・保管

諸外国からの物資支援の受入れの際には、輸送・保管を誰が行うのか、その費用は誰が負担するのかといった点も重要な論点であることは、上記第3節

（2）で述べた。

　上記国際ガイドラインによれば，被災国は状況が許す限り，諸外国の支援に関する国内輸送費や保管費用を割引または無償で提供することを検討すべきとされている（ガイドライン第五部「24. 経費」）。これはもちろん被災国の義務ではないが，わが国において従来この論点については，災害基本計画や政府機関のマニュアルには明確な方針が示されていなかったことから，わが国として一定の基本方針を策定しておくことも一案と考えられる。

（4）支援の質

　被災者の支援にあたっては，スピードのみならず支援の質が重要であることはいうまでもない。支援の質については，国際社会で人道支援NGO等が中心となって，スフィア・プロジェクト（Sphere Project）と呼ばれる詳細な支援の基準が作成され，グローバルな基準として確立していると言える。たとえば，1人あたり必要なシェルターの面積，水・食料の量，トイレの数等についての最低限の基準が示されており，これによってさまざまな国際機関やNGOが同一地域で同質の支援を提供できるようになっている。一方，わが国では，各自治体が，被災者支援についての基本的責任を有しているため，自治体によって考え方や基準が異なりうる。実際に，今回の被災地で複数の避難所を訪問したUNDACチームは，視察結果報告のなかで，あまりに避難所間の支援の質が異なっており，国レベルで何らかの基本的な基準を設けてはどうかとの示唆を行った。この観点から，海外における人道支援に関する知見が豊富な日本人と，わが国内での災害対応関係者との間での連携や協力を更に促進することも有益と考える。

　なお，ある国際機関関係者から筆者に対して，こうした面での改善策として，「最低限度のスタンダード」を満たすためのテンプレート（雛形）などを整備してはどうか，との示唆を受けた。また，自宅避難者と避難所の避難者という，異なる状況の被災者に対する同時並行的な支援形態は諸外国ではあまり例がないことから，配給物品をどのように効率的・公正・公平に分配するかは，他国より複雑との声もきかれた。

（5）国際支援の意味

インターネットや国際放送の発達で，地球の裏側で災害に見舞われている人々の痛みや苦しみが瞬時に伝わり，誰しも何か手助けをしたいという人道的な思いを抱く。そうした思いが政府やNGOを通じて，真に意味のある支援につながることはきわめて重要である。こうした人と人との繋がりは，国民レベルの信頼感や連帯間の醸成を通じて国家間の友好関係の強化にも繋がる面があり，その意味で外務省の役割は大きい。

最後に，1つだけ小さなエピソードを紹介することをお許し願いたい。いち早く被災地に出向いて，救援物資を届けた国際機関邦人職員が，後日筆者に語ったエピソードである。その職員は，これほどの大規模災害において，自分の届けたささやかな支援が本当に役に立つのだろうかと内心不安だったそうだ。たまたま，避難所に設置された臨時の電話台のそばに立っていたところ，かなり高齢の女性が，心配しているであろう遠方の家族に向かって，こう話したそうだ。「こっちは心配いらないよ。世界中の人たちが応援してくれているからね。」それを聞いて，自分の支援も無駄ではないとやっと感じることができたとのことである。

引用・参考文献

外務省「海外からの支援受入れ」2011年10月（http://www.bousai.go.jp/oukyu/higashinihon/6/pdf/gaimu.pdf　2015年12月1日アクセス）。

外務省「世界各国・地域等からの緊急支援」2015年10月27日（http://www.mofa.go.jp/mofaj/saigai/shien.html　2015年12月1日アクセス）。

緊急災害対策本部「平成23年（2011年）東北地方太平洋沖地震（東日本大震災）について」2015年3月9日（http://www.bousai.go.jp/2011daishinsai/pdf/torimatome20150309.pdf　2015年12月1日アクセス）。

赤十字・赤新月国際会議，"Guidelines for the Domestic Facilitation and Regulation of International Disaster Relief and Initial Recovery Assistance," 2007. （30IC/07/R4 annex）

内閣府（防災担当）「緊急災害対策本部（被災者生活支援特別対策本部）におけるC7班（海外支援受入れ調整班）の活動」2011年10月（http://www.bousai.go.jp/oukyu/higashinihon/6/pdf/naikakufu1.pdf　2015年12月1日アクセス）。

第 I 部　緊急災害対応の送出し国・受入れ国としての日本：1987年から東日本大震災まで

内閣府（防災担当）「東日本大震災における災害応急対策の主な課題」2012年7月（http://www.bousai.go.jp/jishin/syuto/taisaku_wg/5/pdf/3.pdf　2015年12月1日アクセス）。

内閣府（防災担当）「東日本大震災に関連した各府省の規制緩和等の状況」2012年12月12日（http://www.cao.go.jp/sasshin/kisei-seido/publication/241212/item241212.pdf　2015年12月1日アクセス）。

内閣府（防災担当）「阪神・淡路大震災検証・総括事業」検証シート（http://www.bousai.go.jp/kensho-hanshinawaji/chosa/sheet/086.pdf　2015年12月1日アクセス）。

日本赤十字国際人道研究センター「『東日本大震災と国際人道支援研究会』提言書」『人道研究ジャーナル』第3巻，付録，2014年。

第4章

東日本大震災の国際支援と自治体

大江伸一郎

1 地方自治体と国際支援

　今日，自然災害は世界各地で頻発している。その被害の程度が甚だしい場合，各国政府は救助隊や救援物資等といった，いわゆる「支援の手」を互いに差し伸べる。すでに前章でも述べられた通り，日本も，国際協力機構（JICA）に事務局を有する国際緊急援助隊が，海外被災地での活動を行っており，その様子はメディアを通じて広く私たち国民も目にするところである。また，国のみならず地方自治体や民間諸団体が，被災地にテントや毛布等の救援物資を提供する場合もある。

　その一方で，日本自身も，大規模災害時には国際社会から支援を受け入れた経験がある。近年では，1995年に発生した阪神・淡路大震災時と2011年の東日本大震災時である。東日本大震災における日本政府（主に外務省）の対応ぶりについてはすでに前章で述べられた通りであるが，本章では地方自治体の立場から，これら2度の海外支援の受入れに対する日本の対応ぶりとその課題を，時系列に沿って整理する。具体的には，(1)1995年の阪神・淡路大震災時には，海外支援の受入れについてどのような問題が生じたのか，(2)阪神・淡路大震災後には，国でどのような見直しが行われたのか，そして(3)この見直しを踏まえて，2011年の東日本大震災時にはどのようなオペレーションが実施され，その後の国の再度の見直し作業に反映させられたのかを概観する。結論からいえば，国は，阪神・淡路大震災後に初めて防災基本計画上で海外からの支援受入れについて規定し，東日本大震災を経た後に，被災自治体の負担をより軽減する方向で見直しを行っている。

そして，最後に，今後の海外支援の受入れに対して地方自治体がどのような準備を進めておくべきかを考察する。筆者は，発災直後という混乱期に届く世界中からの善意が被災地で役立てられるためには，将来被災地となる可能性がある地方自治体の側でも，平時よりノウハウの蓄積を進めておくべきだと考える。

なお，筆者は2012年4月から2014年3月まで内閣府にて国際防災協力業務に従事しており，その際に得た知識・経験等をもとに本章を執筆している。本章における考察は筆者個人の意見であり，内閣府や兵庫県の立場を代表するものではない。

2 阪神・淡路大震災と国際支援

日本の災害対策の根幹となる「防災基本計画」において，初めて海外支援の受入れに関する記述がなされたのは，1995年7月の改正時である。つまり，防災基本計画上に何ら取り決めがされていない状態で，阪神・淡路大震災は発生し，日本は海外からの支援を受け入れることとなった。他方，海外被災地への日本の国際緊急援助隊の派遣は，早くも1970年代から開始されており，1987年には「国際緊急援助隊の派遣に関する法律（JDR法）」も制定されている。これを鑑みれば，阪神・淡路大震災が起こるまでの日本では，もっぱら海外の被災国を支援することが重視され，自国が海外から支援されることへの備えが後手に回っていたと言えよう。

阪神・淡路大震災において，県庁所在地・神戸に甚大な被害を受けた兵庫県は，職員や庁舎が被災し，行政機関としての機能が著しく低下している中，被災者の救助活動や避難所の開設等といった行政需要が瞬く間に急増し，混乱を極めていた。そこへ，メディアの報道等を通じて震災の被害情報に接した諸外国から支援の申し出が相次ぐこととなった。

（1）海外救助隊の受入れ

阪神・淡路大震災時に，日本が政府として受け入れた海外の海外救助隊は，

第4章　東日本大震災の国際支援と自治体

スイス災害救助隊とフランス災害救助特別隊の2つであった*。

 * この他，NGOを通じた民間救助隊としてイギリス国際救助隊も被災地に入っている。また，実際には派遣に至らなかったが，ロシア，イスラエル，アルジェリア，ドイツ，ハンガリー，シンガポール等15ヶ国からも派遣の申し出があった（西川，1996，265頁）。

　その受入れにあたって，国は，「救助隊の被災地への輸送や通訳の手配等について協力を行った」が，必ずしも被災自治体の負担軽減に十分資するものではなかった（国土庁，1995，63頁）。たとえば，当時の貝原俊民兵庫県知事は，「外国からの救助隊の窓口となる神戸市の職員に余裕のないことは十分に承知できたので，私は急いで，英語，フランス語に堪能な職員を通訳に付け，現地での案内には，県警本部の警察官と県職員をあてて，バックアップすることとした」と，自身の著書の中で記している。（貝原，1995，36頁）これは，国と共に被災自治体も，海外から到着した救助隊の受入れに人的資源を割いていたことを意味する*。

 * 兵庫県の記録によれば，それでもなお，「警察，消防の第一線機関において救助隊に関する知識・情報の不足，経験等の違いなどもあって受け入れにとまどいが見られた」とある（兵庫県知事公室消防防災課，1996，63頁）。

　また，震災から5年が経過した2000年4月に取りまとめられた震災対策国際総合検証会議の検証提言総括においても，「スイス，フランス隊の場合，①地元の消防・警察とも対応者の捻出が負担となったこと，②自己完結型を標榜しながら実態は違っていたこと」と分析されており，検証委員の1人からは，「政府機関は，被災地機関の負担を軽減するため，後方業務面での支援を行う必要がある」との提言がなされている*（兵庫県企画管理部防災局防災企画課・震災対策総合国際検証会議事務局編，2000，27頁）。

 * 海外救助隊の受入れにかかる被災自治体の負担については，同会議の検証報告書の各論である「第1巻《防災体制》」により詳細な記述がある。「日本には捜索犬がわずかしかいないため，消防庁は日本とは違った捜索の技術を期待して，スイスのチームを受け入れることにした。この事態を予期してなかった神戸の消防隊にとって，海外からの救助隊を受け入れることは，特別な準備——通訳，神戸での交通手

段の確保，宿舎の確保——が増えるうえに，救助現場には指揮所とすべきテントを張る場所もなかった。彼らにとっては，すぐに彼らの指揮下に入って活動できる国内の救助隊を動員してくれるほうがありがたかった。」(兵庫県企画管理部防災局防災企画課・震災対策総合国際検証会議事務局編，2000，269-270頁）。

なお，この点については国においても同様の認識を有しており，震災後に取りまとめられた「阪神・淡路大震災教訓情報資料集」には，「海外からの支援受け入れは，現地での対応負担を増やすという側面もあった」「混乱した被災地の自治体等に受入準備の負荷がかかったことから，現地の状況に配慮しない支援受入には問題があったとの指摘もある」との記載が残されている（http://www.bousai.go.jp/kyoiku/kyokun/hanshin_awaji/data/detail/1-4-4.html　2016年2月20日アクセス）。

（2）物的支援の受入れ

阪神・淡路大震災に際して，国際社会からは，海外救助隊等の人的支援のほかに，多くの救援物資が被災地に届けられた。当時の防災白書によれば，日本は，在日米軍による毛布約5万7000枚をはじめ，メキシコ，タイ，韓国等26ヶ国から，多くの救援物資を受け入れている。また，その受入れの可否について，国は，「被災自治体の意向を確認した上で」決定している（国土庁，1995，36頁）。

しかし，実際に海外からの支援物資を受け入れた兵庫県には，国家間の外交ルートを通じて寄せられたもの以外にも，それまでの姉妹都市関係等によって直接に交流のあった都市や州の自治体をはじめ，全く交流がなかった国々からも，有形，無形の支援が，公私を問わずに寄せられていた。このため，県庁では国際部が担当窓口となり，県庁内外の関係部署との調整を行っている。

また，兵庫県と同じく甚大な被害を受けた神戸市には，「国際救援物資についても，水道復旧後に届いたミネラルウォーターや暖かくなってからの毛布など時期を逸したものや，生活習慣の違いから日本では使用できない物資や説明書きが外国語のため使用方法がわからない物資が届くなどの問題があった」との記録が残っており，当時，支援のミスマッチが被災地自治体を悩ませていた

ことが伺える（神戸市民生局，1996，15頁）。

3　阪神・淡路大震災後の検証作業

　このような阪神・淡路大震災の経験を糧として，国は，同震災後に次の海外支援の受入れに向けた準備に着手した。
　まず，前述したように，1995年の防災基本計画の修正において，海外からの支援の受入れに関する記述が追加された。修正後の防災基本計画では，海外支援の受入れについて，「国［内閣府，外務省，農林水産省，警察庁等］は」，「被災地等に過大な負担をかけさせない」ことに留意しつつ，「海外からの支援を受け入れる場合に必要な諸手続きについては，あらかじめ定めておくものとする」と規定している。
　その後，1998年1月には，海外からの支援受入れの可能性がある分野の対応省庁が一堂に会し，対応方針，支援受入れ手続き等を定めた「海外からの支援受入れに関する関係省庁連絡会議申し合わせ」を作成した。そこでは，「防災基本計画の関連規定に基づいて」，「支援受入れ分野毎の対応省庁及び対応方針，海外支援の受入れに関する手続きの流れについて」あらかじめ定めることとなった。
　また，この申し合わせの内容は，政府の緊急災害対策本部事務局運営マニュアルにも反映された。以後，海外支援を受け入れる際は，緊急災害対策本部内に設置される「海外支援受入れ調整担当」が，関係省庁等との連絡・調整にあたることとされている。
　なお，海外救助隊による捜索の結果，遺体は発見されたが，生存者の救出には至らなかった。しかし，この事実を以て，海外からの応援部隊の有用性を論じることについては，「海外応援は何人の人命を救うかということを超えて，国際協力や被災者に対する人間としての連帯感を示すという面で大きな意義を持つ」との国連職員による指摘もある（兵庫県企画管理部防災局防災企画課・震災対策総合国際検証会議事務局編，2000，25頁）。

4　東日本大震災と国際支援

このように，国は，阪神・淡路大震災の教訓を踏まえて，海外支援の受入れ体制を改善した。そして，阪神・淡路大震災から16年後に発生した東日本大震災時には，阪神・淡路大震災時を上回る数の海外救助隊と救援物資の受入れオペレーションを，この受入れ体制に基づいて実施した。東日本大震災における受入れオペレーションの詳細については，前章を参照されたい。ここでは特徴的な取り組みについて，その幾つかを記述する。

（1）海外救助隊の受入れ

東日本大震災は，地震そのものの大きさだけでなく，続いて発生した津波による被害，そして福島原発事故による被害を含む複合災害であり，災害救助法が適用された市町村数は阪神・淡路大震災のそれを超える，極めて広域的な災害であった。そして，被災地では29の国，地域，機関から派遣された救助隊・専門家チームが受け入れられた。これは，阪神・淡路大震災時の2隊に比べて格段に多い。これら海外救助隊等の受入れにあたっては，前述した関係省庁間の申し合わせでは規定されていなかった取り組みも行われている。ここでは，主な取組として，以下に2つ挙げる。

①外務省によるリエゾンオフィサーの派遣

前章に記述のあるように，東日本大震災時に来日した海外救助隊には，外務省が同省職員をリエゾンオフィサー（連絡員）として同行させ，被災地での活動支援に当たらせた。このリエゾンオフィサーは，前述の「関係省庁間の申し合わせ」には取り決めがなく，発災後に急きょ実施された制度である。しかし，主に言語の面において，被災地での連絡調整や意思疎通が円滑になったとして，関係者の間で高く評価されている＊。

> ＊　2011年10月に外務省自身が作成した資料によれば，「救助チーム等への外務省リエゾンの（空港到着から現地入り，さらに帰国までの）同行は不可欠（関係省庁からも評価されている）であるが，ハード・ソフト両面での準備不足があった」と総

括しており，今後は，海外救助隊との常時同行に耐えうるだけの装備，食料品の携行等の準備・検討が必要とされている（第6回東日本大震災における災害応急対策に関する検討会［2011年10月27日開催］　資料より［www.bousai.go.jp/oukyu/higashinihon/6/pdf/gaimu.pdf　2016年2月19日アクセス］）。

　先に述べたように，阪神・淡路大震災時は，被災自治体である兵庫県が，限られた数の職員を通訳や現地案内役等として海外救助隊に同行させている。これに対して，外務省が職員を同行させた東日本大震災の事例は，「海外支援の受入れは国が窓口となる以上，被災地においても決して被災自治体任せとはしない」という，国の積極的なスタンスを示したものといえる。
②緊急消防援助隊による海外救助隊の受入れ対応
　緊急消防援助隊は，大規模災害時等において，被災した都道府県内の消防力では対応が困難な場合に，全国の消防機関相互による援助体制を構築するため，阪神・淡路大震災の教訓を踏まえて，1995年6月に創設された制度である。東日本大震災の被災地では，全国各地の消防隊が，発災直後から緊急消防援助隊として活動していた。

　海外から到着した救助隊については，消防庁と警察庁が分担して，被災現場での受入れにあたっている。このうち，消防庁が担当することとなった海外救助隊に対しては，緊急消防援助隊が，活動場所の割振りや連絡員の配置等を行い，現場での救助活動でもサポートを担っている。

　前述のように，阪神・淡路大震災時は，自身も被災している地元の消防機関も，海外からの海外救助隊の受入れに人的資源を割いている。これに対して東日本大震災時には，被災地外から応援に駆け付けていた緊急消防援助隊が，（海外救助隊への対応は，必ずしも彼らの本来業務ではなかったものの）その任にあたっている。このことが，被災自治体の負担軽減に貢献したことは，想像に難くない*。

　＊　阪神・淡路大震災の対応を検証した「震災対策国際総合検証事業検証報告」では，「スイス，フランスの政府派遣の救助隊のみならず，イギリスのNGO救助隊についても，被災地元の消防，警察が支援にあたり自らの救助活動に負担となった。また，基本的には自己完結型の救助隊として，被災地に入った海外救助隊であったが，

活動場所への案内や移動手段の手配,さらに時間の経過とともに食事やシャワーの世話など,すべてを自前で確保することはできず,救助隊の支援体制が必要となる」ことを踏まえ,「こうした海外救助隊への支援体制は被災地外の消防,警察があたる方が全体的に効率的である」と分析,提言している(兵庫県企画管理部防災局防災企画課・震災対策国際総合検証会議事務局編,2000,286頁)。東日本大震災時の緊急消防援助隊の活躍は,こうした阪神・淡路大震災の教訓が活かされた一例といえる。

(2) 物的支援の受入れ

東日本大震災時,日本は128もの国,地域,機関から物資や寄付金を受領した(http://www.mofa.go.jp/mofa/saigai/pdfs/bussisien.pdf 2016年2月19日アクセス)。前章にも記述があるように,あらかじめ定められていた国の緊急災害対策本部事務局運営マニュアルでは,外交ルートを通じた海外からの支援の申し入れがあった場合は,緊急災害対策本部内の海外支援受入れ調整担当(通称,C7班)が,政府が被災地に設置する現地対策本部や被災県が設置する災害対策本部を通じてニーズ等を照会し,マッチングが成立した後に受入れを決定するルールとなっていた。

しかし,被災地に近い立場にある被災市町村レベルでのニーズが,市町村のホームページ等を通じて徐々に判明しはじめていたことから,C7班では,班員を急きょ増加して,直接に被災市町村とコンタクトを取り,マッチングを行う方法に切り替えた。このように,国自らが人手を割いて被災市町村との調整を直接行ったことで,中間自治体である被災県の業務負担を軽減することができた。

5 東日本大震災後の検証作業

このように,東日本大震災の海外支援の受入れでは,事前に策定していたルールにとらわれず,必要に応じてさまざまな取り組みが実施された。しかし,当然ながら問題点や課題が全く無かったわけではない。

国は,今回の震災の経験と教訓を総括するため,2011年10月,中央防災会議

の中に「防災対策推進検討会議」を立ち上げた。同検討会議は，9ヶ月にわたり計13回の会議を重ね，2012年7月に最終報告を発表している。同報告では，東日本大震災時の海外支援の受入れを検証した結果として，国は「大規模災害になれば，海外からの支援を円滑により広く受け入れることが不可欠であるため，人員・支援のマッチング，受入れ判断や受入れ手続きの明確化等について外国政府等との調整を行い，海外からの円滑な支援の受入れ体制の整備を図るべきである」と総括している（http://www.bousai.go.jp/kaigirep/chuobou/suishinkaigi/pdf/saishuu_hontai.pdf　2016年2月19日アクセス）。

　また，同検討会議の検討期間中にあたる2011年12月には，内閣府が東日本大震災以後初めてとなる防災基本計画の見直しを行っている。そこでは，海外からの支援受入れに関する記述についても加筆・修正している。具体的には，平時における災害予防の活動として，「(1)国［内閣府，外務省，消防庁，警察庁，防衛省］は，海外等からの支援（在日米軍からの支援を含む。以下同じ。）について，即座に到着が可能であるか，被災地等に過大な負担をかけない自己完結型であるかなどを，発災前にあらかじめ個々の支援機関について調査し，その情報の蓄積を図っておくものとする。(2)国［内閣府等］は，あらかじめ海外等からの支援の受入れの可能性のある分野について検討し，受入れ判断，受入れ手続，人員・物資のマッチング方法など，その対応方針を関係省庁において定めておくものとする。(3)国［内閣府，外務省，農林水産省，消防庁，警察庁，防衛省等］は，海外等からの支援を受け入れる場合に必要な諸手続等について，あらかじめ定めておくものとする」との3項目を新設した（http://www.bousai.go.jp/taisaku/keikaku/pdf/kihon_basic_plan.pdf　2016年2月19日アクセス）。

　また，内閣府では，この防災基本計画の改正等を踏まえ，関係省庁との間で海外支援の受入れの円滑化に向けた具体的な見直し作業を進めている。

　なお，阪神・淡路大震災時と同様，海外救助隊による生存者の救出は0名であった。東日本大震災時，そもそも海外救助隊は必要であったのかという点については，震災当時，国連災害評価調整（United Nations Disaster Assessment and Coordination: UNDAC）チームのメンバーとして活躍した沖田氏は，水に浸かり流されることで崩壊建物に空間が空きにくい津波という災害種では，被災

地到着までに時間のかかる海外救助隊が生存者を救出できる可能性は低くならざるをえず，本来，彼らが貢献できるとされた状況とは明らかに異なっていたと分析している（沖田，2011，285頁）。

6　地方自治体の備え

　ここまで概観したように，国は2度の大震災を経験する中で，海外支援の受入れについては国が前面に立って対応する方針のもと，防災基本計画をはじめとする諸規定の整備及び見直しを進めている。海外支援は，主に外国政府や国際機関等から届けられ，外交的な側面も有していること，また，国内の被災地に届くまでには，大規模災害という非常時にあっても，CIQ（Customs, Immigration, Quarantine）と呼ばれる税関（財務省が所管）・出入国管理（法務省が所管）・検疫（厚生労働省が所管）等との綿密な調整が不可避であることを考えれば，国が受入れの中心的な役割を担うことは，きわめて自然だと思われる。

　では，地方自治体は，海外支援の受入れをすべて国任せとしておけばよいのであろうか。その答えは否である。なぜなら，たとえば被災地に到着した海外救助隊が救助活動を行うには，被災地で捜索・救助活動にあたる警察や消防隊との密接な連携・協力が不可欠となるからである*。

　　*　前述したように，東日本大震災時には，被災地外から応援に駆け付けた緊急消防援助隊が海外救助隊の支援活動を担ったが，同隊もいわば「被災地外の地方自治体」である。

　また，世界各地からの救援物資は，被災者に届けられてこそ初めて意味をもつが，そのためには，被災地で救援物資の受入れ・分配や避難所の開設・運営に携わる被災自治体の関与が欠かせない。

　支援を受け入れることを「受援」と呼ぶが，今後の海外支援の受入れについて，地方自治体はどのような受援体制を整えておくべきであろうか。ここでは2点に絞って論じたい。1つは海外支援の受入れに関するノウハウを有した職員の育成，もう1つは複数自治体間でのノウハウの共有である。

（1）海外支援の受入れに関するノウハウを有する職員の育成

　日本は自然災害の多い国であるが，これまでに海外から支援を受け入れた災害事例は少ない。これは即ち，海外支援受入れの経験を有する地方自治体の数は限られていることを意味する。また，かつて受援を経験した地方自治体においても，その後に月日が流れる中で，実際に受援業務に従事した職員の退職等により，当時のノウハウが自治体内に蓄積されていないおそれもある。

　海外支援の受入れというきわめて低頻度でしか発生しない業務に関する人材育成は，OJTが望めないため，平時から意識的に行う必要がある。それでは，地方自治体はどのように海外支援の受援ノウハウを取得するべきであろうか。その解の1つは，国の海外支援の受入れ機関への出向であると考える。

　筆者が所属する兵庫県では，内閣府（防災担当）へ継続的に職員を派遣している。派遣職員の中には，東日本大震災時の海外支援の受入れやその後の見直し作業に従事した者もいる。ここでの経験は，国に身を置いたからこそ得ることができたものであり，将来の発生が危惧されている南海トラフ巨大地震等への備えとして貴重な知見となる*。

　　*　筆者自身，内閣府（防災担当）への派遣期間中，「政府図上訓練」に海外支援受入れ班の一員として参加し，約6時間にわたる訓練に従事する機会を得ている。

　また，兵庫県では国際協力機構（JICA）の国際緊急援助隊事務局へも職員を派遣している。同事務局は，海外で災害が発生した際に支援を実施する機関だが，派遣された職員は，日々の業務の中で，海外支援をめぐる国際的なスキームや専門知識を修得した後，県へ帰任している。

（2）複数自治体でのノウハウの共有

　地方自治体は，海外支援の受援にかかるノウハウを，国の機関への職員派遣により修得することが有効だと述べたが，一方で，全国に約1700ある地方自治体のすべてが国の機関へ職員を派遣できるとは限らない。たとえば，地方公務員の総職員数は，過去最多を記録した1994年の328万2000人から，2015年には273万800人へと約17％減少している（http://www.soumu.go.jp/iken/kazu.html

2016年2月14日アクセス)。このような状況では，元々職員数の少ない小規模自治体ほど，国の機関等に職員を出向させる際の負担は大きいと考えられる。

また，国の側でも，一時に受け入れ可能な人数には上限がある。そこで，地方自治体が得たノウハウは，複数の地方自治体間で共有し活用することが重要となろう。

再び兵庫県の事例となるが，関西の2府6県と4政令指定都市で構成される「関西広域連合」において，兵庫県は広域防災局の役割を担っている。今後，同広域連合内で大規模災害が発生し，海外からの支援の受入れを実施することになった場合には，ノウハウを有する兵庫県の職員が被災自治体へ出向き，国と被災地の橋渡しに協力することが期待されよう*。

* 関西広域連合は，広域連合及び構成団体が，大規模広域災害発生時の応援・受援を円滑に実施できるよう必要な事項を定める「関西広域応援・受援実施要綱」を，2013年3月に策定している (http://www.kouiki-kansai.jp/contents.php?id=1067 2016年2月14日アクセス)。

また，東日本大震災の際，関西広域連合は東北地方の3県をカウンターパート方式により支援している。今後，関西以外の地域で再び大規模災害が発生した場合にも，広域連合構成府県市内での災害と同様に，兵庫県が有するノウハウを提供することもあり得る*。

* たとえば，関西広域連合と九都県市は，「関西広域連合と九都県市との災害時の相互応援に関する協定」を2014年2月に締結し，カウンターパート方式による職員の派遣等の応援実施を定めている。海外支援の受入れに関するノウハウの提供も，ここでの応援内容の1つとなり得る (http://www.kouiki-kansai.jp/contents.php?id=1441 2016年2月14日アクセス)。

7 世界各地からの支援を活かすために

本章の目的は，海外支援の受入れをめぐる国の動きを概観し，それに対する地方自治体の備えについて考察することであった。

まず，海外支援の受入れは，平時における国の所掌事務及び過去2度の大震

災の経験と検証を踏まえて,国が主たる役割を果たすこととなっている。そこには,災害対応に忙殺されている被災自治体への追加負担を極力避けるべきという考えが反映されている。

　これはきわめて理に適った方針ではあるが,その一方で,被災自治体が全く関与せずに,海外からの人的支援が被災地で活躍し,また物的支援が被災者の手に届くことはありえない。そこで,自治体の側にもノウハウの蓄積といった備えが必要となる。しかし,海外支援の受入れは,国全体でもきわめて稀にしか発生していない業務であることから,国への職員派遣によるノウハウの修得や複数の地方自治体間でのノウハウの共有といった取り組みが必要である。

　発災直後の混乱期に世界各地から届けられる善意に円滑に対応することは,非常に難易度の高い行政課題である。災害多発国である日本の地方自治体には,すべてを国任せとはせず,過去の大災害の教訓を活かした備えを進めることが重要である。

引用・参考文献

沖田陽介「東北地方太平洋沖地震——国連災害評価調整チーム(UNDAC)の活動について」『自然災害科学98』第30巻第2号,2011年。

貝原俊民『大震災100日の記録——兵庫県知事の手記』ぎょうせい,1995年。

合田彰「海外からの救助隊受入　総論　受入の仕組みと消防の対応等」『近代消防』第612号,2011年12月。

神戸市民生局『平成7年　兵庫県南部地震神戸市災害対策本部　民生部の記録』1996年。

国土庁『防災白書(平成7年版)』1995年。

西川智「阪神・淡路大震災にみられた国際救援活動のミスマッチ」『地域安全学会論文報告集』第6号,1996年11月。

兵庫県企画管理部防災局防災企画課・震災対策国際総合検証会議事務局編『阪神・淡路大震災震災対策国際総合検証事業検証報告』2000年。

兵庫県知事公室消防防災課『阪神・淡路大震災——兵庫県の1年の記録』1996年6月。

渡部正樹・村上威夫「国際人道システムの発展と東日本大震災」『世界法学会・世界法年報』第32号,2013年3月。

第5章

自衛隊の災害救援活動
——戦後日本における「国防」と「防災」の相克——

村上友章

1 災害派遣という「戦略文化」

　近年の防災をめぐる国際協力の大きな特徴は，人道支援・救援活動（Humanitarian Assistance and Disaster Relief: HA／DR）に軍事組織が積極的に関わる傾向が強いことである。自衛隊もその例外ではなく，1992年の国際緊急援助隊の派遣に関する法律（JDR法）改正以降，インド洋津波災害（2005年）をはじめとする数々の国際的な災害救援に出動してきた（第1章参照）。また，東日本大震災（2011年）が，国内の大規模災害においても，自衛隊による米軍等他国軍との共同救援活動の可能性を示したことは記憶に新しい。

　もっとも，国内での自衛隊の災害派遣の歴史は古く，それは一貫して国民の高い支持を得てきた。その結果，災害救援を軍事組織の重要任務として位置付ける伝統は，すでに日本の「戦略文化」の特徴の1つとなっている（吉崎,2012）。たとえば，2011年3月11日の大地震発生直後のことを火箱芳文陸上幕僚長は次のように回想する。「『これは戦だ！』と直感した。武者震いが起きた。そして『この戦に敗けたら国は亡びる。陸上自衛隊の総力を挙げて必ずこの戦に勝つ』との決意を固めた」（火箱，2015，8頁）。こうした戦略文化が自衛隊のHA／DR活動の基層をなしているのである。そこで本章は，自衛隊のHA／DRを考察する各章（第6章，第11章）の準備作業として，こうした「戦略文化」が災害派遣の制度化と運用を通じて形成されてきた歴史的経緯を明らかにしておきたい（紙幅の関係から主として陸上自衛隊を取り上げる）。

　自衛隊の災害派遣は，「防災」と「国防」という2つの政策に縁取られてきた。本章は，この両政策と陸上自衛隊の間に時として生じてきたジレンマに留

意して考察を進める。第一に,「防災」政策と自衛隊のジレンマである。政府の災害対応は,基本的には地方自治体による「現場主義」が強調され,それが困難な場合にのみ国の介入(「全体責任」)に移行するというのが原則である(五百旗頭,1996,333頁)。一方,自衛隊はまず内閣総理大臣に「最高の指揮監督権」(自衛隊法第7条)を認めるトップダウン型組織である。こうした「国防」組織たる自衛隊が,ボトムアップ型の「防災」政策——しかも,災害救援は伝統的な軍事組織の主要任務とは言い難い——をいかにして受容してきたのか。この点に注目する。

　第二に,「国防」政策と自衛隊のジレンマである。戦後日本の「国防」政策は,「国防の基本方針」(1957年)に「外部からの侵略に対しては……米国との安全保障体制を基調としてこれに対処する」とあるように,日米安保が基軸であった。意外なことに,この日米安保中心主義は,1950年代には「防災」分野にも敷衍され,在日米軍は国内の災害に頻繁に出動し,自衛隊との共同救援活動も実施していた。にもかかわらず,その後,在日米軍による災害救援活動は縮小し,その本格的な復活は2011年まで待たねばならなかった。それはなぜだったのか。ここでは,その背景にあったと考えられる「国防」政策の基本たる日米安保中心主義と陸上自衛隊の自主性とのジレンマに注目する。以下,まずは自衛隊法の災害派遣規定(第83条)の成立過程を確認した上で(第2節),それが伊勢湾台風災害(第3節)や,阪神・淡路大震災への対処(第4節)を通じて,どのように運用され,段階的に強化されてきたのかを考察していく。

2　災害派遣の出自

(1) 旧日本軍と占領軍の遺産

　種々の天災にさらされる日本では,災害救援を国防の一環として位置付けようとする考え方は古くからあった。たとえば物理学者・寺田寅彦(1878-1935)が,仮想敵国に備える狭義の国防概念の枠を超え,「一国の運命に影響する可能性の豊富な大天災に対する国防策」の必要性を説いたことは有名である(寺田,1934)。そして実際,旧日本軍も,災害出動を制度化(地方官の出兵要請を認

める等）しつつ，関東大震災（1923年9月）をはじめ大小さまざまな災害に出動して国民から歓迎されていた（吉田，2016）。こうした旧日本軍の「正の遺産」が自衛隊の災害派遣の基層をなしたことは間違いあるまい。

　もっとも，旧日本軍の影響という点では，その「負の遺産」の方が決定的に重要であった。敗戦後，軍部の政治支配の暗い記憶は，新憲法の平和主義に対する国民の高い支持へと跳躍する。その結果，1950年の朝鮮戦争勃発以降，米国の要請に基づき吉田茂内閣が進めた再軍備（警察予備隊創設）は，国民的な批判を浴びるに至った。その際，吉田が，対外軍事行動をくり返した旧日本軍との差異を際立たせ，警察予備隊に対する「国民の理解と好意」を獲得するために命じた活動こそ，災害派遣だったのである（吉田，1998，177-178頁）。吉田の指示の下，警察予備隊は，第1回正式派遣たるルース台風災害（1951年）に対する山口県・小月部隊の派遣を皮切りに，6回の災害救援を行った（『自衛隊十年史』編集委員会編，1961，355頁）。

　このように旧日本軍の「負の遺産」を払拭するべく，吉田によって開始された災害派遣には，もう1つのルーツがあったと考えられる。それは占領期に行われた駐留米軍による災害救援活動である。当時，戦争による国土の荒廃から災害が頻発し，地方における救援活動の需要はきわめて高かった。そこで米軍を中心とする占領軍が，解体された旧日本軍に代わって活発な救援活動を次々と展開し，多くの被災者から感謝された。たとえば，占領軍は，昭和南海地震（1946年12月）では，被災者の救助や救援物資の運搬，そしてインフラ復旧を担い，ジュディス台風災害（1949年8月）では数百の人命を救助した。吉田はしばしば，マッカーサー（Douglas MacArthur）への私信の中で，これらの救援活動に対する謝意を伝えていた。吉田はいう。「その速やかにして能率的な行動ときわめて寛大な援助のおかげをもちまして，事態は今や大きく回復されたのであります。私は日本国政府と国民を代表して，国をあげての限りない感謝を貴官に表明致したい」（1946年12月27日），「人道的にして英雄的任務を果たされた歩兵師団の全将兵にたいし，われわれの心からの感謝の気持ちをお伝え下さい」（1949年8月末）（袖井，2012，286，446頁）。こうした書面からは，占領期という時代背景を割り引いても，吉田が占領軍の災害出動を高く評価していた様

子がうかがわれる。再軍備にあたり，英米型の節度ある新しい軍事組織を求めていた吉田からすれば（五百旗頭，2007，423頁），こうした占領軍の献身的な災害救援もまた警察予備隊が見習うべき活動だったに違いない。警察予備隊の後継たる保安隊は，その災害派遣の心得を次のように説いた。「派遣部隊は，労苦をいとわず活動し，国民一般の感謝と信頼を受けるようにしなければならない」（「保安隊の災害派遣に関する訓令第14条『派遣部隊等の心得』」）。

（2） 自衛隊の災害派遣

　警察予備隊の災害派遣は，それが保安隊に再編された後も，その運用実績を踏まえて段階的に制度化されていった。そして，1954年の自衛隊創設時には，「災害派遣」が「防衛出動」や「治安出動」と並ぶ本来任務として，自衛隊法に規定されるに至る。この自衛隊法第83条「災害派遣規定」は，災害派遣をまずもって都道府県知事からの要請に基づくものとし（「要請派遣」），しかし，「特に緊急を要」する場合には，都道府県知事からの「要請を待たないで」，防衛庁長官またはその指定する者（方面総監，師団長等）が部隊を派遣することができると定めた（「自主派遣」）。

　この地方自治体の「要請派遣」を第一原則とする自衛隊法第83条については，しばしば「地方自治体の意志に反して国家が一方的に，自衛隊をその地域に出動させることを避ける目的でできたという側面がある」と説明されることがある（志方，1995，88頁）。だが，以下に述べるその成立経緯からは，こうした通説とは異なり，むしろ自衛隊の迅速な災害派遣を求める地方自治体の要望に応じて，この規定が設けられたことが理解される。

　警察予備隊は，シビリアン・コントロールを徹底させる趣旨からあらゆる活動に内閣総理大臣の命令を必要とした。そのため都道府県知事が災害救助を要請しても警察予備隊は出動できず，総理の命令を待たねばならなかった。その結果，警察予備隊の災害派遣の初動はきわめて緩慢であったから，これを不満とした全国知事会は1952年，都道府県知事が警察予備隊（同年10月に保安隊に改組）に災害出動を求めることができるように政府に要望した（地方官の出兵要請が認められていた旧日本軍の制度が参考にされたのかもしれない）（全国知事会編，

1957, 383頁)。こうした経緯もあって自衛隊法第83条に「要請派遣」規定が設けられたのである。さらに都道府県知事の要請を待っていては出動が遅れるという批判もあって,「人命に関する限りは,とにかく情報を得次第に救助に出動して行く」(加藤陽三防衛庁防衛局長)という考えのもと,「自主派遣」規定が加えられた(憲法調査会編,1960,36頁)。先述の通り,「防災」における原則は,まず現場(地域)に近いところに権限が与えられ,そこでの対処が要請される(1947年成立の「災害救助法」等)。この「現場主義」原則が自衛隊にも取り入れられ,自衛隊法第83条となったのである。こうして自衛隊と地方自治体の合作によって災害派遣制度は整えられていった(村上,2013,18-19頁)。

以上のように警察予備隊から自衛隊に至る過程で災害派遣制度が整備される一方,日米安保条約のもとで占領軍から在日米軍に移行した米軍も,なお災害出動を継続していた。日米安全保障条約(旧)には特別な規定はなかったが,米軍地区司令官には,都道府県知事からの災害出動要請があれば,それが必要かつ妥当と認められたときには,救援活動を実施する権限が付与されていた。この時期,国内の災害救援は日米両国によって行われていたのである。だが,陸上幕僚監部は,「情況やむを得ない場合においてのみ米軍の援助を要請するように処置」すべきであり,まずはあくまでも自衛隊が救援目的を達成するように努力するべきだと考えていた(陸上幕僚監部第3部,1957,145-148頁)。そこには警察予備隊創設以来,実績を重ねてきた災害派遣に対する自信と,在日米軍に対する日本の自主性を高めようとする陸上自衛隊の強い意欲が認められよう。

3 冷戦下の自衛隊と災害派遣

(1) 伊勢湾台風災害

災害派遣を本来任務に据えた自衛隊にとって試金石となったのが,愛知県・三重県湾岸部を中心に深刻な高潮被害をもたらした1959年9月の伊勢湾台風であった。愛知県に本部を置く第10混成団は,台風襲来前に事前に連絡員を愛知県庁に派遣しており,桑原幹根知事の要請を受けるやただちに救援活動を開始

した。自衛隊の初動は，警察予備隊に比して格段に早くなっていたのである。陸上自衛隊は10月1日までに約4000人を救出した（第10混成団本部編，1960，153頁）。黙々とよく働き，謙虚にして老幼に優しく，死者への敬意も忘れない自衛隊員の姿勢は，すでにこのころから被災地の人々に感銘を与えていたようである（丹・奥村，1960）。

　しかし同時に，大規模災害の先駆けとなった伊勢湾台風は，「現場主義」対応の限界を露呈し，政府による「全体責任」の必要性を強く印象付けることになる。広範かつ甚大な被害（死者・行方不明者5098人）は地方自治体の防災能力をはるかに凌駕したため，岸信介政権は中部日本災害対策本部を愛知県庁内に設置して，政府主導の救助復旧対策を推し進めた。その際，「現場主義」による災害対応を進めて来た自衛隊もまた，「全体責任」を必要とするに至る。それが陸上幕僚監部（陸幕）主導による全国からの部隊集中であった。第10混成団は，その部隊勢力（約4500人）だけでは広範囲に冠水した被災地に全く対応できなかった。そこで被災地の惨状を目の当たりにした大森寛陸幕副長（旧内務省出身）は1万人規模の自衛隊派遣を構想する。これに対して旧日本軍出身の陸幕作戦担当幹部が「勢力が過大である」と難色を示した。だが，大森は「自衛隊は単に直接・間接の侵略に対し武力をもって国家・国民を守るのではなく，このような災害時に最大限に復旧に協力して国民の生命財産を守ることもまた大切な使命である」と力説し，反対論を押し切った（陸上幕僚監部，1975，155頁）。このトップダウンの意思決定の結果，自衛隊史上初めて，陸海空三自衛隊部隊が全国から集結し，76日間にわたる統合運用を伴うあらゆる救援・復旧活動を展開した（村上，2013，20-21頁）。陸上幕僚監部は，その意義を次のように強調する。「（伊勢湾台風災害は）自衛隊にとってはその実態を国民に認識させ，国家として当然必要とされる一つの重要な機能の存在を災害対処という事態を通じて国民の考え方の中に定着させ印象づけた画期的な出来事であったといえるであろう」（陸上幕僚監部，1975，500頁）。

　だが，その一方で，在日米軍こそが人命救助において決定的な役割を果たしていたことも見過ごしてはなるまい。陸上自衛隊が大規模派遣を決断する以前に，在日米軍はすでに動きはじめていた。第10混成団の災害対応が不十分であ

ったため，桑原知事が名古屋駐在米国総領事を通じて小牧基地所属の米国第41航空師団にヘリコプターによる救援を求めていたのである。そこで同師団と航空自衛隊第三航空団（小牧基地）が協議した結果，第三航空団副司令が米国4軍のヘリコプターによる救援活動を指揮（運用統制）することになった。米軍は，航空母艦USSキャサージ号を回航するなどして最大23機のヘリコプターを投入し，陸海空自衛隊と協力して孤立避難民の集団輸送を行った（陸上幕僚監部，1975，157-167，494頁）。この「連合作戦的様相」を呈した日米協同作戦により，約1万6500人が大潮の迫る水没地域から救出されたのである（第10混成団本部編，1960，153頁）。

以上のように陸上自衛隊が総力を結集して脚光を浴びた伊勢湾台風災害に対する救援活動も，その内実は在日米軍の協力なくしては成り立たなかったといってよい。そのことは，伊勢湾台風災害での政府対応を監察した行政管理庁報告書も強調していた。同報告書は指摘する。「関東大震火災当時，旧陸海軍が果たした役割，とくに陸軍航空部隊による国内要地との連絡，海軍の艦艇による無電連絡，食糧輸送，避難者の疎開輸送等については，自衛隊の現状をもってしては不十分とみとめられ，今後の災害においても，なお駐留軍の機能をもって代替，補完することが期待される場合も予想される」（行政管理庁行政監察局，1960，86頁）。伊勢湾台風災害は，在日米軍から占領期以来の災害救援活動を引継ごうとしていた自衛隊の意図とは裏腹に，大規模災害においては在日米軍の支援が必要であることを再認識させることになったのである。

（2）基盤的防衛力構想と災害派遣

伊勢湾台風による大規模災害は，災害対応における「現場主義」の限界を明らかにし，政府の介入による「全体責任」の必要性を示した。その結果，政府の責任を認めた体系的な法整備が進められ，1961年には池田勇人政権が「災害対策基本法」を成立させた。このとき自衛隊も政府全体の防災政策に組み込まれるようになったため，災害派遣は防衛構想の中でもいっそう重視されるようになっていく。池田政権は1962年度から5年間の防衛力整備を方向付ける「第二次防衛力整備三カ年計画」（二次防）を策定したが，そこには「国土，国民に

密着した防衛力とするため，災害救護，公共事業への協力等民生協力面の施策及び騒音防止対策を重視するものとする」という一次防には無かった項目が加えられた（佐道，2015，103頁）。さらに1976年，三木武夫内閣が「防衛計画の大綱」を発表した際には，災害救援活動は，その「基盤的防衛力構想」における「平時の防衛力」の中核に据えられるに至った。その結果，大規模災害に対しては，従来の都道府県知事の要請を待つ「現場主義」原則ではなく，「全体責任」原則を重視して，防衛庁・自衛隊の自主判断を求める新方針も導入されていく。東海地震を想定した「大規模地震対策特別措置法」成立（1978年）に際しては，自衛隊法第83条が改定され，地震が予知された場合には，総理大臣が都道府県知事の要請なしに自衛隊を予防展開できることになった（「地震防災派遣」）。加えて防衛庁は，大地震が発生した場合には，「通常の災害派遣の特例」として，防衛庁長官の命令により大規模な災害派遣を可能とする手続きも整備した（「大規模震災害派遣」）（村上，2013，24-27頁）。

　このように伊勢湾台風以降，災害派遣が防衛構想の中で重要な位置付けを占めていったのは，1つには政府が東海地震等の大規模災害を想定した防災政策を整備していったからであった。だが，より重要な要因は，むしろ防衛構想自体にあった。先述の「二次防」の最大の特徴は，岸政権の「国防の基本方針」を前提として，日本防衛を米国に全面的に依存する日米安保中心主義を明確にした点にあった。その結果，自衛隊は「在来型兵器の使用による局地戦以下の侵略に」対処するという，きわめて限定された役割に甘んじることになった。したがって自衛隊にとって，数少ない実行動である災害派遣は，その存在意義を国民に認めさせる貴重な活動となっていくのである（佐道，2015，103頁）。1960年代以降，インフラ整備によって地方の災害における犠牲者は減少傾向にあったにもかかわらず，むしろ，災害派遣の件数は増加していく。（村上，2013，22-23頁）

　その一方で，在日米軍の災害出動はみられなくなった。伊勢湾台風災害直後には，在日米軍内部では国内災害での在日米軍の役割を検討し，航空自衛隊の指揮命令下に米軍ヘリコプターを配置し，そこに自衛隊のパイロットを同乗させることや，航空自衛隊基地と併存していた米軍府中基地に救援チームを常設

することなどを構想していた（Memo, *Critique of Typhoon Vera*, October 28, 1959, Box81, Japan, Tokyo Embassy, Classified General Records, 1959-1961, Record Group 84, National ArchivesII, College Park, Maryland）。だが，こうした構想は実現せず，伊勢湾台風災害が提起した大規模災害時の日米協力の必要性は忘却されていく。そこには，陸上自衛隊が増強されていったことや，本土の在日米軍基地が段階的に統合・縮小されたことの影響もあったと考えられるが，先述したように日米安保中心主義のもと，自衛隊の役割が限定された影響も大きかったのではないだろうか。日本にとっては，自衛隊の数少ない実行動となっていた災害派遣まで米軍と分担することは，その存在意義を問われかねない機微な問題だったと思われる。たとえば，1985年の日本航空123便墜落事故の際には，自衛隊の現地到着が遅れている間，在日米軍が捜索救援部隊の急派を申し入れたが日本政府はこれを拒否している（メア，2011，46頁）。

　もっとも，在日米軍の災害出動の可能性が忘れられた最大の要因は，阪神・淡路大震災以前では，1000人以上の死者を出した災害が伊勢湾台風を最後としたからであろう（大石，2012，134頁）。冷戦という「長い平和」と大災害の空白が続いたこの時期に，戦後日本は高度経済成長を享受することができた。しかし，そのことが自衛隊のお家芸であるはずの災害派遣をも空洞化させていく。自衛隊創設時，隊内では災害派遣を「『止むを得ない』場合実施するといったやや消極的な考え方」が支配的だったが，伊勢湾台風災害での救援活動を転機に，災害派遣は「積極的に実施する」ものという認識に変化していた（陸上幕僚監部，1975，435，501頁）。だが，その記憶も次第に薄れたのであろうか。1980年代に入ると防衛庁・自衛隊内部では災害派遣が重要任務であるとの認識が再び失われ，広報に必要な「何かのお手伝い」程度にしか受け止められなくなっていたのである。そのため災害派遣の貴重な教訓が組織的に継承されることもなかった（中村，1982，2頁）。他方，かつて警察予備隊の災害出動を熱心に求めた地方自治体においては革新系首長が登場し，戦後日本社会の反軍平和主義と相まって，神戸市のように防災訓練等を通じた自衛隊との関係が疎遠になった地域もみられるようになっていた（村上，2013，27頁）。

4 冷戦終結後の自衛隊の変容と災害派遣

(1) 阪神・淡路大震災

　冷戦終結（1989年）と阪神・淡路大震災（1995年）は，日本の「国防」政策と「防災」政策の見直しを迫り，両政策によって形づくられてきた自衛隊の災害派遣も，これに大きく影響されることになった。まず，冷戦終結によって国際安全保障への本格的な参画を求められた自衛隊は，国連平和維持活動（PKO）等に活動の幅を大きく広げ，新たな存在意義を獲得していく。その反面，もはや唯一の実行動ではなくなった災害派遣に対しては，防衛庁内部から廃止論すら提起されるようになった。たとえば，当時，その急先鋒であった西廣整輝・元防衛事務次官は「自衛隊の体制を変えなきゃいかん。もっと中身のある，本当に軍隊らしい軍隊にしなくちゃいかん。余計な仕事は捨てるべきだ。災害派遣なんかやめるべきだ」と強く主張していたという（防衛省防衛研究所戦史部編，2007，112頁）。

　だが，1995年1月17日，死者・行方不明者6434人という，戦後最大の犠牲者を出した阪神・淡路大震災が発生したことで，この災害派遣廃止論は影を潜めていく。このとき自衛隊は2万1760人（ピーク時）という過去最大規模の部隊を派遣し，約100日間にわたって人命救助から生活支援，復旧活動等の多様な任務を遂行した（内閣府阪神・淡路大震災総括・検証調査シート）。その結果，村山富市内閣が同年11月に改訂した「防衛計画の大綱」は，自衛隊の役割として「我が国の防衛」と「より安定した安全保障環境の構築への貢献」（PKO等）に並列して，「大規模災害等各種の事態への対応」も盛り込み，旧大綱よりも一歩踏み込んだ表現で自衛隊の災害派遣を重視する姿勢を打ち出したのである（国会図書館調査及び立法考査局，2002，94頁）。

　このようにして災害派遣を自衛隊の役割の3つの柱の1つに格上げした政府は，その体制の強化もはかった。阪神・淡路大震災において陸上自衛隊の初動が遅かったことに対し，国民からの厳しい批判があったからである。被災地域を管轄する第三師団（伊丹）が出動を開始したのは，地震発生から4時間以上

経過した午前10時であった。さらに、第三師団を含む中部方面隊全体が救助活動を開始したのは19日に入ってからであった（五百旗頭，1996）。その原因としては、貝原俊民兵庫県知事の派遣「要請」が遅れたこと、松島悠佐中部方面総監が「自主派遣」に踏み切らなかったこと、そして、村山富市内閣が「全体責任」の観点から防衛庁長官命令による「大規模震災災害派遣」を発動しなかったことが指摘されている。これらの複合的な判断ミスは、先述した大災害空白期間に進行していた災害派遣の空洞化が一気に露呈したものだったといえよう（村上、2013、27-28頁）。

以上の経緯をふまえて、自衛隊の災害派遣は以下の2つの点で強化された。第一に、「現場主義」の強化である。自衛隊法第83条の「要請派遣」の趣旨に鑑み、自衛隊と地方自治体の間に緊密な連携がはかられる一方、阪神・淡路大震災では発動されなかった「自主派遣」の強化がはかられた。具体的には「防衛庁防災業務計画」が修正され、「自主派遣」の基準（情報収集や人命救助等）が明確になり、現地の方面総監等がそれを発動する際の心理的な敷居が引き下げられることになった。さらに「災害対策基本法」等の改正により、災害現場における自衛官の権限も警察官並みに強化され、たとえば自衛官も緊急通行のために放置車両を除去することや、危険地域への立ち入りを制限することができるようになった。こうした法整備に加えて、それに見合う装備品の充実（ヘリ映像伝送装置や人命救助システム）も進められた（大規模災害応急対策研究会編、1996、207-227頁）。

第二に、「全体責任」の強化である。阪神・淡路大震災もかつての伊勢湾台風災害と同じく、大規模災害時の「現場主義」の限界と「全体責任」の必要性を訴えかけた。そこで、大災害時の政府の意思決定能力を高めるため、震度5以上の地震が発生した場合には、被害状況を収集するために、自衛隊の航空機等がただちに「自主派遣」され、首相に報告する態勢が整えられた。しかし、「現場主義」ほどには、「全体責任」の体制強化は進まなかった。たとえば、新たな「防衛計画の大綱」の策定に伴い、自衛隊法を改定して災害派遣を侵略対処と並ぶ「主たる任務」にするとの議論もあったが、オーソドックスな防衛論者から「自衛隊は、国土の防衛のために常日頃から備えているべきで、災害救

助その他は別の組織にやってもらえばいい」との批判もあって実現しなかったという（石原，1995，229頁）。

　一方，阪神・淡路大震災は，久しぶりに在日米軍による災害出動の問題も提起した。村山内閣が米国の援助要請を受け入れた結果，横田基地の米軍輸送機が毛布や飲料水を被災地へと空輸したのである（波多野・飯森，1999，19-22頁）。だが，このささやかな在日米軍の災害出動ですら河野洋平外相の政治決断を要し，米国側から打診のあった在日米軍の大量投入に至っては検討すらされなかった（石原，1995，230-231頁）。組織全体の見直しが必要な統合運用も含めて，自衛隊は大規模災害にどのように取り組むのか。そして，在日米軍といかなる協力関係を築いていくのか。こうした「全体責任」にまつわる重要問題は，1990年代には未解決のままだったのである。

（2）「存在する」自衛隊から「機能する」自衛隊へ

　自衛隊の災害派遣にとって，1990年代は，阪神・淡路大震災を契機として「防災」の観点からその再評価が行われ，主として「現場主義」の制度的不備が補強された時期であった。これに対して2000年代は，9・11事件等の国際危機を契機として「国防」の観点から自衛隊の組織そのものが改変され，その結果として災害派遣における「全体責任」が強化された時期であったと言える。北朝鮮の核危機や対テロ戦争への対応に追われたこの時期を通じて，自衛隊は，冷戦期の抑止重視の「存在する自衛隊」から，対処重視の「機能する自衛隊」へと組織や運用面での脱皮を進めた。2010年12月には，新たな「防衛計画の大綱」が，その目標を従来の装備・人員の保有に重点を置く「基盤的防衛力構想」から，自衛隊の運用能力を重視した「動的防衛力」へと転換するに至る。こうした方向性をもった自衛隊の組織変革が災害派遣にどのような影響を与えたのかを確認しておきたい。

　第一に，災害に対する初動態勢の強化である。阪神・淡路大震災後，自衛隊には未だ，初期の人命救助活動は「本来，自治体，警察，消防等の任務」であって，初動に「相応の時間を要する」自衛隊がその能力を発揮するのは，「給水，給食，入浴，医療等の応急的生活救援活動」であるとの認識も残っていた

（陸上自衛隊中部方面総監部，1995，286頁）。だが，自衛隊が運用能力の向上をはかりはじめると，こうした認識にも変化が生じた。2001年以降，陸上自衛隊は都市災害のみならず，頻発する山間地災害や島嶼部災害，特殊災害等さまざまな災害に即応するべく，常時2700人の要員と部隊を事前に指定し，全国24時間の即応体制を確立していくのである（災害派遣即応部隊）。東日本大震災前には，この初動対処部隊が1時間基準で出動する態勢も取られるようになっていた。

　第二に，統合運用の実現である。弾力的な機能強化を目指す自衛隊の組織変革を象徴したのが，2008年に実現した統合運用態勢への移行であった。これによって3自衛隊は，新設された統合幕僚監部のもと，一括して運用されることが可能となり，そのトップである統合幕僚長は軍事的専門家の見地から防衛大臣を一元的に補佐することになった。その一環として統合幕僚監部は，首都直下地震に対する統合運用計画も立案していく（「首都直下地震対処計画」）。同計画は，東部方面総監（陸上自衛隊）が「災首都圏統合任務部隊指揮官」として，横須賀地方総監（海上自衛隊）及び航空総隊司令官（航空自衛隊）をその隷下に置き，全国の3自衛隊を一元的に運用するというものであった（統合任務部隊）。最大で陸上自衛隊約11万人を被災地に集中することを想定したこの計画こそ，東日本大震災における統合運用の青写真となる（藤井，2011）。

　第三に，「中央即応集団（CRF）」の創設である。2007年に機動運用部隊（空挺団やヘリコプター団等）と各種専門機能部隊（特殊作戦群等）を包括する中央即応集団が登場したことにより，さまざまな災害に対して，専門性の高い部隊が機動的に全国展開することが可能となった。たとえば，地下鉄サリン事件にも災害派遣された第101化学防護隊（その後身たる中央特殊武器防護隊）も中央即応集団に組み込まれた。なお，同部隊は，1999年の茨城県東海村の核燃料加工施設にて発生した国内初の臨界事故にも派遣されたが，これが契機となって種々の法整備が行われ，原子力災害派遣が自衛隊の新たな任務となっていく（「原子力災害対策特別措置法」ならびに「自衛隊法第83条の3」）。

　そして，最後に触れておかなければならないのが，日米同盟の強化である。冷戦終結後，不安定な東アジア情勢を背景として，自衛隊と米軍の協力関係は段階的に強化されていった。1997年の「新たな日米防衛協力のための指針」

第5章　自衛隊の災害救援活動

(新ガイドライン)では，有事の際に日米間の意思疎通を円滑にする目的で「日米共同調整所」の設置が決められたり，2006年の在日米軍再編をめぐる日米協議では，両国の相互運用性の向上をはかるべく，陸上自衛隊の中央即応集団をキャンプ座間に移設することも約束されたりした。このとき国内での災害救援をめぐる日米協力については，未だ検討の段階にすら入っていなかったとはいえ(第12章参照)，従来，疎遠であった陸上自衛隊と在日米軍が接近しつつあったことは，次章で述べる「トモダチ作戦」の重要な伏線になったと思われる。

5　東日本大震災と「戦略文化」の定着

　2011年3月に発生した東日本大震災に際して，自衛隊は，「救援活動」，「原子力災害への対応」，「各国軍との協力」の3局面で大きな役割を果たした(笹本，2011)。献身的な自衛官の姿勢，被災地自治体と現地部隊の迅速な初動，そして，統合任務部隊編成による10万人規模の部隊派遣と在日米軍との「トモダチ作戦」の展開，それらは本章が明らかにしてきたように，災害派遣が自衛隊と国民の距離を縮めてきた警察予備隊時からの経験，阪神・淡路大震災を契機に進められた「現場主義」の著しい補強，そして，2000年代に機能性を高めた自衛隊の変革に起因する「全体責任」の強化――これらが複合的に作用したものであったといえよう。

　本章は，こうした長年にわたる災害派遣の制度化と運用を通じて，災害救援活動を軍事組織の重要任務として位置付ける「戦略文化」が自衛隊に段階的に定着してきた過程を明らかにしてきた。日米安保中心主義の「国防」政策のもと，かつて災害派遣は，反軍平和主義の強い逆風にさらされていた陸上自衛隊にとって，その存在意義を示す貴重な手段であった。それゆえ，在日米軍の災害救援活動の可能性は失われていったが，陸上自衛隊は，災害派遣を重ねることで着実に国民の支持を獲得していく。もっとも，「国防」組織たる自衛隊の活動が「防災」に傾斜することについては，防衛省(庁)や自衛隊内部に違和感がなかったわけではない。だが，伊勢湾台風災害における救援活動が国民から高く評価されるや，災害派遣も自衛隊の重要任務であるとの認識が共有され

るようになっていく。さらに同じメカニズムが阪神・淡路大震災、そして東日本大震災においても拡大再生産されたことで、災害救援活動を重視する「戦略文化」が定着してきたのである。もはや災害派遣は、その規模によっては、実質的な自衛隊の「主たる任務」になっており、阪神・淡路大震災以降、「大災害の時代」（五百旗頭、2016）を迎えたという現代においては、その傾向は不可逆であろう。東日本大震災時に陸上幕僚長を務めた火箱芳文は言う。「自然災害も、国の安全への『大きな脅威』である。敵となる自然の脅威との『戦』にも負けてはならない」（火箱、2015、42頁）。

　このように自衛隊の災害派遣は、かつてのようにその存在意義を示す単なる広報的手段ではなく、今や重要な「国防」政策の一部となっている。その結果、2015年に再度改定された「日米防衛協力のための指針」も、日本の平和と安全を目的とした施策の1つとして、「大規模災害への対処における協力」を盛り込み、国内災害救援の日米協力を制度化するに至った。それは、伊勢湾台風災害時から長らく棚上げにされてきた、自衛隊の災害派遣の隠れた課題にようやく1つの答えが与えられたことを意味する。このように新たなステージに入りつつある自衛隊の災害救援活動を、いかにして「防災」政策全体の中に位置付け直していくか。それは安全保障の専門家のみならず、いつでも被災者となりうる国民が「現場主義」の観点から広く議論するべき重要課題であろう。

引用・参考文献

五百旗頭真「危機管理――行政の対応」朝日新聞大阪本社「阪神・淡路大震災誌」編集委員会編『阪神・淡路大震災誌』朝日新聞社、1996年。

五百旗頭真『占領期　首相たちの新日本』講談社、2007年。

五百旗頭真『大災害の時代　未来の国難に備えて』毎日新聞出版、2016年。

石原信雄『官邸2688日――政策決定の舞台裏』日本放送出版協会、1995年。

大石久和『国土と日本人』中央公論新社、2012年。

行政管理庁行政監察局『台風等災害対策に関する総合監察結果報告書』行政管理庁行政監察局、1960年。

ケビン・メア『決断できない日本』文藝春秋、2011年。

憲法調査会編『憲法調査会第三委員会第23回会議議事録』大蔵省印刷局、1960年。

国会図書館調査及び立法考査局『自然災害に対する地方自治体及び住民の対応――三

宅島噴火災害を中心として──総合調査報告書』国会図書館調査及び立法考査局，2002年。
笹本浩「東日本大震災に対する自衛隊等の活動」『立法と調査』2011年6月。
佐道明広『自衛隊史──防衛政策の70年』筑摩書房，2015年。
「自衛隊十年史」編集委員会編『自衛隊十年史』大蔵省印刷局，1961年。
志方俊之「災害時における自衛隊の役割」渡辺実編『震災そのときのために(I)』国会資料編纂会，1995年。
全国知事会編『全国知事会十年史──資料編』全国知事会，1957年。
袖井林二郎編訳『吉田茂＝マッカーサー往復書簡集［1945-1951］』講談社，2012年。
大規模災害応急対策研究会編『我が国の新しい大規模災害応急対策』ぎょうせい，1996年。
第10混成団本部編『伊勢湾台風災害派遣誌』陸上幕僚監部，1960年。
竹中平蔵・船橋洋一編著『日本大震災の教訓』東洋経済新報社，2011年。
丹章知・奥村実『伊勢湾台風と自衛隊』大成出版社，1960年。
寺田寅彦「天災と国防」『経済往来』1934年11月。
中村定臣「災害派遣を主とする部隊の指揮運用」『陸戦研究』第30巻第348号，1982年9月。
波多野勝・飯森明子『関東大震災と日米外交』草思社，1999年。
火箱芳文『即動必遂　東日本大震災陸上幕僚長の全記録』マネジメント社，2015年。
藤井非三四「東日本大震災，実に10・7万人を動員！　災統合任務部隊『JTF-TH』始動！」『軍事研究』2011年6月号。
防衛省（庁）編『防衛白書』各年版。
防衛省防衛研究所戦史部編『佐久間一　オーラル・ヒストリー』下巻，防衛省防衛研究所，2007年。
村上友章「自衛隊の災害派遣の史的展開」『国際安全保障』第41巻第2号，2013年9月。
吉崎知典「大規模災害における軍事組織の役割──日本の視点」防衛省防衛研究所編『平成23年度安全保障国際シンポジウム報告書』防衛省防衛研究所，2012年。
吉田茂『回想十年２』中央公論社，1998年。
吉田律人『軍隊の対内的機能と関東大震災──明治・大正期の災害出動』日本経済評論社，2016年。
陸上自衛隊中部方面総監部『阪神・淡路大震災災害派遣行動史』陸上自衛隊中部方面総監部，1995年。
陸上幕僚監部『災害派遣行動史　伊勢湾台風』陸上幕僚監部，1975年9月。
陸上幕僚監部第３部『災害派遣の参考──関係主要法規抄録』陸上幕僚監部，1957年。

第6章
東日本大震災における米軍のトモダチ作戦
―― 国際支援と防災協力のあり方 ――

ロバート・D・エルドリッヂ

1　防災協力の展望

　今から5年前，東日本大震災において，「トモダチ作戦」という名の，かつてない規模の米軍による対日救援活動が実施された。その後，在日米軍，特に沖縄を拠点にする在日海兵隊を中心に，次の震災に備えるために，もっとも被害を受けるだろう地域を優先的に，事前の連携，いわゆる「防災協力プログラム（Disaster Cooperation Program）」を展開してきた。

　本章は，筆者が被災地での前方司令部付の政治顧問として関わったトモダチ作戦と，企画に関与した防災協力プログラムを紹介しながら，トモダチ作戦が成功した要因と，その際に浮んできた問題点を提示する。また，防災協力の目的と実施及び，熊本地震を踏まえて，今後の課題を取り上げたいと思う。

2　「トモダチ作戦」の前史

　6400名以上の犠牲を出した1995年の阪神・淡路大震災の前まで，約30年以上，大きな災害がなかったこともあり，日本の危機管理認識は，想定されていた東海地震などがあっても，比較的甘かったといえる。それを象徴する事例の1つが，阪神・淡路大震災のとき，米軍をはじめとする外国軍の支援の申し出を断ったことである。

　こうした支援拒否は，危機管理認識の甘さに加え，対応能力に対する過大な自信を意味したのだが，後に，国内外で厳しい批判に晒されることになった。

　米軍による支援を，当時の社会党の村山富市を首相とする社会党，自民党と

新党さきがけの連立政権が辞退したのは，日本自身の過去の経験に照らしても例外というべき判断であった。つまり，1923年9月に発生した日本史上最悪の関東大震災への米海軍の支援*，1948年6月の福井地震への占領軍の支援，1959年9月の日本史上最悪の伊勢湾台風・水害への米海軍を中心とした在日米軍の支援，そして1964年6月に発生した新潟地震への米空軍を中心とした在日米軍の支援と，それまで日本政府は米軍による支援を受け入れていたのである**。ところが，1995年の神戸での地震では，準備していた岩国海兵隊飛行場や沖縄にいる海兵隊とキャンプ座間（神奈川県）の米陸軍が出動したくても日本政府からの要請がなかった***。

* 関東大震災における米海軍の役割の詳細については，倉谷（2011，106-138頁），後藤（1975；1975.11；1976.1；1991，86-89頁），波多野・飯森（1999，149-152頁）を参照。
** 詳細について，Eldridge（June 19-25, 2016, pp. 30-31; July 3-9, pp. 30-31; September 25-October 1, pp. 29-31）を参照。
*** 1つの背景としては，「非核神戸方式」を推した革新系勢力の存在だったといえる。「神戸方式」は，神戸市議会によって1975年3月18日に「核兵器積載艦艇の神戸港入港拒否に関する決議」が可決されたものだが，以来，核兵器を搭載しなくても原則上，証明書を提出しないため，米海軍の艦船は寄港していない。「寄港を実現しよう」としたルーダン（Robert M. Ludan）大阪神戸総領事もいれば，「今こそ変えるべき」と考えた貝原俊民元兵庫県知事もいたのだが，いまだ実現できていない。上記の方式に関わった労働組合など革新勢力は，米軍や自衛隊による震災の対応や防災訓練にも反対している。

それまで支援を受け入れてきたのは，日本がまだ発展途上国だったという事情もあろう。しかし1995年の段階では，建設基準やインフラの整備，社会的な秩序などの点で，日本はすでに先進国の中でもトップに位置しているがゆえに，外国軍による支援は不要と，政府は考えたからなのかもしれない。

ちなみに，こうした考えは決して日本だけに限らない。2005年8月に発生したハリケーン「カトリーナ」では，アメリカ合衆国政府は諸外国からの支援の申し出を断っている。

第4章で詳述されているとおり，日本は，阪神・淡路大震災の後，防災基本

計画を改正して，その中で国際支援の受入れ方などを制度化した。2004年10月に発生した新潟県中越地震の際，それに基づいて米国などはブルーシートや義捐金を提供したが，本格的な軍隊による動員はなかった。

中越地震の2ヶ月後の2004年12月に，インド洋・スマトラ沖でM9.3の地震とそれに伴う大津波があった際，日本は支援を表明し，2005年1月より自衛隊を含む本格的な救援活動に参加した。

2006年1月，筆者が企画した「12.26インド洋津波から一年」という国際シンポジウムが，当時所属していた大阪大学（中ノ島センター）で開催された。その際，総合司会を務めた筆者には，気になる点があった。日本で，スマトラ沖地震・インド洋津波のような大規模災害があった場合，日本が果たして国際支援を受け入れることが可能かどうかという逆のシナリオが，参加者から全く提示されなかったことである（エルドリッヂ・村上，2006）。これは，3.11のときによく耳にした「想定外」という表現の原点であるといってもよいであろう。

こうした緊迫感のなさや，日本で大きな災害が発生した場合の準備の必要性を懸念して，筆者は，大阪大学国際安全保障政策センターに研究員として所属していた現役の海兵隊員と共同で，日本の危機管理体制の現状と震災の認識について研究を開始した。その際に，内閣府，防災の専門家，地方自治体などの関係者への取材を行った。その成果が，「日本における大規模災害救援活動と在日米軍の役割についての提言」と題する論文である（エルドリッヂ・ウッドフィン，2006，143-158頁）。

その論文では，いつかの政策提言を行ったが，ポイントは在日米軍の活用とその方法である。政策としては，「災害における日米の相互支援と協力に関する協定」（案）を提言した。こうした協定があれば，在日米軍が日本での災害において救援活動ができるのみならず，米国で発生する災害には自衛隊を人道支援・救援活動のために派遣できることになり，ひいては，より対等な日米関係構築に繋がる。在日米軍に関していえば，特に重要なのが，この枠組みがあれば，各都道府県が行っている総合防災訓練への参加が容易になると同時に，米軍は，日本政府だけでなく，被災地との間や，救援のために駆けつけてくる他国からの支援者との間での直接の対話や交流が制度化される機会になると期

待したのである。

　残念ながら，2006年3月に最初に発表したこの提案は，日本政府をはじめ，多くの組織には，理解を得られなかった。当時は，在日米軍の果たす役割がないと，すべての専門家が考えていたのである。国際社会における防災のアメリカ側の対応を担当している米国国際開発庁のアジア責任者もそう思っていた。実際，ワシントンでの日米の会議（Global and Local Civil-Military Disaster Relief Coordination in the United States and Japan Conference, 2006）で，その専門家は「日本は先進国であるので，我々の支援は不要だ」と発言したのである。

　それから5年後の東日本大震災まで，筆者はこれらの方策を積極的に提案し，講義・講演などを行った。大震災の前日の3月10日には，友人を通して「たまたま」，そうした提案を官邸に送ってもいた。

　そして，その翌日に東日本大震災が発生したのである。それからは，提言書を印刷して，2年毎に交代する海兵隊の司令官やその幕僚に説明してきた。

3　東日本大震災の米軍の行動

　米軍，特に海兵隊は，戦闘では恐れられているが，世界の自然災害の6割以上が集中するアジア太平洋地域では，人道支援・災害救援活動に忙しく従事してもいる。表6-1（2004～2016年の主な人道支援・災害救助活動）でみるように，ほぼ毎年のように，沖縄を拠点にする海兵隊の運用部隊の一つである第3海兵遠征部隊はインド・アジア太平洋地域に展開している。

　「即応態勢部隊」として知られている海兵隊は，東日本大震災が発生した十数分後には，対策室を立ち上げ，情報収集しながら，救援準備を行っていた。その理由の1つは，海兵隊は組織として常に突発的な事態に備えているためである。もう1つの理由は，これほど大きな震災であれば1国だけでは対応不可能であり，必ず米軍に支援要請が来ると経験から判断してきたためである。

　最初に予定していたのは，要請が来るか否かに関係なく，被災地の東北地方に（沖縄と比べて）より近い横田基地や厚木海軍飛行場に，必要な救援物資，機材，ヘリコプター，要員を事前集積することであった。近くに事前集積する

第Ⅰ部　緊急災害対応の送出し国・受入れ国としての日本：1987年から東日本大震災まで

表6-1　米軍海兵隊による2004〜2016年の主な人道支援・災害救助活動

No.	時　　期	地域・対応
1	2004年12月〜2005年3月	インドネシア津波対応
2	2005年10月〜2006年3月	パキスタン地震対応
3	2006年3〜4月	フィリピン土砂崩れ対応
4	2006年5〜6月	インドネシア地震対応
5	2007年3月	レガスピ台風復興支援
6	2007年4月	ソロモン諸島津波対応
7	2007年11〜12月	バングラデシュ洪水等対応
8	2008年5〜6月	ビルマ支援
9	2009年8月	台湾台風対応
10	2009年10月	フィリピン台風及びインドネシア地震対応
11	2010年10月	フィリピン台風対応
12	2011年3〜5月	東日本大震災対応
13	2011年10〜11月	タイ洪水対応
14	2012年12月	フィリピン台風対応
15	2013年11月	フィリピン台風対応
16	2015年5〜6月	ネパール地震対応
17	2016年4月	熊本地震対応

（出所）　筆者作成。

ことで，要請が来た場合により早く対応できる。米軍基地同士の間の移動は，米軍だけの判断で行えるので，日本の主権とは関わらないというメリットもあった。幸いにも最終的には，比較的早く正式な要請が日本政府から来たので，こうした方法を実際にとる必要がなかった。

　米国の法律でも，国際緊急支援には相手国からの要請が重要である。本格的な救援活動を展開するためには，(1)被災国が要請しており，（米国からの）救援を受け入れる用意がある，(2)（被害への対応が）被災国の能力を超える，(3)（救援することは）米国の国益になる，との3つの条件が満たされなければならない。日本政府からの実際の要請がなされたのは震災が発生した11日の深夜であり，ルース駐日大使がそれに賛同する勧告書を共にワシントンに転送して，承認を得た。しかしそれに先立ち，震災が発生して間もなくアメリカ政府はすでに海兵隊に作戦計画を求めており，11日の夕方には海兵隊はそれを提出していた。そしてその勧告どおり，海兵隊は，沖縄から12日朝より出動した。横田にある在日米軍司令部において陸，海，空，海兵隊の4軍が協議し，海兵隊を中心に十数名からなる前方司令部を陸上自衛隊東北方面総監部内に設置すること

が決まった。14日の午後，そのメンバーが陸上自衛隊の仙台駐屯地に到着し，その準備に着手した。

これと同時に，筆者は12日の朝，仙台空港の早期復旧を米軍内で提言し，13日から14日まで内閣府副大臣と電話で協議した結果，許可が直ぐ出た。15日の朝，空港の視察と作業の調整のために，筆者は仙台空港へ出向いた。

海岸沿いにある仙台空港は甚大な被害を受けたが，被災地の最中だからこそ，救援活動の重要な拠点になると考えた。特に津波による被害はあったが，滑走路を使えば，何とかなると筆者は考えた。これは，当時の日本側にはなかった発想である。

当時，日本側はまだ大きなショックの中にいて，「なに」を「どこから」はじめればよいかわからない状態であった。それに対して，救援する米側は，その救援を有効に届けるため，「なにを」すればいいかを，もう少し冷静にみていたように思う。少なくとも，かつて研究者として仙台空港を利用したことのある筆者はそう考えていた。

また，米軍は自衛隊ほど軍と民を分けて考えてはおらず，特に，日本国内の空港，港などは，防衛省，国土交通省，地方自治体など，管轄と関係なく，使えるものは使うという発想をもち，自衛隊や日本社会のように縦割的に考えなかった。これに対して自衛隊の中には，仙台空港は自衛隊のものではないとの理由から，同空港の修復が視野に入っていなかったと思われる。

さらに，海兵隊は遠征的な軍隊なので，平坦である程度安全なところであれば，どこでも使えると考えているのに対して，日本にとっての「空港」は一般に綺麗な管制塔やターミナルビルを含めた施設を意味する。震災後，仙台空港を「使えるようになるためには１年かかる」という発言が日本側からは多く出されたが，海兵隊は仙台到着後３日で，軍用機が離着陸できるようにしたのである。

米軍が提供したのは，経験，知恵，ノウハウに加え，「希望」であった。仙台空港の復旧は「希望」の一番の象徴であった。

日米調整所は，仙台に加えて，防衛省のある市ヶ谷と在日米軍司令部のある横田にも設けられた。それぞれに役割があり，仙台では，現地のニーズや要請

を集約し横田に伝え，在日米軍という統合軍の間や米政府内の調整を行ってもらった。市ヶ谷では日米の国家間の調整を行い，また米大使館と官邸の間の調整も担当した。

当時の日本では，与党としての経験が浅く，官僚を軽視して「政治主導」を訴えた民主党が政権を担っていた。そのため，政府には本来の機能が欠けていたが，その分，現場がより自由かつ柔軟，迅速に対応できるという側面もあった。

米軍，少なくとも海兵隊にとっては，その意味で，民主党政権は対応しやすったといえる。政権には「聴く耳」があったのである。仙台空港の復旧だけでなく，燃料補給などの拠点としての山形空港の利用もそうだった。しかし，米軍が当時，重要な原則として守り続けていたのは，日本の主権や日本のリードに従うということであった。

こうした姿勢は，後に「トモダチ作戦」と名付けられた次の3つの任務の中でもみられた。(1)人道支援及び災害救援活動を実施し，(2)日本政府を支援する，(3)さらなる死者数増加や被害の拡大を防ぐことが重視された。これらはまた，東北方面総監，後に統合任務部隊・東北の司令部の中にいる，仙台駐屯地に派遣されたメンバーらが常に心に留めていた原則だった。米軍には，第34代東北方面総監であり，震災後に結成された統合任務部隊の指揮官を務めた当時の君塚英治陸将のもとに任務にあたっていたという認識が共有されていたのである。

実際，それによって，数多くの派遣・救援が可能になった。特に，海兵隊の場合は，空，海，地上の作戦を展開でき，自衛隊，とりわけ，陸上自衛隊とうまく連携することができた。

4　トモダチ作戦が成功した理由と背景

近年，日本は米軍に救援の要請を行っておらず，日米は筆者が2006年から提言していたような「相互支援と協力の協定」に基づく防災訓練や準備体制づくりに本格的に参加していなかったにもかかわらず，いわゆる「トモダチ作戦」は，かなりの程度の成功を収めた。成功した理由は数多くあるが，大きく

2つに分けられよう。

　1つは，日本側の事情であり，2つ目は米軍（または日米）が行ったことである。

　まず，日本に関していえば，「我慢強い」国民性があり，特に東北の方々は自立心が強い。人々がパニックに陥らず冷静に対応したため，救援チームが駆けつけるまでの貴重な時間を稼ぐことができた。また制度的には，近代的で先進国である日本は，行政，政治，法律，医療，インフラ，金融，消防，警察などの点で優れているため，災害に総合的に対応することができた。また，国内の災害派遣経験が多い自衛隊は，自ら被害を蒙りながらも，きわめてプロフェショナルに対応した。こうした基盤抜きにトモダチ作戦は語れない。

　2011年の時点で，戦後60年，米軍と自衛隊との間には組織的な交流があり，信頼できる同盟関係が存在した。それには人間的な信頼関係も付随した。前述した君塚陸将及び海兵隊のトップのグラック，K.J.中将との間の信頼関係は，その典型である。2人とも2004年ごろ，それぞれの部隊の指揮官を沖縄でともに務め，その当時から知り合いであった。筆者自身も君塚陸将とは，その時期からずっと縁があり，また，東北方面総監部の中にも親友が数名いた。

　もう1つの理由は，米軍が日米安全保障条約に基づいて前方展開していたことである。もし，距離的に遠い米国本土やハワイ，グアムに駐留していたら，あれほど素早く対応することは難しかったであろう。

　ここで強調したいのは，トモダチ作戦は同盟関係があったから実施したのではなく，友人だから，トモダチだから実施したということである。早い対応を可能にしたのは条約による駐留だが，条約のために行った訳では決してない。

　さらに，成功した理由として，前節で触れたように，在日米軍に明確な任務が与えられていたことが挙げられる。しかし，細かな点では，課題があった。第31遠征部隊の指揮官が後に回想したように，日本政府から具体的な指示や場所の指定がなかったため，時間のロスがあった（エルドリッヂ，2016，第2章；2017，第1章）。自衛隊を含めて日本政府が，在日海兵隊のことをあまり理解しておらず，潜在的能力を把握していなかったという背景がある（廣・エルドリッヂ・勝股秀通，2011，60-68頁）。

5　トモダチ作戦中の諸課題

　上で言及したように，トモダチ作戦には課題もあった。

　1つは，この震災の複雑さであった。地震に伴う津波，そして原発事故に加え，東北の厳しい寒さにいかに耐えるかが大きな課題だった。「想定外」の中の「想定外」ともいえる。

　2016年4月に起こった熊本地震でもやはり「想定外」の事態が発生した。4月14日の地震の後にさらに大きな地震が来て，結局，16日のほうが「本震」でその二十数時間前の地震が「前震」と呼ばれるようになった。また大雨によって，避難した被災者の方々の生活がいっそう困難になっただけでなく，土砂崩れなど二次的な災害が引き起こされた。

　ところで，東日本大震災の課題の1つが，自衛隊の米軍に対する正確な情報収集とその伝達・共有である。

　前述のように，自衛隊や日本政府が米軍の能力を十分に把握していなかったために，結果的に米軍の持つ力の数パーセントしか発揮できなかった。

　さらに，米軍と自衛隊の間で，問題の認識や解決策の違いもみられた。具体的な活動の前に，何をどんな順番でやるのか，なぜそれをするのかという哲学的な議論をしておけば，急がば回れで，より早く解決できたのではなかろうか。

　また，米軍は日本側の作戦・計画をあまり理解していなかった。毎日の調整はよかったが，全体的なコンセプトがみえなかったのである。

　もう1つは距離の問題である。救援活動においては空港がなくても離着陸できるヘリコプターが重要な役割を果たすが，東日本大震災当時，沖縄から仙台まではヘリで数日間かかった。しかし，現在配備されているMV-22B輸送機（オスプレイ）であれば数時間で行けるので，その問題はある程度クリアできる。

　重要なポイントは，緊張感を持ち，積極的に教訓を共有し，継承することだ。そして，防災訓練に可能な限り，多くの関係機関が参加することである。

6　海兵隊の防災協力プログラム

　東日本大震災が発生して2週間後，筆者は，2006年の論文「日本における大規模災害救援活動と在日米軍の役割についての提言」を要約して，大震災を踏まえた論点を加味し，日本語・英語双方で，新聞などの媒体で発表しはじめた。2011年4月16日付の『読売新聞』に転載された提言（エルドリッヂ，2011）をみて「同様に考えていた」と静岡県の川勝平太知事から6月末に連絡があり，8月上旬に知事に那覇市でお会いした。その際の話し合いで，「防災の日」である9月1日前後の静岡県主催の防災訓練に，翌年から海兵隊が参加することが実質的に決まった。

　同年9月末に，筆者は川勝知事の招待で，同県庁の幹部や職員の数十名（テレビ中継を行ったため，実際の視聴者は数百人に及んだ）の前で「トモダチ作戦の教訓と防災協力のあり方」と題する講演を初めて行った。

　海兵隊による公式な教訓の検討会は，その前の5月11日，即ち東日本大震災からちょうど2ヶ月のときに行ったが，重要だったのは質疑であった。東海地震の脅威を1970年代から認識している静岡県は，海兵隊とどのように連携するか知恵を絞っていたことが，その際の質疑でうかがえた。静岡県が特に関心をもったのは，私が提言していた「人事交流」であった。互いの組織の長所と短所を理解し，相手の顔，名前，性格，仕事などを知り，信頼できる人間関係をつくることが肝心であると理解していたのである。

　同年11月に筆者は再び静岡県を訪問し，その際，新しく改編された海兵隊太平洋基地および第3海兵遠征軍から約9名の将校やスタッフを伴った。そのとき，普天間から離陸し，富士山静岡空港に着陸したが，これは米軍用機による同空港の初めての利用であり，県側は非常に喜んだ。前例をつくったからである。その際には充実した意見交換がなされ，県庁内の「対策室」の見学などもさせていただいた。

　「対策室」では，海兵隊とメディアとの懇談の場も設けられた。これは2つの意味で重要だったとみている。1つは，静岡県知事は県民に対して透明性や

説明責任を果たす義務があるからだ。もう1つは，そのストーリーが全国のニュースになるので，防災の分野で先頭に立っている静岡県から，他の都道府県もそれを参考にして学ぶこともできる。つまり，「米軍との連携が重要で，このように，丁寧に段階的に行っている」という，防災で世界一の体制を備えている静岡県からのヒントを発信できたのである。

その後，静岡県と頻繁に連絡を取り，相互訪問を行った結果，米軍は無事2012年8月末から始まった防災訓練に参加できた。なお，その前の2012年5月に，川勝知事の発案により，下田市で，日米両政府や静岡県，愛知県など周辺の県の参加も得て，素晴らしい防災関係の会議を開いた。筆者は海兵隊を代表して，「トモダチ作戦の教訓とその後の取り組み」について発表した。ルース駐日米国大使が，その際共同主催者となった。

日本の中央政府の動きは，そのときまで非常に鈍かった。本来ならば，1県ではなく政府がリードすべきだったが，協議の場の設定や防災訓練の機会などがなかったため，川勝知事のイニシアティブで米軍，とりわけ海兵隊との対話が開始されたのである。

筆者が指揮した海兵隊の防災協力プログラムも，本来は，中央政府ないしカウンタパートである陸上自衛隊をはじめ，横田にある在日米軍司令部のどれかがリードすべきと考えていた。その理由は2つある。1つは，前者に関していえば，日本が主権国家であるので，米軍によるイニシアティブではなく，日本政府やその機関が中心になることに期待していたのである。2つ目は，上位機関から実施した方がより統一的，統合的，計画的なプログラムが可能になるからである。

その際，自衛隊に働きかけたが反応がなかった。そこで在日米軍司令部に確認したところ，カウンタパートが消極的であるのであれば，在日海兵隊などの各軍は各自，プログラムを作成してもかまわないという回答をもらった。これは私の諸原則からすれば，好ましくはないと思ったが，時間との戦いという問題に直面しており，いつ次の震災がくるかわからない以上，急がなければならない，誰かがリードをとるべきだと判断し在沖海兵隊がその任にあたることにした。

第6章　東日本大震災における米軍のトモダチ作戦

　次の震災は，日本政府の対応力をはるかに超える規模になるかもしれず，のんびりと準備している時間はない。平時から在日米軍と，被害が想定される自治体，NGO／NPO，市民との間に顔のみえる関係を構築しておくことが重要であるという，2006年の私の提言が，トモダチ作戦の基礎になっただけでなく，その後の防災協力の計画にもなった。

　すべての地方自治体との連携は，時間的，人的にはほぼ不可能である以上，優先順位をつけねばならなかった。そこで，防災協力体制の軌道に乗っていた静岡県の次に，同じく太平洋側に面していて，多大な被害を受けると想定されている高知県との間の公式な関係を構築しようと考えた。

　「公式」というのは，県庁が中心に主催すること意味する。それに対し，県庁などの公的機関ではない団体（NGO／NPO，研究所，大学，病院など）が中心に動く「非公式」の概念もつくったが，それを別々のものというより，段階的に考えていた。つまり，相手に人脈がなく，あるいは政治的な理由で，米軍との交流が難しいと（政治的に）判断した場合，あるいは，川勝知事ほど積極的なリーダーがおらず，または，行政が鈍く非常に官僚的である場合，研究教育の機関や市民社会との間の対話で防災協力を前進させるのである。

　筆者と個人的な繋がりがある高知県では，2011年11月の知事選で現職が無投票で再選された主要政策の1つは，南海地震への備えであると報道されていた。そこで筆者は，高知県に紹介するために，静岡県の防災課に連絡して紹介を直ぐに依頼したが，防衛省を通しなさいとの回答であったそうである。

　そこで，防衛省中国四国防衛局に連絡してみた。その担当者はトモダチ作戦の際に筆者と仙台で一緒に仕事していた方であることがわかり，高知県に対する考えを説明したところ，対話を斡旋してくれた。その際わかったのは，革新系の議員に配慮して，高知県庁は米軍との協力に慎重であるということである。実際，高知県からは否定的な返事がきた。

　その9ヶ月の2012年8月，内閣府が設置した「中央防災会議対策推進検討会議」から南海トラフ巨大地震に関する新たな被害想定統計が発表された*。約32万5000名の死者が出るという恐ろしい予測である。うち約7万4000名が高知県の犠牲者とされた。それを受けて，中国四国防衛局の担当者に再度連絡して，

第Ⅰ部　緊急災害対応の送出し国・受入れ国としての日本：1987年から東日本大震災まで

「それでもいいのですか」と，もう1度高知県に尋ねるよう依頼した。今度は前向きの返信がきたという。2013年1月に神戸で「第18回日本集団災害医学学会総会・学術集会」が開催され，筆者はそこでのプレゼンテーションの帰りに高知県に寄り，県庁で部長クラスの前で講演することができた（当初は課長クラスの予定であったが，高知高校出身の筆者の義理の兄が同級生や同窓会にが働きかけてくれた結果，部長クラスに格上げされた）。

　＊　報道発表資料について，内閣府のウェブサイトを参照。

　嬉しかったのは，その際，四国を管轄し，善通寺駐屯時を拠点にしている陸上自衛隊の第14旅団の代表も参加していたことである。四国には自衛隊の兵力が乏しく，山が多く沿岸地域も多いので，一部隊ですべてをカバーすることは不可能である。南海の地震に伴う津波によって高知龍馬空港を含む沿岸地域が相当の被害を受け，地域毎に孤立してしまうことも予測できる。したがって海からの作戦が求められ，そうした作戦に世界一習熟している海兵隊との連携は必然的といえる。講演会に参加してくれたのは，おそらく，第14旅団も同じように考えていたからだと思う。

　さらに，もう1つ嬉しかったのは，防災官として県庁に勤めている元陸上自衛隊の方も参加してくれたことである。元自衛官が防災官などとして，各都道府県や市町村区に勤めるようになったのは20年前であるが，2016年12月31日現在，都道府県に83名，市町村区には317名，合計400名の退職自衛官が勤務し，各防災局の準備態勢を向上させようとしている（防衛省，2017）。これによって，より現実的な危機管理の確立と防災訓練の準備に加え，防衛省・自衛隊の中の人脈をフルに活用できるというメリットがある。

　その後，高知県との間で，沖縄を拠点にしている海兵隊，特に第31海兵遠征部隊との交流がはじまり，ちょうど同部隊の母艦であるボノム・リシャール（USS Bonhomme Richard, LHD-6）という強襲揚陸艦がホワイトビーチに寄港して機材を搭載していたときの艦内の見学もできた（2014年2月）。そして，同2014年6月に行った高知県の防災訓練では，筆者と遠征軍の日本担当の少佐とが一緒に視察に赴いた。

高知県と併行して，和歌山県及び三重県との交流がはじまった。両方ともそれぞれの県出身の国会議員の紹介がきっかけであった。前者は県議会が中心に動き，後者は2回ほどこちらから打診した後，県知事が最終的に動いてくれた。和歌山のほうは何回か訪問し，仁坂吉伸知事にも2013年12月面会し，その1年前の2012年10月1日より沖縄の普天間飛行場に配備されていた輸送機MV-22B（オスプレイ）の使用も歓迎すると，自ら進んで発言してくれた。2013年9月には和歌山県議会，和歌山選出の国会議員などの普天間飛行場の訪問とオスプレイの見学が実施され，同県の防災関係者との2014年2月の会談の結果，2014年10月に行われた同県の防災訓練に，オスプレイ2機を初めて使うことが決まった（その時使用した2機のうち，1機は，2016年4月の熊本地震に派遣され，大活躍した［エルドリッヂ，2015］）。

　それに対して三重県との人的交流は期待していたほど発展せず，防災訓練への参加に繋がらなかったが，2014年2月の訪問の際，筆者はトモダチ作戦の教訓と防災協力について講演することができた。そこでは，2016年5月の伊勢志摩サミットの終了後，海兵隊をはじめ在日米軍との防災協力の協議を再開することを勧めた。

　その隣の愛知県も筆者が連携したかった県の1つである。名古屋大学の減災連携研究センターで2013年秋に講義した際に愛知県防災担当の方が聞きにこられ，同じ方がその翌年の秋，2014年9月の大阪市内における海兵隊について私の別の講演を聞きにこられたので，その前に打合せをすることができた。しかし，具体的には進展がなかった。

　それに対して，同じ時期に長年の課題が解決した県もあった。海兵隊にとって隣人であり「地元」である沖縄県との防災の分野での連携がはじまった。2011年の震災以降，こちらから積極的対話を促そうとしたが，いわゆる「基地問題」の関係で自民党与党の推薦で再選された仲井眞弘多県知事のもとでもなかなか対話や協議が進まなかったが，ようやく2014年9月に，宮古島で開いた県主催の防災訓練に海兵隊が正式に参加した。

　沖縄より北の九州，特に大分県や宮崎県とも連携したかったのだが，筆者は2015年5月1日に海兵隊での仕事を去り，防災協力ができる後任はおらず，そ

の後の協力は進展していない。それでも，蒔いた種が実って，2016年4月の熊本地震（本震）の翌17日，日本政府は米軍に，オスプレイなどによる参加を要請した。震災が限定的で被害はそれほど大きくなかったためか米軍の救援活動は空輸が中心だったが，これも意味が大きいといえよう。

　第一に，熊本では自衛隊が救援活動に尽力したが，米軍のおかげで少し余裕を持つことができた。自衛隊は災害派遣に加え従来の防衛の任務もあるため，その両立のために，米軍からの救援活動の手伝いは重要な助けになる。

　また第二に熊本地震は，懸念されている南海トラフなどの地震とそれに伴う津波ほど大きくはなかったので，救援に向けた日米両国の連携がさらに確実的なものになった。このように実践的な体験ができ，その教訓が継承されれば，いざという時，非常に役立つと考えられる。

　第三に，第二点と関連するが，海兵隊によるオスプレイの投入は，2018年より同機を導入し始める自衛隊にとって，その活動ぶりを近くでみることができ，大変有意義であった。オスプレイは飛行機のように，早く，高く，長距離を飛べるだけでなく，ヘリコプターのように滑走路なしで離着陸できるのが特徴だが，技術の面で革命的なだけでなく，その活用方法もいまだ進化中だ。つまり，開発の段階や最初に導入した段階と比べて，使用方法を実験的に拡大してきたが，海兵隊さえびっくりするほど，使用可能な場面は無限に近いという。

　今後，熊本地震の教訓を早めにまとめ，共有し，継承することが重要な課題である。さらに，在日米軍と公式な連携が出来ていないところとの対話の継続ないし発展が重要だ。

　筆者が愛媛県，徳島県，岡山県，兵庫県を防災協力プログラムで訪問した際，講演の主催は大学，病院，研究機構など主であった。県職員や政府関係者が見学に来ている場合もあったが，そこから具体的な進展はなかった。危機認識が薄いのか，政治的な理由なのかはわからないが，緊迫感をもつことが重要であろう。日本ではいつ，どこで震災が発生するか，誰が救援にくるかがわからない。また，筆者は「政災分離」と呼んでいるが，政治と災害を分けて考える必要がある。人命救助と財産を守るために協力すべきなのではないだろうか。

7　おわりに：次なる震災に備えて

　軍事史の中では，よく「将軍は常に1つ前の戦争を戦う」ということわざがあるが，正にそれが人間の大きな課題であり，知恵の限界でもある。

　本章では，日本は多くの災害を経験しており，さらに進んで日米で準備すべき点が数多くあることを指摘してきた。重要な鍵は，不測の事態を予期しておくこと，前提を常に見直すことである。また，事前に多くの関係者との間での情報共有が必要だ。しかし，事前だけでなく，震災中，そして終わってからの情報共有も欠かせない。

　それに関係するのは，人間関係づくりである。縦割的ではなく，横の繋がりが震災のときに重要となる。日米の文脈でいえば，日米調整所の設置の計画と実施の訓練をする必要がある。特に，実際にどこに調整所を設置し，どのように構成するか，誰によって構成するのかを含めて検討すべきである。

　大震災の場合の最悪のシナリオにおいて，在日米軍の資源の活用の仕方及びその派遣されうる場所を早期に計画することが重要だ。その際，米軍は自衛隊と一緒に行動するか，または地域を指定して単独で担当するのか，あるいは連絡と一緒に地域を担当するのか，さらには地方自治体や災害対策本部の関係者と一緒に作業することを含めて自衛隊の傘下で参加するのかなど，その方法も検討する必要がある。

　大震災発生後，日本が米軍の支援を要請する場合は，それを素早く行うこと，また，救援活動を要請する場合，なるべく早く，具体的に「どこで，何を」行うかを定めて指示することが重要である。大震災の後，中央政府や都道府県の政府は機能しない可能性があるので，自治体の防災計画に地方自治体の参加をより積極的に確保すべきであろう。

　防災計画やその対応に，健常者の住民のみならず，いわゆる「障害」のある方々の積極的な意見や参加の確保も重要だ。外国人や留学生の積極的な意見や参加の確保も欠かせない。さらに，地元大学，消防，警察，自衛隊，米軍との間で連携をはかり，防災における日英の通訳者の養成をすべきである。言語の

専門家の数が増えるだけではなく，人脈作りにもなるからだ。

　日米両国間だけではなく，東日本大震災におけるオーストラリアからの救援のように，将来は，より多くの国の軍隊からの支援も期待できると思われる。

　さらに，災害の多いフィリピン軍の協力を得ることは，災害のみならず，将来に日本とフィリピンの間の防衛協力構築にも役立つであろう。

　東日本大震災は多くの犠牲者を出し，多くの被害をもたらしたが，危機管理の観点からみれば，それは次の大震災の警告であるといえる。次の大震災が発生するまで与えられた時間を大切に使いながら準備すべきである。これは，日本国民や日本に住んでいる外国人だけではなく，世界の政治・経済にとって大きな存在である日本が世界に対して行うべき義務であり，ある意味では，1つの国際協力の形でもある。

引用・参考文献
倉谷昌伺「関東大震災における日米海軍の救援活動について——米海軍の現場指揮官の活動を中心に」『海幹校戦略研究』第1巻第2号，2011年12月。
後藤新八郎「関東大震災における軍の救護活動」『新防衛論集』第3巻第2号，1975年。
後藤新八郎「関東大震災における海軍の活動」『波涛』第1巻第1号・第2号，1975年11月・1976年1月。
後藤新八郎「関東大震災における米国の救援活動」『古鷹』第27号（海軍兵学校第75期会）1991年，86-89頁。
内閣府ウェブサイト（http://www.bousai.go.jp/jishin/nankai/nankaitrough_info.html　2017年4月13日アクセス）。
波多野勝・飯森明子『関東大震災と日米外交』草思社，1999年。
廣恵次郎，ロバート・D・エルドリッヂ，勝股秀通「トモダチ作戦の舞台裏——米軍・自衛隊の思惑が交錯した日米調整所」『中央公論』第126巻第10号，2011年9月。
防衛省「退職自衛官の地方公共団体防災関係部局における在職状況（平成28年12月31日）」2017年（http://www.mod.go.jp/j/approach/others/syusyoku/taishoku/joukyou.html　2017年4月13日アクセス）。
ロバート・D・エルドリッヂ，村上友章共編『12.26インド洋津波から一年——人道支援および大災害における軍民協力の改善にむけて（日英両語）』大阪大学国際安全保障政策センター，2006年。

ロバート・D・エルドリッヂ，アルフレッド・J・ウッドフィン「日本における大規模災害救援活動と在日米軍の役割についての提言」『国際公共政策研究』第11巻第1号，2006年9月，143-158頁。

ロバート・D・エルドリッヂ「米軍も防災訓練に参加を」『読売新聞』2011年4月11日。

ロバート・D・エルドリッヂ「論説　防災訓練が架け橋となる」『Okinawa Marine（オキナワ・マリン）』2015年1月9日。

ロバート・D・エルドリッヂ編『次の大震災に備えるために——アメリカ海兵隊の「トモダチ作戦」経験者たちが提言する軍民協力の新しいあり方』近代消防社，2016年。

ロバート・D・エルドリッヂ『トモダチ作戦——気仙沼大島と米国海兵隊の奇跡の"絆"』集英社，2017年。

Eldridge, Robert D., "Mercy in Niigata," *This Week on Okinawa*, Vol. 63, No. 25, June 19-25, 2016.

Eldridge, Robert D., "The Phoenix of Fukui," *This Week on Okinawa*, Vol. 63, No. 27, July 3-9, 2016.

Eldridge, Robert D., "The Most Destructive Typhoon Ever," *This Week on Okinawa*, Vol. 63, No. 39, September 25-October 1, 2016.

Global and Local Civil-Military Disaster Relief Coordination in the United States and Japan Conference, December 12, 2006, Washington, D.C., USA.

第Ⅱ部

防災から減災へ：国際防災協力のさまざまな担い手

第7章
JICAによるアジアへの防災協力

柳沢香枝

1 アジアの災害対応能力強化とJICAの役割

　国際協力機構（JICA）は，日本政府の開発途上地域への開発援助（ODA）の実施機関であるが，海外での大規模災害発生時に政府の緊急人道支援の一部を実施する役割も担っている。開発援助と緊急人道支援はともに，究極的には相手国国民の福利の向上を目標としつつも，その目的，手法，対象者に違いがある。

　開発援助の目的は相手国の中・長期的な発展を側面支援することであり，各国の開発政策の優先順位を尊重しつつ，相手国が自立的に国や組織の運営を行うための能力強化を重視している。協力対象には中央政府からコミュニティ，また大学や研究機関などさまざまな組織を含んでおり，これらの組織が独力で自国の発展に必要な事業を続けていけるよう，マネジメントの改善や人材育成等の支援を行っている。

　このような，平時のいわば「間接的」な援助に対し，緊急人道支援はその名の通り，災害などの非常事態発生時に，相手国国民の生命と生存の確保を目的として行われる。具体的には，被災地における捜索救助活動，医療支援，緊急物資の供与などを行っている。こうした支援は，被災国行政機関の機能を補完・代替する役割を果たしている。このような直接的な支援は，JICAが行っている事業の中では例外的なものである。

　開発援助を主体としつつ，災害発生時に緊急人道支援も行うJICAは，その特性を生かし，防災（災害リスク軽減）に関して，予防的防災，災害発生時の対応，復旧・復興を一連のサイクルととらえ，各国が全段階に切れ目なく注力で

きるようになることを目指している。その根底にあるのは「相手国の主体性に基づく防災力の強化こそが災害被害を軽減する」という思想である。この思想は人道支援である緊急災害援助においても貫かれており，国民への直接的支援といえども，被災国の意向を無視した支援とならないようなしくみを整えている。

本章では，「災害多発国の対応能力強化」をテーマに，緊急災害援助実施時の被災国重視の考え方，災害多発国での対応能力強化支援の実例，及びアジアにおける国際災害支援能力強化の取り組みについて紹介する。

2　被災国を重視する緊急災害援助

東日本大震災の際，日本に対し163の国・地域及び43の機関から支援の申し出があった（外務省，2012）ことが大きな話題となったが，大災害発生時に各国政府，国連・国際機関，NGO，民間企業，財団等が多種多様な支援を行うことは近年では一般的な現象となっている*。このような国際人道支援の活性化は，ともすると被災国の受入れ・調整能力を超え，支援の無秩序化，非効率化を引き起こす可能性もあることから，支援する側にはより大きな自制が求められる。ここでは，日本の国際緊急援助において被災国との関係がどう保たれているか，また日本が国際人道調整の枠組みにどのように参加しているかについて述べる。

* たとえば国連人道問題調整事務所（UN Office for the Coordination of Humanitarian Affairs: UNOCHA）の資金追跡サービスによれば，2013年にフィリピンで発生した台風ヨランダ（国際名称ハイヤン）に対する国際支援のリストは844項目に及び，支援国・機関も特定できるものだけで120前後となっている（UNOCHA, 2016）。

（1）被災国の主体性を尊重する緊急援助

日本政府が実施する国際緊急災害援助には，国際緊急援助隊（Japan Disaster Relief Team: JDR）の派遣，緊急援助物資の供与，緊急無償資金協力の供与の

第7章　JICA によるアジアへの防災協力

3形態がある。このうち，JICA は国際緊急援助隊の事務局を務めるとともに，緊急援助物資供与を JICA の業務として実施している。

　これらの支援を行う際に，政府の意思決定の根拠となるのは被災国政府からの要請である。国際緊急援助隊に関しては，1987年に施行された「国際緊急援助隊の派遣に関する法律」（JDR 法）の第1条において，「（前略）海外の地域，特に開発途上にある海外の地域において大規模な災害が発生し，又は正に発生しようとしている場合に，当該災害を受け，若しくは受けるおそれのある国の政府又は国際機関（以下「被災国政府等」という）の要請に応じ」と明文化されている。国際的にも，1991年に採択された国連総会決議（46／182）において，国際人道支援は「被災国の同意（consent）に基づいて，また原則として被災国からの要請（appeal）に基づいて行われるべきである」とされているが（UN, 1991），JDR 法はこの決議より4年前に施行されたものである。

　実際には被災国政府からの要請を受け身的に待つのではなく，被災国に所在する日本大使館や JICA 事務所が積極的に被災情報を収集するとともに，日本が支援可能なメニューを提示するなどの働きかけを行っているが，最終的には，被災国政府の要請がなければ緊急援助は実施されない。

　また，緊急援助物資については，被災国政府からの要請を元に，各ドナーの支援表明の情報を収集しつつ，それと重複しない形で JICA が供与すべき物資の内容や量を決定するといった工夫も行われている。日頃からドナー協調が活発な国においては，災害発生時にも平時の協調の枠組みが活用され，被災国とドナー代表機関（国連機関が多い）による合同現地調査の結果を踏まえて情報交換が行われ，各ドナーが支援内容を決定するという方法もとられている。

　国際緊急援助隊が現地に派遣された後の活動場所や活動期間の判断についても，前述の JDR 法の第6条に「外務大臣は，被災国政府等と連絡を密にし，その要請等を考慮して，国際緊急援助隊の活動の調整を行う。同第2項国際緊急援助隊は，被災国政府等の要請を十分に尊重して活動しなければならない」と定められており，被災国政府との調整を前提とすることが明確にされている。

　さらに，たとえば国際緊急援助隊の医療チームは，被災国の医療レベルを超える医療行為は行わないこと，また，被災国の医療資源の回復が確認された段

階で撤収の判断をすることなどを，登録メンバー間の申し合わせ事項としている。これは，医療チームの派遣が一時的に低下した被災国の医療資源の補完を目的に行われる，という考え方に基づくものである。このため，日本の医療チームが撤収した後，現地の医療人材で継続ケアが可能なレベルの医療を行うべきであると考えられているのである。

（2）被災国への負担軽減：国際協調の枠組みの中での支援

災害発生時に一時的に急増する援助人員や物資が引き起こす国際人道支援の混乱や非効率化を避け，被災国政府への負担を軽減するための調整の枠組みは，これまで国連を中心に長い時間をかけてつくられてきたが，日本のJICAもこの枠組みに参画している。

その1つは，災害情報の収集と発信，国際支援組織と被災国政府との間の調整，空港での国際チームの出入国情報管理などを行う国連災害評価調整（United Nations Disaster Assessment and Coordination: UNDAC）チームへの参加である。UNDACチームは予め登録した要員から選抜して組成されるが，現在，日本の登録メンバーは2名で，これまで7回の災害時派遣実績がある。特に最近の災害（2013年マーシャル諸島の干ばつ，同年フィリピンの台風ハイヤン，2014年バングラデシュの原油流出，2015年バヌアツのサイクロン，同年ネパールの地震）など，アジア太平洋地域の主要な災害時に組織されるUNDACチームには，毎回日本の登録メンバーが参加している。

また国際緊急援助隊救助チームは，国際捜索救助諮問グループ（International Search and Rescue Advisory Group: INSARAG）の枠組みに従って活動している。INSARAGのガイドラインは各チームの組織編制，行動手順，技術の最低基準，現地での活動調整方法などを定めているが，日本の救助チームもこのガイドラインに従って組織されており，グループのメンバー同士で行う外部評価で「重チーム」の認定を受けている（2010年に認定，2015年再認定）。災害現場に派遣された際には，UNDACが設置する現地活動調整センター（On-Site Operations Coordination Centre: OSOCC）での調整会議に参加し，活動場所の割り当てを受けることになっている。また，必要に応じ，救助チームのメンバーを連絡要員

としてOSOCCに派遣している。

　捜索救助以外の国際人道支援は，分野ごとのクラスターにおいて情報共有や調整が行われているが，その1つである保健クラスターは，2010年に発生したハイチ大地震での混乱や不適切な医療行為の反省を元に，突発災害における国際医療チーム（FMT）の分類と最低基準をまとめたガイドラインを2013年に作成した。このガイドライン作成の目的は，各医療チームをその能力に応じて3つのタイプに分類し，予め登録しておくことで，被災国政府が支援要請や支援内容の調整を行う際の判断を助けることにある（GHC, 2013）。当初の発想は，国際チームによる地震災害などの外傷ケアが中心であったが，その後，エボラ出血熱のような感染症や，自国の災害対応も含むものとして，緊急医療チーム（EMT）に改称された（WHO, website）。EMTの現場での活動調整は2013年のフィリピンの台風ハイヤンの際に試行的に実施された。日本の国際緊急援助隊医療チームはタイプ2（手術・入院機能ももつ）に登録する予定であり，台風ハイヤンや2015年のネパール地震の際にも，到着空港でUNDACチームに報告を行った。

3　災害多発国の応急対応能力の強化

　大災害発生時の国際的な人道支援は，国際間の連帯を深めるという意味で意義があるが，災害被害を根本的に軽減するためには，災害発生前の抑止や備えがより重要なことは論を俟たない。そのためには，災害多発国が自国のリスクを認識し，災害被害軽減に向けた努力をすることが不可欠である。JICAはこれまで多くの災害多発国で防災に関する協力を行ってきたが，特に，対応能力強化に関する最近の事例を紹介する。ここで取り上げるインドネシア，中国及びフィリピンの3ヶ国とも，激甚災害に見舞われたことを契機として国内体制や対応力の強化に取り組んでいるものである。

（1）インドネシア：国家防災庁及び地方防災局の災害対応能力強化プロジェクト
　インドネシアは，2004年12月のスマトラ沖地震・津波や2006年5月のジャワ

島中部地震等で大きな被害を受けたことを教訓に，防災への取り組みを強化し，2007年に防災法（法律第24号）を制定した。また2008年には，従来，災害対応のための一時的組織として設置されていた国家災害管理調整委員会（BAKORNAS）を改組し，恒常的な組織である国家防災庁（BNPB）を設立するとともに，州，県及び市の各レベルに地方防災局（BPBD）を設置することとした。

これらの動きに合わせ，JICAは2007年から2年間にわたり，防災に関する現状調査を行い，国・州レベルの防災計画の原案やハザードマップを作成するとともに，国・地方間の防災体制のあり方などに関する提案を行った。

これに引き続き，2011年から4年間にわたり，県・市レベルの災害対応能力強化を目的として行われたのが本プロジェクトである。パイロット州として北スラウェシ州及び西ヌサトゥンガラ州が選ばれ，これらの州及び県・市防災局を対象としてプロジェクトが実施された。

主な内容は県・市が行う災害関連データの収集とBNPBへの集約，ハザード・リスク・マップの作成，防災計画策定，災害発生時の応急対応標準作業手順書（SOP）作成等への支援である。また県・市レベルの防災訓練（机上訓練とロールプレイに基づく指揮所訓練）計画作成，行政担当者向け訓練，パイロットコミュニティにおける防災訓練も支援した。また災害発生時に調整機能を担う州防災局もワークショップ等に参加し議論を行った。

これら一連の活動に共通するのは，県・市防災局の計画作成や訓練実施を支援するとともに，その根拠となるガイドラインを作成していることである。その目的は，このプロジェクトの成果をパイロット州の2州にとどめるのではなく，全国展開することにあった。尚，各要素について，JICAのプロジェクトに先行してBNPBが国レベルのガイドラインを作成済みであったため，その内容を尊重しつつ，国のガイドラインでは必ずしも詳細に記載されていない県・市防災局の業務について，技術ガイドラインやマニュアルを作成し，インドネシア政府の取り組みを補強するというアプローチがとられた。また，県・市の防災計画の承認者を，これまでの県・市の防災局長から県知事・市長に格上げすることにより，対象地域での防災予算の確保の促進に繋げた。

プロジェクト期間中に，国，州，県・市の各レベルの防災庁・防災局担当者

が日本での研修に参加し、日本の防災の基本理念（自助、共助、公助等）を理解したことが、インドネシア関係者の理解促進に役立ったとされている（インドネシア共和国国家防災庁（BNPB）他、2015）。

（2）中国：日中協力地震緊急救援能力強化計画プロジェクト

中国政府は2000年代に各種非常事態への対応能力強化の取り組みを進め、2006年には地震防災に関する「国家防震減災計画（2006-2009）」を発布し、2008年には防震減災法を改正した。地震発生時の応急対応は中国地震局が担当することとされ、省、県の各レベルにも地震局が逐次設置された。これら地方地震局の応急対応担当者の能力強化を、中国地震応急捜救センター（NERSS）が担うこととなった。また、地震被災者の救援にあたる、省レベルの地震緊急救援隊の能力強化の必要性も認識され、2008年には中国地震局による地震緊急救援訓練基地が建設された。

これら一連の取り組みは中国政府及び中国地震局が独力で進めてきたものであるが、2008年5月に四川省で発生した大地震を機会に、地方での応急対応と救助能力の強化の必要性が強く認識されることとなり、日中協力プロジェクトが開始された。

プロジェクトは応急対応能力の強化と救助技術の強化という2つの要素で構成された。応急対応能力の強化は、各省地震局を中心に組織される災害対策本部の強化を目的とした。このため地方行政官向けの入門・中核コースの教材、災害対応想定シナリオ作成指導マニュアルや図上演習指導マニュアルが作成された。これらを元に、まず中央、即ちNERSS教官の指導力向上がはかられた。次に、NERSS教官がモデル省（雲南、江蘇、河北の各省）での災害対応想定シナリオの作成や、地方行政官に対する図上演習を実施した。

救助技術についても、まずNERSS教官が地方救助隊に対して適切な訓練が行えるよう、訓練計画や教材が作成された。それを元に、NERSS教官への研修、次にモデル省（広東、山東、陝西、内モンゴル自治区）の地震緊急救援隊幹部向けの研修が行われた。各地方の救援隊幹部は、さらに一般隊員への研修を実施した。

このように，本プロジェクトでは国レベルの研修実施者（NERSS教官）の能力強化と，同教官による地方幹部への研修という二段階方式がとられている。

プロジェクトの実施期間は2009年10月からの3年半であったが，この間に東日本大震災が発生した。応急対応に関するグループは大震災発生後の日本での研修で，国・自治体から住民までを含む包括的な防災システムや日本に根づく防災文化，災害発生時の感染症への対応などを実地に学んだ。

一方，救助技術に関しては，同じくプロジェクト実施期間中にハイチ大地震（2010年1月），ニュージーランドのクライストチャーチ地震（2011年2月），東日本大震災（2011年3月）が発生し，中国の国家捜索救助チームのメンバーとしてNERSSの教官も派遣され，実際の災害現場での活動を経験した。また，日本での研修により，二次災害の防止など，安全管理意識も高められた。

（3）フィリピン：台風ハイヤン災害緊急復旧復興支援プロジェクト

フィリピンは台風の常襲国であり，毎年のように被害を受けているが，2013年11月の台風ヨランダ（国際的名称ハイヤン）の被害はとりわけ甚大であった。日本は国際緊急援助隊医療チームの派遣等により医療支援等を行うとともに，同専門家チームの枠組みを活用し，復旧・復興のニーズ調査を行った。この調査の結果を受け，専門家チームはフィリピン政府に，災害発生前よりも強靭な状態の地域づくりを行うための，「より良い復興」（Build Back Better）の概念を提案した。この提案を受け，2013年12月のドナー会合の場で，アキノ大統領がより良い復興の理念に基づく復興の実現を宣言した

この概念を元に，JICAは2014年2月から2016年10月までの予定で本プロジェクトを実施中である。プロジェクトでは，特に被害が甚大だったレイテ島サンペドロ・サンパブロ湾岸とサマール島南岸を対象に，復旧・復興マスタープランの策定支援，復旧・復旧事業の形成，及び住民の早期生計復旧のための事業（クイック・インパクト・プロジェクト）を実施中である。このうち，復旧・復興マスタープランの策定支援においては，高潮などのハザードマップを作製し，これを活用して包括的土地利用計画改訂や応急対応に活用できる避難計画策定支援を行い，災害に強い街づくりを目指している。

このプロジェクトでは，東日本大震災で大きな被害を受けた東松島市との経験交流も重要な要素となっている。台風ヨランダ発生後，東松島市の職員が被災地を視察し，東松島市の復旧・復興の経験を共有した。またフィリピンの被災地からも行政関係者が日本での研修に参加し，その一環で東松島市を訪問し，復旧・復興の現状を視察するとともに市関係者との意見交換を行った（JICA他，2015）。

台風ヨランダから1年余が経った2014年12月，フィリピンは再び台風ルビー（国際名称ハグピート）に見舞われた。この台風でフィリピン全土では死者19人，負傷者916人という被害を受けたが，JICAのプロジェクトの対象地域での死者・重軽傷者はゼロであった。

その理由として，プロジェクトにより作成されたハザードマップに基づき避難所リストが公開されたこと，地方政府が住民への明確な避難指示を行ったこと，1年前の災害の記憶があり，住民の避難行動が迅速に行われたことなどが挙げられている。また，避難所では高齢者や障害者など社会的弱者の受入れが優先的に行われ，1週間以内に出産の可能性がある妊婦は私立病院への優先入院措置もとられたとされている（平林他，2015）。

4　アジアの国際災害支援能力の強化

ここまでは，災害多発国が被災国となることを前提とした支援について述べてきたが，近年，アジア諸国は他国の災害に対する相互救援にも積極的に関わるようになっている。災害発生時の国際支援は地域外からのものに比べ，近隣国による支援の方が物理的・文化的な近さ，及び日頃の緊密な外交関係等の観点から効率的である。このことから，国際災害支援に乗り出そうとするアジア諸国の動きを歓迎しつつ，その能力強化を支援することもJICAの役割である。

ここでは，アジア諸国に国際的な協調・調整の枠組みへの参画を促すうえでJICAが果たしている役割，及びASEANの枠組みの中での相互支援に対するJICAの関わりについて紹介する。

第Ⅱ部　防災から減災へ：国際防災協力のさまざまな担い手

（1）アジア地域の協調・調整能力強化への貢献

　日本が国際捜索救助諮問グループ（INSARAG）のメンバーであることはすでに述べたが，このグループの機能の1つに，各国の捜索救助チームの能力向上や協働体制の強化がある。日本は同グループのアジア・大洋州地域のサブ・グループに属しているが，この地域では毎年1回，地域地震対応演習が実施され，チーム間のコミュニケーションの強化や協働体制の確認が行われている。近年はこの演習の目的・範囲が拡大し，国際支援の調整を行う UNDAC チーム及び災害支援に関わる国際組織の多くが参加するようになっている。

　演習はシナリオに基づくロールプレイ形式で行われ，被災国政府役として演習ホスト国が，国際支援を行う側として各国の捜索救助チーム，医療チーム，現地人道チームが，また国際支援を調整する側として UNDAC チーム，UNDAC を補佐する人道パートナーズ，現地国連事務所が参加し，国際調整の枠組みの中で，効率的に支援を行う方法を確認している。

　JICA は毎年この演習に，捜索救助チームのメンバー数名を参加者として派遣するとともに，演習管理者も派遣している。演習管理者は演習管理チームの一員として，ロールプレイの外側から演習全体の円滑な実施をサポートする重要な役割を期待されている。

（2）ASEAN の防災協力の枠組みへの支援

　ASEAN は，2005年に ASEAN 防災緊急対応協定（AADMER）を締結したのをはじめ，災害対応の地域協力を強化してきた。日本政府もこれを支援すべく，2013年12月の日・ASEAN 特別首脳会議で「日・ASEAN 防災協力強化パッケージ」として5年間で3000億円，1000人の人材育成の支援を表明した。この特別首脳会議で追加拠出が表明された日・ASEAN 統合基金（Japan-ASEAN Integration Fund: JAIF）においても，防災協力は4つの重点事項の1つに位置付けられている（外務省，2013）。

　これに合わせ，JICA も ASEAN 域内での防災能力強化や相互支援に対する支援を行っている。ASEAN 防災人道支援調整センター（AHA センター）設立にあたっては，災害データの収集・分析に関する技術支援などを行った。また，

2011年のタイの洪水など産業集積地の被害が，国内だけでなく国際的にも大きな影響を及ぼすことから，2013年から2年間，「産業集積地の自然災害リスク評価と事業継続計画（Business Continuity Plan: BCP）に関する情報収集・確認調査」を行い，個別企業のBCPだけでなく，地域全体のBCPの作成を提案した。また，ASEAN各国の災害対策対応機関及びAHAセンター職員の衛星情報活用能力強化を支援するため，2013年から「災害管理衛星情報活用能力向上支援プロジェクト」を実施中である。さらに，2015年から，ASEANの都市の強靭化を目的とし，セクター横断的な協力プラットフォーム構築の支援や各国実務者向けの強靭な都市づくりに関するツール作成等を支援する「強靭な都市づくりに関する情報収集・確認調査」を開始している。

これに加え，2016年4月からは，災害発生時に派遣される各国医療チームの現場での協働を円滑に行うことを目的としたプロジェクトが開始される。日本の国際緊急援助隊医療チームは1982年に創設されたが，このチームの主要メンバーである医師等が講師を務め，1988年から20年以上にわたりJICA研修「緊急・大災害医療コース」が大阪で実施された。この研修に2008年に参加したタイのプーケット県保健局次長が中心となってタイ版災害医療支援チーム（Disaster Medical Assistance Team: DMAT）を創設した。JICAはタイDMATを所管する国家緊急医療機関（NIEM）とともに2012年から2年間，ミャンマーで救急・災害医療体制強化の研修を実施，また2014年にはNIEMと共催で，タイのプーケットでASEAN災害医療ワークショップを実施した。

これらの経験やASEAN各国での災害医療・救急医療の実態調査をもとに「ASEAN災害医療連携強化プロジェクト」が準備されている。プロジェクトの内容には，チーム間連携のための調整機能の強化，連携の枠組みづくり，各国が共通に使用する標準作業手順書（SOP）作成等が含まれる予定である。平時の学術交流や合同研修などを通じてネットワークを強化し，災害発生時には隣り合う現場で協力して活動することが想定されている。

5　アジアの災害対応能力強化と今後の国際協力の展望

　以上のように，JICA は開発援助及び緊急人道支援の実施機関として，アジア各国の災害対応を平時，災害発生時の双方にわたって支援している。アジアは世界でもっとも自然災害が多発する地域であり，それだけに各国とも自国の対応能力強化の必要性を実感している。さらに近隣国での災害への支援も活発化している。

　現在のアジアは，災害が発生した際に先進国が救援にかけつけるといったかつての構図ではなく，すべての国が自国の対応能力を強化しつつ，災害発生時には互いに助け合うという世界へと変化しつつある。アジアの災害対応に関する国際協力もこのような変化を踏まえて実施される必要があるが，その際，筆者は特に以下の点に留意すべきと考えている。

（1）日本と各国の学び合いの強化

　2004年12月のスマトラ沖地震により発生した津波の映像は世界を震撼させたが，その7年後，不幸にも日本でも同様の光景が展開された。東日本大震災は，防災大国日本であっても，災害の規模や社会の状況によっては大きな被害を受け，また被災者救援や復旧・復興の過程でもさまざまな課題があることを浮き彫りにした。しかしそこから得られた教訓には，他の国が活用できるものも多く，日本が積極的に発信していくことはアジアの防災力強化に貢献する。

　JICA はすでに多くの国から防災関係者を日本に受け入れ，東日本大震災の復興過程の経験を共有している。また第3節で述べたように，東松島市とフィリピンとの交流なども行われている。一方，国によっては，組織の作り方や意思決定のしくみなどが日本よりも効率的で，迅速な災害対応に適しているところもある。そのような国から得られる学びも確実にある。

　災害によって被害を受ける被災者の苦しみや社会経済上の損失は国を超えて共通のものであり，防災はまさにグローバルな課題である。水平的な国際協力の必要性が唱えられて久しいが，互いに謙虚に学び合う姿勢は，日本の防災・

災害対応力強化にも貢献するだろう。

（2）国際標準と調和した国内対応体制の整備

　災害に適切に対処し，被害を軽減するために国内対応力を強化することは各国の優先課題である。加えて，大災害発生時に国際社会からの支援が大規模に行われることが常態化する中では，国際支援の受入れも災害対応計画に組み入れ，体制をつくっておくことが，災害救援全体の効率化に繋がる。

　2014年6月に，フィリピン国防省傘下の市民防衛局（Office of Civil Defence: OCD）が，「風水害に対する国家災害対応計画（案）」を発表した。これはJICAが「災害リスク削減・管理能力向上プロジェクト」の一環として策定を支援したものであるが，この中ではすでに存在していたクラスターを改編し，救援と復旧・復興ニーズにより良く対応する工夫がなされている。このクラスターは国際人道クラスターに対応するもので，それぞれについてフィリピン側責任機関と，カウンターパートとなる国際人道組織（国連機関やNGO）が定められている（OCD et al., 2014）。インドネシアでも同様の工夫がなされ，さらに，フィリピンやインドネシアは，インシデント・コマンド・システムも導入している（沖田他，2013, 135-145頁）。

　このように，国際人道支援で標準となっている対応体制を整えることにより，国際支援の受入れの際にも，意思決定のしくみや責任機関を援助する側に明確に伝えることができ，円滑な支援が可能となる。日本ではまだクラスターなどのしくみは導入されていないが，国際協力を行う際には，こうした国際標準も念頭に入れることが必要であろう。

（3）災害援助先進国としての日本の役割の強化

　現在の日本政府の国際緊急災害援助のしくみは1980年代後半につくられたものであり，以降，大きな変革なく今日に至っている。災害援助は人道支援であると同時に，被災国との連帯を強調する「災害外交」としての側面ももっていることは否めない。日本の緊急災害援助の形態は政府の意思決定に従い迅速に対応できるという点で災害外交を実現する手段ともなっている。しかし，アジ

ア諸国の災害対応力が向上しつつある現在，日本は「緊急災害援助先進国」としての新しい役割も果たしていく必要があると思われる。

　その1つは，国際的な支援の調整により積極的に関わることである。たとえば，支援計画の立案や支援組織の割り当てを行うためには，現場の情報（建物の被害状況や住民の疾病の状況など）を正しく把握する必要があり，そのための情報収集も支援者が果たすべき重要な役割である。また調整のリーダーとなることも，多くの支援組織から効率的な支援を引き出すうえで重要である。これらの役割は，「何人の被災者を救った」という成果に比べ目にみえにくいが，被災国政府及び国際社会からは高く評価されるものである。長年の国際災害支援の経験をもつ日本が調整の主導的な役割を果たすことで，アジア諸国の見本となることもできる。そのためには，調整の重要性の再認識と，それを担うことができる人材の育成が急務である。

　もう1つは，確立された支援メニューに加え，より柔軟に被災国が真に必要としているものに応えていくことである。アジア各国の災害対応能力が強化されるにつれ，従来型の，災害直後の救援を中心とする日本の緊急援助への要請は減っていくことが予想される。また要請されたとしても，近隣諸国からも同様な支援がなされるようになれば，日本の比較優位は相対的に減少する。そのような変化がある中では，従来のメニューに固執することなく，より広い視野で被災国のニーズを把握していくことが必要である。被災国のニーズは災害直後の人命救助に限らず，被災者の生活維持・再建や復旧・復興など多岐にわたる。また人道支援よりも，被災地の経済を再活性化するための支援の方が効果的な場合もある。このようなニーズに，開発援助のツールも使いながら適切に対応していくことにより，日本の協力がより効果的なものになるだろう。

　数多くの災害を経験し，知見や技術を蓄積してきた日本には，アジア全体の災害対応力の向上や効率的な国際支援の実現に貢献する役割があり，今後その役割を一層強化していくことが望まれる。

引用・参考文献

　インドネシア共和国国家防災庁（BNPB）・JICA・株式会社オリエンタルコンサルタ

ンツグローバル・一般財団法人都市防災研究所アジア防災センター『インドネシア国国家防災庁及び地方防災局災害対応能力強化プロジェクト業務完了報告書』2015年．

沖田陽介・柳沢香枝「災害対応の効果を高めるための国際協力の新しい形」柳沢香枝編『大災害に立ち向かう世界と日本――災害と国際協力』SAIKI, 2013年．

外務省「諸外国等からの物資支援・寄付金一覧」2012年12月28日（http://www.mofa.go.jp/mofaj/saigai/pdfs/bussisien.pdf　2016年2月29日アクセス）．

外務省「日ASEAN特別首脳会談（ODAによる対ASEAN支援）」2013年12月（http://www.mofa.go.jp/mofaj/files/000070233.pdf　2016年2月29日アクセス）．

平林淳利・室岡直道・岩間敏之・千田雅明・熊谷健蔵「フィリピン国台風ヨランダからの学びと台風ルビーの対応と課題」土木学会発表, 2015年．

フィリピン共和国財務省・公共事業道路省・内務自治省・JICA・株式会社オリエンタルコンサルタンツグローバル・株式会社建設技研インターナショナル・パシフィックコンサルタンツ株式会社・八千代エンジニヤリング株式会社・株式会社パスコ『台風ヨランダ災害緊急復旧復興支援プロジェクトファイナルレポート』2015年．

Global Health Cluster, *Classification and Minimum Standards for Foreign Medical Teams in Sudden Onset Disasters*, World Health Organization, 2013.

International Search and Rescue Advisory Group, *INSARAG Guidelines*, February, 2915.（http://www.insarag.org/en/methodology/guidelines.html　2016年2月29日アクセス）．

Office of Civil Defence, the Government of the Philippines, *National Disaster Response Plan for Hydro-Meteorological Disaster (Draft)*, as of June, 2014.

United Nations General Assembly, *Resolution 46/182, Strengthening of the coordination of humanitarian assistance of the United Nations*, December, 1991.

United Nations Office for the Coordination of Humanitarian Affairs, *Financial Tracking Service, Philippines: Typhoon Haiyan-November 2013, Total humanitarian funding, A. List of all humanitarian pledges & contributions in 2013*, as of February 29, 2016.（https://fts.unocha.org/pageloader.aspx?page=emerg-emergencyDetails&appealID=1043　2016年2月29日アクセス）．

World Health Organization, *Foreign Medical Team Working Group*.（http://www.who.int/hac/global_health_cluster/fmt/en/　2016年2月29日アクセス）．

第8章

大災害後の教育復興支援をめぐる国際協力
――日本・アジアの災害被災地での対応――

桜井愛子

1 災害が学校や教育へもたらす影響

　地震，津波，台風，土砂崩れ，大雨や洪水等の自然現象が，人や人の営みに影響を及ぼすと自然災害になる。災害が起きると，子どもたちが日中を過ごす学校や教育にさまざまな影響が及ぶ。そのため，教育サービスの担い手である教育機関に対する支援や協力を通じて，災害発災時の学校や教育への被害や影響を最小化することが重要である。

　災害により，子どもたちが学習する学校施設が大きな被害を受けることがある。学校施設の損傷で怪我をすることもある。災害発災時刻が子どもたちの在校する平日の昼間に重なると，建物被害により多くの子どもの命が学校で失われることになる。2008年の四川大地震では，まさにそのような事態が現実化し，7444校が被害を受け，児童・生徒の死亡者数は約1万9000人となり，死亡・行方不明者全体の20％以上を学齢児童の犠牲者が占めた。その他，近年の災害である2011年2月のカンタベリー地震（ニュージーランド）では，200校以上の学校建物が地震や液状化により被害を受けた。2011年3月の東日本大震災では，沿岸部に立地する学校は大津波により大きな被害を受け，100校以上の公立学校が建て替えまたは大規模な復旧工事を必要とした。2014年にフィリピンを襲った台風ハイヤンでは，2500校の学校が台風による高潮で被害を受けた。2015年のネパール地震は，週末の土曜の昼前であったため，学校での子どもたちの犠牲はなかったものの，3万6000校近くの教室が地震で全壊した。

　学校建物が被害を受けると，学習の場である教室が失われる。学校建物が災害で被害を受けなかったとしても，住む家や家族を災害で失う，家計状況の悪

化等の理由から，災害後，学校に行けなくなる子どもたちが出てくるおそれもある。安全が確保された公共施設として学校が認定されれば，学校は近隣の住民等により避難所として使用される場合もある。災害規模が甚大であると，一時避難場所としてだけでなく，長期にわたり避難者のための生活避難所として使用される。1995年の阪神・淡路大震災や2011年の東日本大震災でも，学校が避難所として使用され，体育館や特別教室だけでなく，児童生徒が授業を行う教室までもが避難者に開放された。そのため，災害後の学校再開が遅れる等の影響が及ぶこともある。

　災害の影響は，物的／人的な直接的な被害だけにとどまらない。災害により仕事や家を失う，家計状況の悪化，家族の離散などにより，進学をあきらめる子どもたちも出てくる。他にも，津波や台風の場合，被害を受けた沿岸部から避難して，津波の心配のないエリアの仮設住宅や親戚宅から，一時的に子どもたちが通学しなければならない状況も生まれる。東日本大震災後の東北沿岸部や2014年11月の台風ハイヤン後のタクロバン市沿岸部の学校では，こうした問題が指摘された。災害により子どもたちは，家や家族，友だちや住み慣れた生活を失うことで精神的なダメージやトラウマを体験する。2011年の東日本大震災では，校庭に多くの仮設住宅が建てられ，また体育館が避難者の生活場所として長く使用されたこと，福島県では放射線被曝を避けるために屋内での活動を余儀なくされたことなどにより，子どもたちの体力低下が指摘されている。

　こうした災害の教育への影響は，災害の規模により程度の差はみられるものの，世界的に共通している。そのため，災害後，学校を早期に再開し，子どもたちが日常生活を取り戻すことは，国際的な緊急人道支援での最優先事項の1つに位置付けられている。子どもの権利条約では，①差別の禁止，②子どもの最善の利益，③生命・生存・発達への権利，④意見を聴かれる権利を4つの基本原則として掲げているが，災害発災後の緊急事態においてもこれら原則は守られるべきであり，子どもは社会的に弱い立場にあることから，緊急時には保護される必要があるとしている。学齢期の児童は，災害時の避難行動に支援を必要とする災害時要援護者，また優先的に支援を受けることが必要な優先要支援者（英語でvulnerable group）に属するといわれる。同時に，子どもの権利条

約では，子どもは緊急事態下にあっても常に発達し続けているのであり，いかなる人道対応においても，発達段階に応じて子どもたちが有するさまざまな，そしてその子ども特有のニーズが考慮されなければならないとしている。災害時の緊急・復興プロセスでは，大人が子どもの意見に耳を傾け，子どもとともに復興プロセスを進めていくべきであると考えられている。

　災害後の被災地に対する緊急支援は，災害リスク管理サイクルの中では，1つのフェーズである。緊急人道支援は，災害により困窮した立場にある被災地の人々に対し，最低限の基本的ニーズを満たすための応急の短期的な支援である。緊急対応期を経て，復旧復興期における教育復興の過程では，子どもたちが災害経験を乗り越え，災害やその後の復旧・復興プロセスの経験や教訓から学び，災害に強いレジリエントな社会を構築していくための人材として育成されることも含まれる。これは，長い時間が求められるプロセスである。大災害後の教育復興支援をめぐる国際協力を考える際には，災害後の緊急対応，復旧・復興，そして次の災害被害を軽減し，災害に備えるための準備の災害リスク管理のサイクル全体の中で考えていかなければならない（桜井，2013）。

　そこで本章では，これまで国際的に大規模災害への支援や防災協力を行ってきたわが国が，東日本大震災により国際的な支援の受入れ国となった経験を踏まえて，今後の災害をめぐる国際協力のあり方をどう改善することができるかという問いに対して，災害後の教育復興支援に関わる国際的枠組み，アジアの大災害被災地の事例比較からアプローチしていく。

2　国際的な枠組み

（1）緊急対応期

　災害にとどまらず，紛争後の緊急人道支援も含めた国際緊急人道に対する原則は，国連総会決議46／182に示され，「人道支援は，人道性，中立性，公平性に基づいて実施されなければならない」こと，「人道支援は被災国の同意，原則として被災国の要請または同意がなければ，支援国または支援機関は，国境を越えて支援にはいることができない」こと等が明記されている。災害や紛争

の緊急時の人道支援においては,「国家機能が麻痺したり,制限が生じることによって,多くの異なる外部のアクターや組織が関与する中で,迅速性が求められ,外部アクターとしての援助実施主体の影響が高まる。緊急時にはNGOを含む援助実施主体である『援助する側』と被災国政府や地域である『援助される側』との関係の持ち方は,通常の支援の際よりも被災社会に様々な影響を及ぼしうる」(桑名,2012,99頁)という。

2000年には緊急支援時のガイドラインとして,「人間憲章と人道対応に関する最低基準:The Sphere Project's Humanitarian Charter(スフィア・プロジェクト)」が人道支援を行うNGO,国際赤十字・赤新月社等を中心に策定され,災害支援における活動の質の向上と被災者への責務を果たすことを目的とする人道支援の事業実施レベルでの行動指針として活用されている。またスフィア・プロジェクトを補完する形で,人道支援のアカウンタビリティと支援の質に関する基準:The Humanitarian Accountability Partnership-HAP Standard in Accountability and Quality(HAP)が定められ,人道支援を行う際の国際基準を示している。

スフィア・プロジェクトでは緊急人道支援の主要分野として,水と衛生,食糧,栄養と食料支援,シェルター・定住・生活雑貨,保健がカバーされているが,教育はここに含まれていない。そこで,災害後の教育セクターに対する支援については,別途,2005年にThe Inter-Agency Network for Education in Emergencies(INEE)による「緊急教育支援ミニマム・スタンダード」が示され,スフィア・プロジェクトを補完している。同スタンダートは,緊急教育支援を行う機関や団体が,被災国・地域の政府や教育関係者,コミュニティと協働して教育支援活動を実施し,教育活動を継続していくのに必要な主要な指標とガイダンスを示している。全体に共通するスタンダートには,住民参加とニーズアセスメント,戦略策定,モニタリングと評価を含む分析が掲げられ,その下に,①アクセスと学習環境,②教授と学習,③教師とその他の教育関係者,④教育政策と協調,の4領域における各スタンダードが示されている(INEE, 2010)。

さらに,2005年のパキスタン北部地震以降,国際緊急人道支援では「クラス

ター・アプローチ」が採用されている。「クラスター制度」は，実際に危機が起こった場合緊急人道支援活動に携わる政府（被災国・支援国），地域，国連機関，国際支援団体，現地支援団体等の多種多様な支援主体の活動地域や分野等の重複を避け，調整を行い，説明責任を強化するために導入された。11の分野から構成される「クラスター」ごとに主導機関を置き，責任体制を確立し，調整を通じて支援が行われる。教育は，給水・下水・衛生，保護，栄養，保健，緊急シェルター，緊急時の通信，農業，キャンプ・コーディネーション，ロジスティックス，早期復興とともにクラスターの一つとして位置付けられており，国連機関であるユニセフと国際NGOであるセーブ・ザ・チルドレンがクラスターの共同議長として教育クラスター全体の取りまとめを行っている。

（2）開発と防災：国際防災戦略における教育の位置付け

第1章で述べた通り，多発する災害は，開発途上国でより深刻な被害を引き起こし「その脆弱な経済基盤に深刻な被害を与え，開発の進展を妨げている」との考えに基づき，1990年代が「国際防災の10年」（1991年～2000年）に定められた。1994年には初めての世界的な自然災害軽減に関する国連防災世界会議（於横浜市）が開催され「安全な世界に向けた横浜戦略」が採択された。インド洋沖大地震・大津波の直後の2005年1月には，第2回会議が兵庫県で開催され，2015年までの10年間に国際社会が取り組むべき優先行動をまとめた，「兵庫行動枠組」（Hyogo Framework for Action: HFA）が採択された。2015年3月には，第3回国連防災世界会議が仙台市で開催され，「仙台防災枠組2015-2030」（Sendai Framework for Disaster Risk Reduction 2015-2030）が採択された。

これらいずれの戦略，枠組においても，災害被害軽減に関する教育の重要性は指摘されている。横浜宣言では，「災害に対する脆弱性は，コミュニティ全体に対する適切な教育や訓練によって軽減することができる」と明記されている。HFAでの教育に関する記述は，優先行動3において示されている。「人々に十分な情報が伝達され，防災や災害に強い文化に対して意欲的であれば，災害はかなり削減することができる。そのためには，災害，脆弱性，能力についての関連知識や情報を収集・編集し，それらを普及させることが必要で

ある」。災害被害軽減に向けた学校の役割として，「全てのレベルにおける学校カリキュラムの関連する部分に，災害リスク軽減に関する知識を含めること，学校や高等教育機関で，地方リスク評価および災害への備えのためのプログラムの実施を促進すること，ハザードの影響を最小限に抑える方法を学習するため，学校におけるプログラムおよび活動の実施を促進すること」等が具体的活動として列挙されている。「仙台防災枠組2015-2030」では，「新たな災害リスクを防止し，既存の災害リスクを軽減する」ため，「ハザードへの暴露（exposure）と災害に対する脆弱性（vulnerability）を予防・削減し，応急対応及び復旧への備えを強化し，もって強靭性を強化する，統合されかつ包摂的な施策」の1つとして，経済，構造，法律，社会，健康，文化，環境，技術，政治，制度とならんで教育が位置付けられている。また，「仙台防災枠組2015-2030」では，初めて災害リスクと被害の軽減に向けた国際的なターゲットが取り入れられ，その3番目として「医療・教育施設を含めた重要インフラへの損害や基本サービスの途絶を2030年までに大幅に削減する」ことが盛り込まれた。言い換えると，災害に強い，安全な学校を建てること，それにより災害時に学校での児童生徒の被害を軽減すること，災害後，速やかに学校が再開され，子どもたちの学習機会が奪われないようにすることが指標として明確に示された。「仙台防災枠組2015-2030」では，HFA同様，優先行動1「災害リスクの理解」において，学校教育における災害リスクに関する知識の学習や訓練を取り入れることが含まれている。さらに，災害被害を軽減にするための事前の備えや，災害時の身を守るための行動等の対応だけでなく，発災後の災害からの復旧・復興段階における「より良い復興」（ビルド・バック・ベター）や災害リスクについての教育の重要性にも言及している。「仙台防災枠組2015-2030」においては，教育は災害リスク軽減に向けた包摂的な施策の1つであること，災害前，中，後のあらゆる段階において教育が重要であること，児童・生徒の教育の場として学校建物や学習環境の安全性を確保することを指標として示していること，等が特徴である（Sakurai and Sato, 2016）。

3　アジアの被災地における国際支援と教育復興

（1）2004年インド洋大津波への人道支援とその課題

　2004年12月26日，マグニチュード9.1のインド洋大地震が発生し，それに伴う巨大津波により，インド洋諸国14ヶ国が被害を受け，全体で死者・行方不明者数は22万8000人に及んだ。クリスマス休暇中の時期にあたり多くの外国人旅行客も犠牲になったこともあり，国際的に大きな関心を集め，この大津波に対する国際的な支援は総額141億ドルに達した。当時は，まだ先述の「クラスター制度」は導入されておらず，さまざまな課題がこの支援を通じて浮かび上がった。人道支援に携わる主要な国連機関，2国間援助機関，国際人道支援団体等により組織された津波評価同盟の報告書では，国際支援は，「被災国の困窮した状況にあった人々を助けたことに役に立った」とする一方で，「国際人道支援団体・機関は支援を提供することから，コミュニティが自ら救援や復興の優先事項を決められるよう被災地の人々をサポートすることへと，根本的な方向転換をしなければならない」と提言している（Tsunami Evaluation Coalition, 2007）。

（2）アチェの教育復興の10年（2005〜2015年）

　インド洋大津波で被災した14ヶ国の中でもインドネシアが最大の被害を受けた。中でもアチェ州，特にバンダ・アチェ市の被害は甚大であった。市の人口26万4000人のうち，死者・行方不明者の合計は7万2000人，海岸付近では住民の80％以上が命を落としたとされている。アチェ州では，大津波を契機に30年に及んだ内戦が終結し，大震災・大津波により和平が実現し，同時に多額の援助がアチェにもたらされた。実際に，大津波から10年を経て，アチェの復興がどのように現地の人々に受け止められていたのか。2014年6月，筆者らがバンダ・アチェ市において教育・コミュニティ関係者（54名）を対象に行ったワークショップでは復興10年の中で「良かったこと」，「悪かったこと」について意見を聞いた。「復興10年の中で良かったこと」として，内戦で世界と閉ざされ

第8章　大災害後の教育復興支援をめぐる国際協力

た地域であったアチェが国際支援を通じて世界とつながり，和平により公衆の場で自由に意見を述べることができるようになったことに加えて，支援により住まいが確保され，道路等の生活インフラ，教育や医療といった社会福祉サービスが改善されたことが共通して挙げられた。その一方で，「復興10年の中で悪かったこと」として，海外からの支援が敬虔なイスラム教徒であるアチェ人に異なる価値観をもたらし，従来の伝統的な価値観が脅かされていること，多額の援助が拝金主義を生み，受けた支援や便益の多寡によって人々の間に格差が生まれただけでなく，インターネット等により世代間の価値観の違いが広がりつつあること等が指摘され，こうした懸念は復興支援が収束した2009年以降，特に顕著になったことが確認された。大規模な支援は価値観の変化等，新たな課題を生み出すことになったが，教育サービスの改善は復興がもたらした良いこととしてとらえられている（桜井，2015）。

　ワークショップでも指摘されたように，バンダ・アチェ市内の学校施設は大きな被害を受けたが，多くの学校建物がその後再建された。学校建設を行った主要なドナーは，国内外の民間企業や二国間援助機関，ユニセフ，ワールド・ビジョン，Education International，Oxfam等の国連機関や国際NGO等とさまざまで，支援団体毎に建物のデザインやレイアウト，安全基準等は異なっている。バンダ・アチェ市の公立小学校は，大津波以前の119校から2014年には98校に減少しているが，この内，2004年の大津波の浸水域には，依然として全体の半数に近い55校が立地していることが明らかになっている（Sakurai, et. al. 2015）。また，大津波後の復興支援の一環として30以上の団体等により防災教育教材の作成や教員研修，避難訓練等が支援された。また，インドネシア政府により，大津波の経験を次世代に伝えるためアチェに津波博物館が建設され，2010年からオープンした。アチェにある国立シャークアラ大学の津波災害軽減研究センター（Tsunami and Disaster Mitigation Research Center: TDMRC）は，2009年から2014年までに学校防災プログラムとしてアチェ州内の88校に対して，避難経路マップ策定，津波避難訓練，救急救命講習等を行っている。

　筆者のアチェでの調査では，沿岸部の小学校の多くには，避難経路マップが掲示され，学校から近隣の津波避難場所までの経路が示されていた（図8-1）。

図8-1　バンダ・アチェ市津波浸水域に再建された学校（上）と避難経路の表示（下）

しかし，実際にTDMRCのプログラムを受講した学校であっても，時間の経過とともに学校教員の異動等により，訓練や研修を受けた教員がいなくなると活動は継続されなくなる傾向が明らかになっている。また，学校での津波避難訓練の実施についての運営主体の責任が明確でなく，学校側は「誰かが支援してくれれば，行ってもよい」という受け身の姿勢が観察されている。さらに，「訓練を行うには協力者への支払いや参加者へのお菓子等の購入でお金がかかるため，自分たちではできない」といったような発言も聞かれた。

　先述の災害後の緊急人道支援のあり方，「仙台防災枠組2015-2030」で示された教育の観点からこうしたアチェの教育復興10年の現状を鑑みるとどのような課題がみえてくるだろうか。学習環境の安全の観点からは，津波浸水域に立地する学校建物は鉄筋コンクリートの2階立てで再建されていても，当時の津波高を考えれば，同じような津波が襲来した場合には，津波避難ビル等への避難

が必要である。学校の立地の観点からは適切な避難行動が伴わなければ，学習環境は安全とはいえない状況にある。しかし，津波避難訓練の実施は，外部の支援に依存し，体制整備等が不十分で学校の責任体制が明確でなく，学校が主体的に継続しているとはいい難い状況である。緊急人道支援は短期的で基本的なニーズを満たすために行われるものであるが，中長期の復興支援に移行し次の災害に備えるための災害に強い学校づくりを実現し，教育を通じて人々の防災意識を高め，適切な避難行動をとれるようにとしていくためには，被災地の学校や教育委員会，行政等のオーナーシップを醸成していくことがきわめて重要である。また，これら支援が現地の人材や資金で持続可能な形で現地化されることが必要である。誰のための防災なのかを再考し，どうやって災害の経験を次世代に絶やすことなく伝えていくのかが，大災害から10年以上が経過したアチェでの課題である。

（3）台風ハイヤン後のフィリピンにおける教育復興支援（2013～2015年）

2013年11月8日のフィリピン国における台風ハイヤンの事例では，大規模災害時における教育クラスターの支援について概観する。スーパー台風と呼ばれる台風ハイヤン（フィリピン名・ヨランダ）はフィリピン中部のサマール島に上陸，サマール島からレイテ島，パナイ島とフィリピン中部ビサヤ諸島を横断して南シナ海へ抜ける進路をとった。この台風により，フィリピンでは6000名以上の命が失われ，400万人以上の人々が家を失った。被災地の学校では，2500校が全壊または半壊し，1万2400教室が修繕を必要とした。

台風ハイヤン後直ちにユニセフ等をコーディネーターとした教育クラスターが設立され，フィリピン教育省とともに，25の政府関係機関，国連，NGOパートナーが緊急教育支援にあたった。被災地における学校再開は，新学期となる2014年1月6日となった。クラスターを通じた主要な支援内容は，学習教材・物資の提供，仮設教室の建設，心理社会サポート等の緊急期の教育に関する教員研修であった。報告によると，2014年4月の時点で，目標（55万人）の93％にあたる51万4035人の就学前児童，児童生徒，教員に対して学習教材や物資の支援が行われ，3943の仮設教室が建設され，目標（5000校）の78％のニー

ズが達成された。さらに，教員研修については，目標の9％にあたる1253名の教員に対する研修が行われた（Philippine Education Cluster, 2014）。クラスターでは，定期的にニーズ評価を見直し，地域別に進捗の把握を行い，新たに生じたニーズへも対応した。その1つが，通学支援のためのバスの提供支援である。タクロバン市では台風の高潮（ストームサージ）が沿岸部を中心に壊滅的な被害をもたらしたことにより，これまで通学していた学校から離れた場所にある仮設住宅から通学できない児童生徒が学校に継続して通えるよう，新学年に進級するまでの間，教育省と連携して通学バスが提供された。また，被災した児童生徒を対象に，夏休みを利用した「サマーファンスクール」を行い，補習や心理社会サポートを行い，新学期以降の学習継続を支援した。

フィリピン政府は，「2010年減災・防災に関する共和国法第10121号」において災害リスク軽減管理法を制定し，政府関係機関の防災の主流化を導入し，フィリピン教育省は2011年に災害リスク軽減管理オフィスを設置，さらに学校，市町地域レベルの教育事務所に防災専任のスタッフを置くよう定めていた。台風ハイヤン後の2015年には，フィリピン教育省は「家庭での地震防災促進キャンペーン」（DO27, s. 2015），「学生主導の学校ウォッチングとハザードマップ作成に関するガイド」（DO23, s. 2015），「基礎教育レベルにおける包括的災害リスク軽減管理に関する枠組」を進めるためのガイド」（DO37, s. 2015）を相次いで発表し，防災対策を強化している。

2015年7月に筆者がタクロバン市の学校を訪問した際，教育クラスターはすでに解消され，教育省，地方教育事務所や関係団体の通常業務に引き継がれていた。高潮被害を受けた沿岸部の住民が高台移転することに伴い沿岸部の小学校では児童数が台風以前よりも減少していた。沿岸部の学校建物の再建や教室の補修は，政府や企業，NGO等の支援によって収束しつつあり，仮設教室が撤去されはじめていた（図8-2）。仮設住宅から通学する児童は減少していたが，その一方で，恒久災害復興住宅が建設されているタクロバン市北部の高台移転先近郊の学校では，児童数が急増し，学習施設の確保，学習環境の改善が課題として浮上していた。市教育事務所は児童数の減少した沿岸部の学校から増加した学校への教員の配置替えを行い対応しているが，学校建設については

第8章　大災害後の教育復興支援をめぐる国際協力

図8-2　フィリピン国タクロバン市内の台風ハイヤンで被災した
　　　　教室内（上），仮設教室と再建された建物（下）

2016年1月に再訪した際にも，新たな学校建設のための用地取得，建設費用の確保，関係機関との調整が難航していた。タクロバン市教育局には，防災専任スタッフがおかれ，学校毎に災害対応委員会を設置し，災害対応マニュアルの策定を進めていた。また，地震に対する避難訓練が学校で実施されはじめ，NGO等の支援を得ながら学校における防災体制の整備が進められようとしていた。ただし，タクロバン市は台風ハイヤンにより被災したエリアの中でも，支援の拠点となる大都市で，多くの支援が集まったこともあり，周辺地域で同じような取組みが進んでいるとはいえない状況である。

台風ハイヤンにおけるクラスターを通じた支援は，他の大規模災害被災地でも行われる基本的支援内容である。ただし，被災した政府の関与の程度やクラスターの設置期間は，事例によって大きく異なる。すでに台風ハイヤン前から国内の防災体制が整備されつつあったこともあり，フィリピンでは比較的スムーズに関係者間の協議，調整のもと，緊急支援が行われた。その一方，緊急支援が終了しクラスターが解消された後の復興フェーズでは，復興計画の進展とともに教育復興に関する現地の新たなニーズや課題が生まれてきている。これら課題は教育セクターのみに起因するものではなく，異なるセクター間での調整や連携がますます必要になっていることが示されている。

4 東日本大震災被災地における国際的な教育復興支援

第4章で述べたように，東日本大震災で日本が海外から受けた金銭的支援は，174ヶ国・地域から合計約1640億円（2012年3月末時点）である。その内訳（支援主体別の実績）は，政府・国際機関からの支援が件数では全体の1割に相当する143件，金額ベースでは3分の1にあたる約560億円である一方，政府・国際機関以外からの支援は，支援件数では全体の9割に相当する1250件，金額ベースでは3分の2にあたる約1080億円となっている。国際開発センターは，これら海外からの支援の内容を分析し，「国を超えた支援の受け渡しが，政府・国際機関といった公的関係以上に，民間企業やNGO，団体等の市民社会全体を包含した形で行われていた。こうした傾向は，途上国で発生した大災害においてみられるが，今回の災害においてもこのことが改めて確認された」としている（国際開発センター，2014）。東日本大震災では国際的な支援が大規模に寄せられたとはいえ，基本的には日本政府と被災地の自治体を中心とする日本国内の防災体制のもと，緊急・復興支援が行われ，先述の国連機関や国際支援団体が被災国／地域政府と協働する「クラスター制度」は適用されていない。

東日本大震災の被災地における教育復興は，文部科学省や県や市町の教育委員会が中心となって手がけたが，教育セクターへの国際的な支援は，日本ユニセフ協会，国際NGOのセーブ・ザ・チルドレン，ワールド・ビジョン，プラ

第8章　大災害後の教育復興支援をめぐる国際協力

表8-1　主要子ども支援団体による東日本大震災復興支援の概要

団体名	特定非営利活動法人 ワールド・ビジョン・ジャパン	公益財団法人 プラン・ジャパン	公益財団法人 日本ユニセフ協会	公益社団法人 セーブ・ザ・チルドレン・ジャパン
支援期間	2011年3月～2014年3月末予定（3年間）	2011年3月～2012年6月，以降限定的活動	2011年3月～	2011年3月～2016年3月末（5ヶ年）
裨益者数	33市町村でのべ14万1054人	2万4000人	緊急支援物資を除き，32万1874人	30の市町村で6万5000人以上
支援総額	43億8707万円 2011年度はこのうち50％を支出，2012年3月，募金受付終了	1億8375万500円（2011年3月～2012年3月）	46億1979万339円（2013年1月7日現在）募金受付は13年3月末で終了	総予算55億円 2011年度 12億711万8156円 2012年度18億円
収入内訳	海外WVパートナーシップ寄付70.9％，日本国内の募金寄付23％	寄付金100％	国内募金68％ 海外からの募金29％	国内企業，個人からの寄付，募金ならびに海外SCで集められた企業，個人寄付，比率はNA
主要な支援分野，プログラム	【緊急期】 緊急支援物資，学校再開支援，おかず給食支援，子どもたちの心のケア等 【復興期】 子ども支援，雇用確保と生計向上，子どもを守る防災支援，仮設住宅や周辺コミュニティづくり，福島県被災者支援	【2011年度】 緊急支援物資，学校再開支援，心のケア，子どものためのスペース，子どもたちの声の発信 【2012年4月～】 心理社会的支援，防災，復興への「こども参加」	緊急支援物資，保健栄養支援，教育支援，心理社会的ケア，子どもの保護，子どもにやさしい復興計画	初動・緊急支援，教育支援，子どもの保護，子どもにやさしい地域づくり，コミュニティ・イニシアティブ

（出所）　桜井（2014）を筆者一部修正。

ン等の国際的な子ども支援団体が担った。これら団体は子ども支援を活動の目的の1つに掲げ，国際的ネットワークの中で活動を行っている（以下，これら団体を総称して国際子ども支援団体と呼ぶ）。東日本大震災では，彼らは独自の国際的なネットワークから資金を調達し，日本の支部や姉妹機関を通して緊急・復興支援を行った。たとえば，ジャパン・プラットフォーム（Japan Plat form: JPF）が今回の震災において2012年11月現在で69億円の資金を調達しているが，ワールド・ビジョン・ジャパン，日本ユニセフ協会については，それぞれ40億円を超える規模の資金を国内，世界的な独自のネットワークを通じて調達して

いる。そして，集められた資金をもとに，震災直後より，支援活動を行った（表8-1）。

　国際子ども支援団体は，政府や地方自治体の機能が回復し，法律や資金を含む復興体制が整うまでの間，支援の届かない現地のニーズに応えるという「行政の補完」としての役割を果たした。たとえば，被災地の1つである宮城県では県教育庁のスポーツ健康課・義務教育課とともに日本ユニセフ協会，ワールド・ビジョン，セーブ・ザ・チルドレン，プラン，JPFの参加による「子ども支援会議」が設置され，支援対象エリアの調整，支援物資内容の調整等を行った。これまで日本の教育行政システムや学校教育の現場がどちらかというと外部に閉ざされていた点を鑑みると，こうした国際的な団体が教育委員会等と連携して学校における教育復興支援を行ったケースはきわめてまれで，かつ貴重なケースである。

　「行政の補完」としての活動はさまざまである。たとえば，被災地では教育委員会を含めた市役所や町役場も被災したため，いち早く現地入りし，被災した学校の状況やニーズの把握について情報収集し提供した。学校建物同様，給食センターも被災し被害をうける中で，子どもたちへの給食支援や一部の市町については給食センターの再建支援も行った。学校から離れた仮設住宅や親戚宅で生活する被災児童生徒に対して，通学のための交通手段の確保を支援した。長期に及び体育館が避難所として使用されたり，校庭に仮設住宅が建設されたりしたため，体育の授業や部活動が制限された児童生徒に対して，内陸のグラウンド等への移動手段を支援した。行政が迅速に対応できず現地のニーズが高いものについては，これら外部団体が教育行政と調整・連携しながら学校を支援したのである。これら団体の海外の被災地での支援と異なる点は，日本では文科省が災害により被害を受けた学校での仮設教室の建設や学校建物の再建を行った点である。

　海外で豊富な緊急教育支援の経験を積むこれら団体は，新たなニーズ発掘の機会となった。海外での緊急支援では定番となっている，避難所となった学校等での子どもたちの日常性回復のための安全な遊び場所の確保，「子どもに優しいスペース」の確保は，日本ではこれまで馴染みのない支援方法であったが，

第8章　大災害後の教育復興支援をめぐる国際協力

これら団体によって設置が行われた。子どもが主体となって，自分たちの暮らす地域の復興プロセス，まちづくりへの参加に関する活動が各地で支援された。今回，国際子ども支援団体が日本で初めて大規模に支援活動を展開したことにより，いち早く子どものニーズを捉え，そのための支援活動を展開することが可能となり，行政主導の日本の災害教育復興に子ども視点からの新たなアプローチを提示することができたのではないだろうか。

　国際こども支援団体による復興支援プログラムには，海外での国際協力や人道支援にあたる日本人が多く参加し活動にあたった。彼らは日本語や日本文化を理解する日本人スタッフとして，被災地のニーズを踏まえ日本のシステムの中で「行政の補完」としての役割を果たしながら，現地のオーナーシップを尊重した支援を提供することができた。その一方で，団体本部から多額の資金とともに海外の資金提供者や本部からの要請と日本の被災地のニーズとのミスマッチをどう克服すべきか，被災者と同じ国民としてドナーからのリソースをつなぐ役割と現地ニーズを拾う役割という，これまでの海外支援の中では経験したことのない「二重の機能」（桑名，2012，100頁）の中での葛藤に直面した。自国での災害対応ならではの経験を踏まえて，現地のオーナーシップを尊重した今後の国際防災協力の改善が期待される。

5　災害後の教育復興に対する国際協力の改善に向けて

　本章では災害後の教育復興に対する国際支援をめぐって，国際的な協力支援の枠組み，日本やアジア各国の教育復興の事例を概観した。2004年以降，インド洋大津波の被災地の経験から得られた教訓を踏まえて，大規模自然災害に対する国際協力の枠組みは，大きく改善，進化していることが明らかとなった。インドネシア国アチェ州の事例からは，緊急期の支援から長期にわたる災害復興に対する支援の中で，現地のオーナーシップとキャパシティの向上等，災害を機にもたらされた新たな学校防災の取組みが持続発展可能となるための支援の重要性が示されている。フィリピンの事例からは，現地政府と国際支援機関，団体との調整が緊急期の支援においては比較的円滑に進められ，国際緊急支援

から現地政府を中心とした復興への移行が確認されている。その一方で，復興プロセスにおいては住民の高台移転に伴う児童生徒の移動により，内陸部の学校ニーズの増加に対応するためには教育セクターだけでなく復興全体に関与するセクター（特に住宅）との調整の必要性が示されている。東日本の被災地の事例からは，インドネシアやフィリピンのような国連機関等を中心とする大規模な国際支援体制は形成されなかったが，国際的に集められた募金等をもとに非政府組織が中心となって，被災地の政府関係機関の役割を補完する形での新しい国際支援が行われた。被災地の現地政府のキャパシティや意向によって，国際的な支援や協力のありかたはさまざまであるが，これら大災害被災地への支援の経験は，国際的に蓄積され，次なる大災害被災地への対応の際には教訓として活かされようとしている。また，国際防災戦略に反映され，さらなる改善がはかられようとしている。

　2015年から今後15年の国際防災戦略である「仙台防災枠組2015-2030」では災害リスクと被害を軽減するために教育は他のセクターとともに包摂的に災害軽減の努力をしていかなければならないことが位置付けられている。また，災害以前の平常時での経済社会開発上の課題，緊急期の人道的な支援，災害や復興によって新たに生じた課題への対応，そして再び，平常時に戻った後の災害に強いコミュニティづくりへの対応と，災害リスク管理のサイクルの中で長期的な視点でとらえることが必要である。その意味では，防災と開発をあわせて考えることが重要である。たとえば，防災の観点からは，安全な学習環境の確保，災害対応等の管理，災害についての知識や技能を習得するための防災教育を通じて，包括的な学校安全を推進することが求められる。その一方で，就学率や進学率の改善等の教育機会の拡大，学力の向上等の教育の質の改善，男女間，地域間での教育機会等の公平性の確保，教育を受けたことによる所得や就業機会の向上等の効率性の観点から教育開発が進められる。包括的な学校安全を実現することは，教育開発のベースとなるものであるため，教育開発と災害に対する包括的な学校安全は融合して教育開発が進められることが求められる。しかし，教育開発と防災とが連携した支援は，今のところ，災害に強い学校建設等の一部に限られている。教育復興の取り組みが緊急時の支援にとどまらず，

長期的な教育復興や教育開発へと繋がっていくことが，今後の国際協力のあり方を考える際にきわめて重要である。

引用・参考文献

桑名恵「緊急期の東日本大震災支援における日本のNGOの外部者性からの考察」『御茶ノ水大学紀要　人文学研究』第8号，2012年（http://teapot.lib.ocha.ac.jp/ocha/bitstream/10083/51534/1/09_95-108.pdf　2016年2月22日アクセス）。

国際開発センター「東日本大震災への海外からの支援実績のレビュー調査」2014年2月（http://www.idcj.or.jp/pdf/idcjr20140304.pdf　2016年2月22日アクセス）。

桜井愛子「わが国の防災教育に関する予備的考察――災害リスクマネジメントの視点から」『国際協力論集』第20巻（第2・3号合併号）神戸大学国際協力研究科，2013年（http://www.research.kobe-u.ac.jp/gsics-publication/jics/sakurai_20-2&3.pdf　2016年2月22日アクセス）。

桜井愛子「国際子ども支援団体による東日本大震災復興支援――インド洋大津波に対する国際人道支援の教訓を踏まえて」ひょうご震災記念21世紀研究機構『国際防災協力体制構築の検討――アジアを中心に』2014年。

桜井愛子「大震災からの復興と防災教育――インドネシア国アチェ州の事例」『安全教育学研究』第15巻第1号，2015年。

Philippine Education Cluster, "Philippine Typhoon Yolanda (Haiyan) Snapshots of Education Needs Progress and Gaps April 2014," 2014. (http://reliefweb.int/sites/reliefweb.int/files/resources/Education_Cluster_SNAPSHOT_April2014.pdf　2016年2月22日アクセス）。

Sakurai, A. and T. Sato, "Promoting Education for Disaster Resilience and the Sendai Framework for Disaster Risk Reduction," *Journal of Disaster Research*, 11 (3), 2016.

Sakurai, A., M. B. F. Bisri, R. S. Oktari and T. Oda, "The 11th Years Assessment on School Safety and Disaster Education at the Public Elementary Schools in Banda Aceh from the 2004 Aceh Tsunami: Preliminary Findings," Proc. of the National Tsunami Disaster Mitigation Symposium, organized by TDMRC, Syiah Kuala University supported by USAID, Banda Aceh, Indonesia, 2015.

Tsunami Evaluation Coalition, "Synthesis Report: Expanded Summary: Joint Evaluation of the International Response to the Indian Ocean Tsunami," 2007. (http://www.alnap.org/resource/5536　2016年2月22日アクセス）。

The Inter-Agency Network for Education in Emergencies (INEE), "INEE Minimum Standards Minimum Standards for Education: Preparedness, Response, Recovery-A Commitment to Access, Quality and Accountability," 2010.（http://toolkit.ineesite.org/inee_minimum_standards/handbooks　2016年2月22日アクセス）。

第❾章

アジアの防災教育
──教育の共有と標準化──

中川裕子

1　防災教育の現状と課題

　東日本大震災以降,過去の災害の経験と教訓を「国際公共財」として,世界の国々と共有することが国際社会で呼び掛けられている。特に開発途上国は自然災害の被害が国の成長に多大な影響を及ぼすため,防災のノウハウを得ることは非常に有益である。とりわけ,防災教育の充実の必要性は東日本大震災の数ある教訓の中でも特に重要なものであり,防災先進国を自負する日本がこの未曾有の大災害の教訓を世界に共有することは大変有意義な国際貢献であろう。2015年3月に仙台で開催された「第3回国連防災世界会議（WCDRR）」においても,自然災害発生時に具体的な行動がとれるような効果的な防災教育の普及の必要性が強調され,同会議で採択された「仙台防災枠組2015-2030」における優先行動1「災害リスクの理解」の中でも,公式,非公式を問わず防災教育に取り組むことの重要性について言及されている（UN/ISDR, 2015）。

　しかし,多くの開発途上国における公教育の現状は,資金や人材不足などの影響により,基礎的な教科学習でさえままならない状況にある。ベトナムでは,教員は低い待遇で副業をもたないと生活できない者が多く,またカリキュラムが過密なうえに,国際社会からは学校で教えるべきこととして,防災教育以外にも,環境教育,エイズ教育等々さまざまな期待が寄せられている。また,ミャンマーでは,生徒の数に対して教員の数も学校の部屋数も少なく,午前と午後に分けて学年ごとに授業をしているところが多い。さらに,農村部の学校では校舎も粗末なものが一般的で,たとえば地震の危険性がある地域では,日本のような地震時の対応（机の下にもぐったりすること）が必ずしも子どもの命を

救うことに繋がらない。国連の資料によると，ネパールの子どもが地震により学校で被災するリスクは，日本の子どもが学校で被災するリスクの約400倍もあるという調査結果が出ている（GHI and UNCRD, 2001）。ヒマラヤ山脈のふもとに位置する首都カトマンズは特に地震のリスクが高いが，都市部も農村部でも，建物は日干しレンガをつみきのように積み上げたものが多く，耐震性が全く考慮されていない建物が大半といっても過言ではない。

このように，災害（disaster）は，同じような規模のハザードが発生しても，その国の災害への備えの程度や地域の地理的特性や社会状況によって受けるインパクトは大きく異なる。したがって，防災は地域固有の対策が必要になる。日本とは社会的，文化的，政治的，経済的など背景が全く異なる地域で災害の教訓を「国際公共財」として共有する際に，支援側を含めどのようなアクターが，それぞれどのような役割を担うべきなのか。本章では，防災教育の実施とその普及に焦点をあて，日本の経験や教訓をどのような形で海外の国々と共有できるのか，その可能性についてNGOの海外での技術移転事業を事例として考察する。

2　日本の防災教育

日本は自他ともに認める防災先進国であり，日本の防災はこれまで大きな災害に見舞われるたびに常に進化してきた。特に伊勢湾台風後の災害対策基本法の制定，また阪神・淡路大震災後の「行政の限界とコミュニティ力の発見」は日本の近代における防災の歴史上，大きな転換点となった。そして，2011年の東日本大震災を受けて，日本の防災はまた大きく進化しようとしている。東日本大震災については世界銀行をはじめ，さまざまな団体がその教訓についてとりまとめようとしているところである（IBRD/WB, 2011）。大震災の教訓は多岐にわたるが，そのうちもっとも重要なものの1つと考えられるのは，「リスク対処能力向上の必要性」であり，それに関連しての「防災教育の重要性の再確認」である。津波防災においてハード対策の象徴であった岩手県の田老地区の防潮堤が地域住民に過剰な安心感を与えてしまったこと，これとは対照的に，

継続的な防災教育を受けていた釜石市の小中学生が時に大人を巻き込みながらもそれぞれの状況に即した避難行動を取ることで被害を防いだことは，マスメディアでも大きく取り上げられ，防災教育の重要性を改めて，鮮明に人々に印象づけるものとなった。

　防災教育は，決して災害に関する一般的な知識を修得することにとどまらず，災害時にいかに自分の命を守ることができるか，取得した知識や情報を使って「実際の行動」に移せるかどうかが肝要である。兵庫県教育委員会は，阪神・淡路大震災後，兵庫の新しい防災教育として，人間としてのあり方・生き方にせまる「心」，科学的な理解を深める「知」，防災リテラシーを深める「技」の3つの能力を養うものとしてとらえている（兵庫県教育委員会，2006）。命を大切にし，共生の心をはぐくむ「心」が入っていることにより，防災教育とは人間教育の一環としてとらえられていることが大きな特徴である。また，東日本大震災の被災地である宮城県気仙沼市ではこれまで，日本政府が提案しユネスコが推進する「持続可能な開発のための教育（Education for Sustainable Development: ESD）」の枠組みの中で環境教育や防災教育に力を入れてきた。ESDとは，体系的な思考力や情報収集・分析能力，コミュニケーション能力などを育むことによって，持続可能な社会づくりのための担い手づくりを目指している（文部科学省ホームページ，2014）。東日本大震災を受けて，気仙沼市においても防災教育や復興教育をこのESDの枠組みの中で新たにとらえようとしている。

　防災教育は地域社会，いわゆるコミュニティにおいてとりわけ重要である。阪神・淡路大震災以降，コミュニティ防災の重要性が認識され，日本全国で自主防災組織が結成され地域住民が防災活動に参加しているのは評価できるものの，その活動実態に濃淡があるのが現状である。阪神・淡路大震災後，小学校区単位での防災福祉コミュニティ（防コミ）を推進してきた神戸市消防局によると，子どもの参加が多いところは防コミ活動が活発なことがこれまでのデータから明らかであり，地域が学校や子どもとともに防災活動に取り組むことが防災活動の活性化に役立つと指摘している。地域の防災活動を活性化させ，ESDが提唱するように自ら主体的に動く防災行動の備えのある子どもを育成するという点において，地域と学校との連携による防災教育は，現在もっとも

注目されるアプローチである。

　日本の学校や地域でのこのような防災教育やコミュニティ防災の経験や課題は，これまでほとんど国内での共有にとどまってきた。おそらく日本にとっても他国にとっても，日本の防災力はその高い技術力に裏打ちされているがゆえに，防災教育やコミュニティ防災の日本での教訓や経験が他国に役立つというところまで考えが及ばなかったのがその原因ではなかったかと考えられる。しかし，こうした意識は東日本大震災の影響で今後大きく変わっていくのではないかと推察する。というのも，今回，遠く離れた異国での自然災害がまわりまわってなんらかの形で自分にも影響を与える可能性が認識されたからだ。いうまでもなく，東日本大震災とタイの大洪水によるサプライチェーンの寸断がビジネスセクターに与えた影響が大きい。世界のあらゆる国や地域での適切な防災対策，そしてそれを推進していくためのベースである防災意識の向上は，その国の利益のみならず日本の利益にも繋がるということが，徐々に認識されはじめたのではないだろうか。

3　海外への防災教育支援

　日本の防災の教訓を，社会や文化が異なる他国に伝えていく事例として，筆者が所属する日本のNGO（SEEDS Asia シーズアジア）による防災教育支援を紹介したい。はじめにミャンマーの事例からみてみたい。ミャンマーでは，2008年5月，超大型サイクロンのナルギスが南部のデルタ地域を襲い，死者行方不明者13万8373人，建物やインフラ倒壊などによる損失は41億ドル*という甚大な被害をもたらした。このような未曾有の被害の背景には，気候変動によるサイクロンの進路の変化や巨大化，官民ともに低かった災害への備え，情報伝達の遅れと住民の理解不足，安全な避難場所の不足，国際支援の遅れや支援受入れの混乱，沿岸地域のマングローブ消失による高潮の被害，などが指摘されている。ナルギスの被害をうけて，ミャンマー政府は海外からの支援を受けながら防災体制づくりを本格的にスタートし，ナルギスの翌年2009年には，国家防災計画草案（Myanmar Action Plan for Disaster Risk Reduction: MAPDRR）をま

第9章　アジアの防災教育

とめた**。2012年には正式に国家防災計画として政府承認され，その年に発足した新政府組織に対応した形で改定されている（Ministry of Social Welfare, Relief and Resettlement, Relief and Resettlement Department, 2012）。また，翌年の2013年には防災法が発布され，2015年には防災法に基づく準用規定***が策定された。MAPDRRでは，2015年までの行動計画として，防災の制度化，リスクアセスメント，防災教育や啓発，防災の主流化など7つのコンポーネントが挙げられている（Government of Myanmar, 2009）。災害に対する知識不足や備えの欠如がナルギス被害拡大原因の根本にあることを考えると，7つのコンポーネントの中でもっとも重要で基本的なものが，コミュニティや学校における防災教育の実施，防災意識の向上であろう。

* Post-Nargis Recovery and Preparedness Plan, A report prepared by the Tripartite Core Group comprised of representatives of the Government of the Union of Myanmar, the Association of Southeast Asian Nations and the United Nations with the support of the Humanitarian and Development Community, Myanmar, 2008.
** MAPDRRは国連機関，アセアン，Asia Disaster Preparedness Center（ADPC）他，防災協力団体の支援で策定。
*** Disaster Management Law（2013）and Disaster Management Rules（2015）．

ミャンマーで一般市民の防災意識を高め，防災や減災に取り組んでいくには課題も多い。1つは，教育体制の問題である。ミャンマーはアジアの国の中でもベトナムと並び最も識字率が高いことで知られ，15歳から24歳の若者の識字率は96％である（UNESCO, 2010）。しかし，初等教育（5歳〜9歳）最終学年までの在籍率が75％，さらに中等教育（10歳〜13歳）に進む学生は，男子で49％，女子で52％と決して高くない（UNESCO, 2010）。この要因は，まず1つに，村にも小学校があり初等教育が普及しているものの，中等教育を実施する学校の数は約10分の1程度の学校数に限られることにある*。遠方に子どもを安全に通わせる手段の確保やコスト負担は大きく，村落の現状から通学は困難になる。また，政府の教育予算が少なく，ユニフォームなど授業料以外の金銭的負担が

親にのしかかってくるため，貧困層の子供が初等教育で教育を終わらざるをえないことが大きな原因と考えられる。また，政府の教育予算の少なさは，教育施設の不備，教員の待遇の低さ，教育大学の教員の質の低さなどの問題に繋がり，教員養成大学で学生が修得する知識の低さと相まってミャンマーの教育現場の大きな問題となっている（増田，2010）。SEEDS Asia では，2008年から防災関連事業をミャンマーで実施しているが，活動を通して明確になってきたことの1つに，中等教育以上の教育を受けた人でさえ，地球儀などの教材が学校に配備されていなかったために，ミャンマーが北半球と南半球いずれに位置しているか理解していない人が多いという事実である。これは，読み書き算盤という生活をしていくうえでの基礎知識については，公教育や僧侶による学校（いわゆる寺子屋）によって国民の中で広く教育されてきているものの，その他の科目は教員の質や教育ツールの不足によってまだまだ不十分であることの表れである。2つ目の問題は，インフラの問題である。防災教育だけで災害時にすべての命を救うことは不可能である。ナルギスで多くの命が奪われたデルタ地域は見渡すかぎり高台もなく平野部が延々と続く。大規模災害の際に避難することができる場所の確保は大変重要であるが，そのような避難先があるところはほとんどない。ミャンマーは津波のリスクも高く，避難シェルターの設置が急務である。またナルギスで緊急支援が遅れたことの1つにデルタ地域へのアクセスが非常に悪いことも原因の1つと考えらえている。道路などの基本インフラ整備が経済成長のみならず，防災力向上にも不可欠な要素である。3つ目の問題は，行政職員の防災マネジメント能力とマンパワー不足である。2009年のMAPDRR制定後，政府は海外の支援を受けながらさまざまな防災の取り組みを実施しているところである。しかし，行動計画で示された事業を実施していくための人材が圧倒的に不足しているのが現状である。

 * Ministry of Education, National EFA Review Report (2014) に拠ると，小学校 (Post primary & Primary School) は全国で3万6638校，中等教育 (Lower Secondary) 3748校，高等学校 (Upper secondary) は2795校となる。

このような状況の中，防災教育に関しては，教育省が2010年から総合学習の

時間である「生活科──Life Skill」の中で，防災教育を取り入れることを決定している。これに伴い，教育省がユネスコの協力のもと，教員用の防災教育研修用教材「リソースパック」を開発し，順次教員研修を実施している。また，防災教育ワーキンググループ（Disaster Preparedness and Response Education Working Group: DPRE Working Group）が設置され，ミャンマー教育省，ユニセフなどの国連機関，国際 NGO などが加盟し，防災教育事業についての活動の調整やそれぞれの事業の共有がはかられている。ただ，ミャンマーでの防災教育への支援はナルギス後にいくつかの国際 NGO によって実施されたものの，継続して実施されているものは SEEDS Asia を除いてほとんどない。以下，その活動について取り上げる。

〇移動式防災教室（Mobile Knowledge Resource Center: MKRC）
　移動式防災教室とは，4 トントラックと船にそれぞれ災害のしくみなど災害のことや防災への対処などがわかるさまざまな教材や模型を搭載し，訪問した村々で防災研修を実施する取り組みである。その際，事前にその地域の学校の教員と地域の教育行政官向けに防災研修を別途実施し，研修を受けた者と当団体のスタッフがともに生徒に防災授業を実施するというプロセスを踏んでいる。これは，2010 年から「生活科目」で防災教育が導入されたものの，教員への指導要領の伝達や教員自身の防災知識の低さから，どのような授業を実施するべきであるかということで現場に混乱があったため，教員に防災教育の一例を示すことができるとともに，外部団体が直接生徒に教えず地元の教員が一度研修を受け，直後に生徒に対して授業を実施することで教員の防災教育実施能力が向上し，防災教育の持続性が担保されることを期待したからである。防災教育に対する現場の混乱は，当団体が実施した防災に関する事前のアンケート調査からもうかがえる。公立の小学校教員に対して防災教育研修を実施するに際して事前にアンケート調査をとったところ，地震やサイクロンなどの災害の発生メカニズムを知らないと答えた教員は，26％から30％に達し，災害のメカニズムを知らないと答えた教員のうち，92％〜97％は防災研修を今まで受講したことがないことがわかったのである（Shikada et. al., 2012）。

移動式防災教室は基本的に1つの村（学校）に1日だけ訪問する。しかし，その1回の訪問がその後の地域の教員，生徒，地域住民にさまざまなプラスの効果をもたらしていることがわかっている。まず，防災研修の前後に実施するアンケート調査では，参加者の災害のしくみや防災に関する知識は，飛躍的に向上している。また，第三者機関による移動式防災教室のインパクト調査では，防災研修や防災授業のあと，緊急持ち出し袋を家庭で準備したり，家族や隣人に防災について伝えたりするなどの事例が多く確認された（SEEDS Asia, 2011）。この成果にはさまざまな理由が考えられるが，まず，防災授業のプログラムが一方通行の講義スタイルではなく，わかりやすいポスターや模型を使ったり，まち歩きをしたりと，体験型の学習が取り入れられていることが大きい（図9-1）。これは，当団体の防災教育に対するアプローチとして，防災教育は知識をつめこむだけのものではなく，実際に防災行動を起こすことができる人材を育てることを目標としているからである*。また，現地で絶大な人気をほこる漫画家の協力により，トラックや船ならびに教材にイラストを取り入れていることも，親しみをもって防災について学ぶきっかけづくりとして役立っている。

　＊　SEEDS Asia の防災教育は，京都大学が開発した「KIDA モデル」をベースに開発，実施している（SEEDS Asia, 2010）。

　移動式防災教室が長く続いている要因には，さまざまな関係者との調整と現地の学校の負担をできるだけ少なくする配慮も関係している。教員や教育行政職員への事前の防災研修は，各郡にある教育局（Township Education Office）で月1回実施されている月次ミーティングの機会を利用していることが多いため，研修に参加するために別途教員や行政職員に集まってもらう必要もなく，追加コストもかからない。また，移動式防災教室を効果的に実施し，かつ，国の取り組みをサポートするため，2012年からは教育省及びユネスコと防災教育普及のための調整・実施協力をしている。教育省が開発した「リソースパック」は，作成したものの，それを使った教員への防災研修は，資金不足や人材不足で難航しているのが現状であった。そこで，当団体が教育省による教員への防災研修を支援し，「リソースパック」による防災の基本についての研修を教育省の

図 9-1　移動式防災教室と搭載している教材やモデル

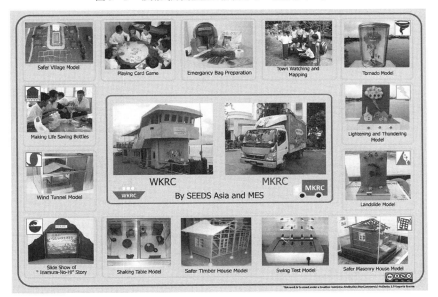

リソースパーソンにより実施したあとで，移動式防災教室での研修も実施し，教員の防災教育への理解をいっそう深めるともに，実際の「生活科」での授業のサポートを実施している。

このようにミャンマーにおける防災教育の展開では，一般住民や行政官の防災知識の乏しさをできるだけ向上させるため，都市部だけではなく特にナルギスの被害にあったデルタ地域の農村部を中心に「広く，浅く」できるだけ多くの人に防災の基本を知ってもらう活動を実施してきた。2016年2月末現在で，移動式防災教室により防災トレーニングを受けた人数は延べ3万人以上に達する。

次にベトナムの事例を示したい。ベトナムは風水害が多く，特に中部は毎年のように台風の襲来に見舞われている。近年は気候変動の影響で，大型台風の発生も多く，またこれまでと違う時期に台風が発生するなど，過去の災害をもとにした防災対策では不十分になってきている。また，ベトナムは地震があまり発生せず，住民の地震に対する意識は非常に低いものの，津波のリスクは存

在する（UN/ISDR, 2009）。ベトナムは，国，省，県，郡と行政システム（人民委員会）が機能しており，郡の下にある村レベルまで，災害時の情報伝達は比較的スムースにとられる体制がある。政府は2007年に国家防災戦略を策定し，さまざまな施策を実施している。中でも，2013年には防災法が制定された。これにより防災への予算の配分，防災専門の行政職員の配置などが可能になり，さらに，村レベルでは，青年災害ボランティアチームの設置が開始され，事前準備から事後対応に至るまで，人民委員会や赤十字などと連携した活動がはじまっている。また，教育分野では，2020年までに学校カリキュラムの中に防災を取り入れることが決まっており，2015年の教科書改訂に向けて，教育省がこの事業に取り組んでいるところである（Social Republic of Vietnam, 2007）。このように着実に防災への取り組みは向上しているものの，毎年風水害により多くの犠牲者を出していることから，地方レベルでの防災教育やコミュニティ防災の普及が求められている。

　このような中，SEEDS Asia は，2010年から3年間，中部ダナン市においてダナン市教育局をカウンターパートに防災教育事業を実施した。ダナン市ではそれまで，環境教育は課外授業の中で多くの学校が取り入れてきていたが，防災教育はあまり実施されていなかった。しかし，前述のようにダナン市が位置する中部地域は台風被害が多く，また，自然災害による死者のうち子どもが占める割合も比較的高いため，防災教育に対するニーズは高く，これは事業実施前の学校長や教員へのアンケート調査からも明らかであった。ダナン市での事業は，7つある各郡に防災拠点学校を設置し，学校や行政とのネットワークをつくり，教員に対して防災教育研修を実施することによって，学校の防災教育実施能力の向上を目指した。そもそもベトナムでは，防災教育といえば避難訓練をすること以外にイメージがわかない教員がほとんどである。そのような防災拠点学校の教員向けに，防災の基本知識，日本で実施されている防災教育の事例などを学ぶ教員研修を実施したのち，学校ごとに防災授業実施のアクションプランづくり，その後に生徒に対する防災授業の実践を支援した。教員研修を受け，防災授業を実施した防災拠点学校の教員は，その後，ダナン市の残りの141校の教員，隣のフエ省，クアンナム省の教育局（DOET）及び学校教員，

第❾章　アジアの防災教育

図9-2　ベトナムダナン市における防災教育事業の関係図（SEEDS Asia）

事業概要
ダナン市教育局，防災拠点学校と他省及び他校との連携図

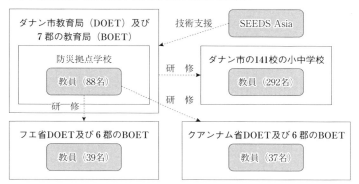

将来教員を目指すダナン市の教育大学の生徒などへの防災研修を実施した（図9-2）。防災に限らず国や国際NGOなどにより教員研修は多く実施されるが，多くの場合，研修した後のフォローがないため，研修をうけた内容を効果的にその後の授業などに取り入れていくことは，よほど優れた教員でないと難しい。SEEDS Asia事業では，2年間で研修後2回の防災授業実施をフォローし，また防災拠点学校の教員が教える側となり，ダナン市の他の教員や隣接するフエ省やクアンナム省などの教育行政官や教員に研修を実施するという経験を積んだ。これにより，中部ダナン市内で防災教育に関するリソースパーソンが育った。今後，防災教育を普及させていくという国の計画があるにもかかわらず，防災教育を教えることができる人材が限られる中，現地でその人材が育ったことの意義は大きいと考える。

　ベトナムでは，3年間の事業を通して，関係者からさまざまな反応が寄せられた。まず，教育訓練省が，国の施策の先行事例ということで本事業に興味をもち，何度もダナン市視察及び事業関連のワークショップに参加した。その際，ダナン市教育局や教員に対し，国の防災教育に関する今後のビジョンや現状について説明をしてくれたため，ダナン市教育局や学校の防災教育に対するモチベーションの向上に繋がった。本事業の成果物である「防災教育モジュール」及び「教員のための防災教育実施ハンドブック」は教育訓練局のカリキュラム

改訂担当行政官にも共有された。教員からは，教員研修による防災教育の知識を得たことに加え，事業実施中，教育局と7つの拠点学校でワーキンググループをつくり，防災授業の実施の仕方など話し合う学校間や他校の教員との横の繋がりができたことが評価された。また，事業終了時のアンケート調査で明らかになったことは，防災拠点学校の教員が防災授業を実施したことによるポジティブな変化として，生徒からの信頼感が増したと感じる教員が半数にものぼり，これまで比較的一方通行の講義形式の授業が主流だったベトナムで，参加型，体験型の学習方法が，教員，生徒ともに非常に好意的に受け止められていることがわかった。また，生徒に関しては，学校で受けた防災の知識を家に帰り，親や親戚に話しているケースが多くあり，学校で防災授業のことを知った親たちが，学校の教員を通じて，とても良いことなので是非続けてほしいという要望をすべての防災拠点学校に挙げられていたことが後にわかった。この報告はダナン市教育局にも挙がり，防災教育の重要性を再認識した教育局は，ダナン市人民委員会に防災教育の必要性を訴え，事業終了時には，人民委員会に2年間で1500万円の予算請求をし，人民委員会もそれに同意し，事業終了後少なくとも2年間はダナン市の独自予算で防災教育を継続実施することが決まった。実際の承認予算は請求額より少なかったものの，市独自の予算で防災教育をはじめたことは評価すべき第一歩である。

4　アジアでの防災教育の課題

　アジアで防災教育が公教育やコミュニティの場において継続的に実施されていないことは，第1節にて述べた通りである。また，国際防災の指針として「仙台防災枠組2015-2030」において防災教育の重要性が指摘され，優先行動の中で取り組むべき事項として取り上げられていることも前述の通りである。防災教育に対する支援は現地ニーズが高いものの1つでもある。しかし，課題も多い。第一に，先に述べた通り，まず資金と人材不足の問題がある。資金に関しては，アジアの開発途上国ではそもそも他に切迫した問題，たとえば貧困問題や衛生問題，基礎教育の充実などが山積みで防災自体の政策優先順位が低い。

第❾章　アジアの防災教育

　こうした状況のため，防災は多くの場合，不幸にして災害に見舞われた後，緊急支援のまたはその後の復旧事業の一環として，海外のNGOや国際機関によって実施されることが多い。災害後は多くの人が衣食住の基盤を失い，緊急支援のために集められたお金はそれら衣食住や医療などにほとんど使われ，中長期の復旧復興で必要な人材育成や復興のためのソフト対策，防災教育のための資金がなくなってしまうのが現状である。

　第二に，そもそも防災教育には標準化されたカリキュラムがない。社会，文化，経済環境が国によって異なることや，災害リスクはその地域ごとに固有であり，行政の機能の仕方も異なるからである。一部のイスラム国では女性が男性と防災について学ぶことも，グループで街歩きをすることもなかなか難しい。国ごとの防災を取り巻く環境が異なるため，ある国で成功した防災教育の取り組みが，他の国で機能するとは限らないのである。SEEDS Asiaでは，2013年のフィリピンでのハイヤン台風並びに2015年のネパール地震時に緊急支援を実施し，そこから防災教育支援に繋げた活動を実施している。この２つの国では，そもそも防災に対する取り組みに大きな差があり，防災教育を導入するにあたっては全く違うアプローチをとっている。この２つの国を事例に防災教育の標準化の難しさについて述べてみたい。

　国連人道問題調整事務所（UN Office for the Coordination of Humanitarian Affairs: UNOCHA）が2013年12月20日に発行したSituation Report No. 25によると，2013年11月にフィリピンを襲ったハイヤン台風（フィリピン名称ヨランダ）は，死者6092名，行方不明者1779名の人的被害となっており，1410万人が被災し，このうち410万人が避難し，110万の家屋が損壊した。教育省によると，5245校の学校に被害が発生し，４万8846名の教員，167万名の生徒に影響を及ぼしたとされる。フィリピンは2010年に防災法を制定し，これまでも防災に熱心に取り組んできた国であったが，気候変動の影響でかつて経験したことのなかった高潮がフィリピン各地で発生し，甚大な被害をもたらした。SEEDS Asiaでは，ハイヤン台風の被害の大きさに鑑み，発災３ヶ月後に，被害が甚大であったにもかかわらず支援の手があまり入っていなかったセブ島で，被災学校や子どもに対する緊急支援（学用品や教育用品の物資提供）を実施した。そ

の後，教育省関係者や地域の人々からヒアリングする中で，2010年の防災法を基に実施されている学校での防災教育が，災害の科学的知識や影響について教えるにとどまり，実践的なものでないこと，また防災教育のための教員研修が実施されておらず，教員の防災教育を実施する能力に課題があることがわかった。そこで，SEEDS Asia では，阪神・淡路大震災後に新たな防災教育を打ち出した兵庫県とともに，2014年10月から，体系的な防災教育システムの導入を，セブ島を管轄する教育省第7地方事務所をカウンターパートとして実施している。教育省第7地方事務所をはじめ，セブ州で防災教育に関わる関係者の中から防災教育コアチームメンバーを選定し，コアチームが中心となり，コンテンツの標準化や既存の教材やカリキュラムにどのように効果的に融合できるか，また教員研修の実施などについて兵庫県の事例から学ぶとともに，セブ州にあった防災教育のシステムづくりを目指している。

一方，2015年4月に大地震に見舞われたネパールでは，同じように緊急支援で学校支援を実施したが，地方の防災教育の現状はフィリピンとは異なっていた。前述の通り，ネパールでは大きな地震がいつ来てもおかしくないということが専門家により数十年にわたり指摘されてきた。ネパール政府も防災法を制定し防災計画は進めてきてはいたものの，計画と現状の間にはかなりのギャップがあり，現地での地方行政官からのヒアリングでは，地震が想定されるハザードとして認識されておらず，建物の耐震化や実践的な防災教育はあまり進んではいなかった。学校では，地震の基礎的知識さえも教えられておらず，避難訓練も実施されていなかった。また，日本のように過去の災害を語り継いで次世代に繋いでいくといった取り組みもされていない。このような中，「xx 月 xx 日に余震がくる」などのデマが飛び交い，人々を不安にさせるような事例もヒアリングを通して明らかになった。そこで，ネパールでは，フィリピンのように体系的な防災教育システムを実施するのではなく，地域の人々と避難訓練を実施したり，地域の人々を巻き込んだ定期的な防災研修の実施を計画している。こうした活動を続けることにより，備えの大切さや防災教育の意義を理解してもらうことからスタートさせるのが今後の防災教育が根付いていくために大切だと考えるからである。このように，国や地域によって実情は異なるた

め，防災教育を標準化することには無理があり，対象地に最も適切な防災教育のカスタム化が必要となってくる。

5　防災教育の技術移転

　本章では日本のNGOによる防災教育支援について概観した。実際に支援の当事者として活動する中で，防災教育の技術支援のあり方について考えたこと，気付いたことを以下にまとめ，提言としたい。

　第一に，現地オーナーシップと人材育成の重要性である。事業を実施するうえで大切なことの1つに現地関係者のオーナーシップの確保がある。初めにも触れたが，防災の特徴はその対策を標準化することが非常に難しく，それぞれの国や地方の地理的，気候的，社会的，経済的状況などを考慮し，その地域固有の対策が必要なことである。したがって，より良い防災対策のためには，その地域の人が主体となって考え，計画し，実行していかなければならない。そこで重要になってくるのが，人材育成である。防災教育の分野においては，特に教育行政官や学校教員の人材育成は重要である。ただ，日本からの支援として，日本の制度や教育内容または教育方法を直接現地に持ち込むことは先に述べた理由から適切ではない。日本の経験を共有したとしても，そこから現地にあったものにカスタマイズすることが不可欠である。ベトナムでは，日本から学びたいこととして，防災教育という専門分野の内容だけではなく，防災教育を実施するにあたり日本の教育行政がどのように学校を支援しているか，他の専門機関とどのように連携しているのか，予算をどのように確保しているかなど，防災教育を続けていくための具体的なやり方について学びたいとの声が行政職員からよく聞かれた。また教員からは，机間巡視などの日本ではおなじみの授業手法なども防災教育とセットで知ることができ，教員の能力向上に大変有益だったという声も多かった。以上のことから，人材育成分野において日本からの支援，特に地方自治体が貢献できることが少なくないのではないかと考える。現在SEEDS Asiaは，兵庫県教育委員会とともにフィリピンで防災教育支援事業を実施している。ノウハウの蓄積がある地方自治体が途上国での事

業経験豊富なNGOと組んで国際協力に貢献することができる1つの良い事例になっていると考える。

　第二に関係アクターとのネットワークづくりの重要性である。アジアのさまざまな地域で防災事業を実施し，また，東日本大震災後の支援も経験して感じることは，防災活動の成果とは究極的には「繋がりづくり」であるということである。防災が機能するためには様々な関係アクターがバランスよく繋がっていなければならない。東日本大震災後の日本では自治体同士また自治体と企業，NGOなどが災害時の事前協定を結ぶなど，繋がりづくりが活発である。多くの開発途上国で防災が機能していない原因の1つが，繋がりができていないことに起因する。都市と地方の繋がり，役所間の繋がり，行政とコミュニティの繋がり，などである。サイクロン・ナルギスで多くの被害者が出たのは，避難指示などが適切に出されず，またそれが末端の村々まで届かなかったことも，国民の災害・防災知識の欠如に加えて大きな原因の1つであった。ミャンマーではその後，政府，国際機関，NGOとの連携は進んでいるが，コミュニティレベルにおいて，繋がりづくりはまだまだである。ミャンマーの多くのコミュニティでは，防災研修を受け，地域で何かしたいと思っても行政のどこに話をもっていけばよいのかもわからず，一般に地方行政官の防災知識も決して高いものではない。政府の施策も進み，防災について理解する人々が出てくる中，ミャンマーでは今後繋がりづくりの支援が重要になってくると思われる。SEEDS Asiaでは現在この繋がりづくり支援の一環として，防災活動センターを地域に設置し住民主導の防災活動支援をしている。一方，ベトナムでは防災教育支援を通して，防災拠点学校同士，教員同士のネットワークがつくられた。学校間の横の繋がりはあるようでない。形だけのネットワークではなく，防災教育の実施に知識と自信をもち，より良い防災教育を望む教員がこの繋がりによってお互いに学びあい，相談し合える環境ができたことはベトナム事業の大きな成果の1つととらえている。

　ネットワークという観点からは，外部者だからこそできる支援，仲介者になることが重要であると感じている。当事者間ではなかなかまとまらないことも，外部者特に海外の団体や人が入ることによって解決できることは多い。その際

に防災という分野において，日本という国がもつ印象は圧倒的に良く，日本からの支援，日本から防災について学びたいという声は色々な国でよく聞く。そのような観点からも，たとえば被災後の復興支援においても，単なるハード再建，インフラ支援のみならず，学校建設であればその学校を防災拠点として防災教育支援をするなど防災のパッケージ支援が今後ますます有効になってくると考える。

引用・参考文献

兵庫県教育委員会「学校防災マニュアル（改訂版）」兵庫県教育委員会，神戸，2006年。

増田知子「ミャンマー軍事政権の教育施策」工藤年博編「ミャンマー軍事政権の行方」調査研究報告書アジア経済研究所，2010年。

文部科学省「今日よりいいアースへの学び ESD持続可能な開発のための教育」2014年（http://www.esd-jpnatcom.mext.go.jp/about/index.htm 2017年5月24日アクセス）。

GHI and UNCRD, "Global Earthquake Safety Initiative," 2001.

Government of Myanmar, "Myanmar Action Plan for Disaster Risk Reduction," 2009.

IBRD/WB, "The Great East Japan Earthquake: Learning from the Megadisasters," *Knowledge Note-Executive Summary*, Washington D. C.: International Bank for Reconstruction and Development / The World Bank, 2011.

Ministry of Social Welfare, Relief and Resettlement, Relief and Resettlement Department, "Myanmar Action Plan on Disaster Risk Reduction (MAPDRR)," 2012.

SEEDS Asia, "Reaching the Unreachable-Mobile Knowledge Resource Center," 2010.

SEEDS Asia, "External Evaluation Report," 2011.

Shikada, Mitsuko et. al., "Reaching the Unreachable: Myanmar experiences of community-based disaster risk reduction," in Rajib Shaw (ed.), *Community-Based Disaster Risk Reduction, Community, Environment and Disaster Risk Management*, Vol. 10, Emerald, 2012.

Social Republic of Vietnam, "National Strategy for Natural Disaster Prevention, Response and Mitigation to 2020," 2007.

UNESCO, "Education for All Education assessment 2010," 2010.
UN/ISDR, "Global assessment report on disaster risk reduction," 2009.
UN/ISDR, "Sendai Framework for Action 2015-2030," 2015.

第Ⅲ部

日本に何が求められているのか

第10章

防災教育及びコミュニティ防災分野における日本の役割
——防災先進国が行う国際協力とは——

ショウ智子

1 防災教育及びコミュニティ防災の潮流と本章の目的

　2005年神戸で開催された第2回国連防災世界会議では，兵庫行動枠組（Hyogo Framework for Action: HFA 2005-2015）が示され，HFAの5つの柱のうちの1つは，知識管理と防災教育であり，すべてのレベルで防災文化を構築するため，知識，技術，教育を活用する（国連防災戦略，2005）こととされ，コミュニティ防災や防災教育の重要性が明確に示され，重要性の認識も急速に広まった。兵庫県にとっても，阪神・淡路大震災から10年目の節目を迎え，復興過程の検証，教訓の世界への発信という大きな役目を担った。

　この後の東日本大震災では，日本の構造物対策による被害抑止，防災教育，地域コミュニティを中心とする共助などによるソフト対策による被害軽減のそれぞれとこれらの組み合わせが奏功した事例が鮮明となった。

　2012年7月に東北で開催された世界防災閣僚会議では，強靭な社会の構築には，防災教育などを通じ個人の能力強化をはかることが必要であること，防災教育などの手段を通じ「自助」の意識を高めることにより，自然災害が発生した際に自らの命と安全を守ることが可能となることが確認された。また，防災の優先順位を上げ，防災のための適切なガバナンス機構を確保し，十分な財政資源を割り当てることにより，あらゆるレベルの公共政策において，防災を主流化する必要性が強調された。

　事後に使う支出よりも事前に支出しておくことの効果をさらに強調することにより，公共財としての財源確保の必要性の認識も国際的な理解が進みつつある。フィリピンでは，防災予算として地方自治体の年間予算の5％を割りあて

ている。以前は復旧復興にのみ使用できる予算であったが，現在は事前対応にも活用できるようになっている。

さらに，2012年10月の防災と開発に関する仙台会合における財務大臣・世界銀行総裁共同ステートメントにおいても，国際開発援助において，深刻化している災害について対策を推進する国々の努力を支援すること，災害に弱い途上国が災害に強い社会を構築できるようにするため，たとえば日本に蓄積されたノウハウや専門性を活用して，技術支援や財政的な支援を強化すること，防災の取り組みを支援するための知見とパートナーシップを広めることの重要性が強調された。

その後，2015年に仙台で開催された第3回国連防災世界会議では，2030年までの「仙台防災枠組2015-2030」が示された。この中では，優先行動として4つの柱があり，その1つに，災害リスク管理のための災害リスク・ガバナンスの強化の中で，防災教育やコミュニティ防災について示されており，公的な普及啓発・教育事業のしくみや取り組みの強化，コミュニティに対して，法的枠組み（法律，規則，基準，手続き）の中で，明確な役割と業務を割り当てることが明記されている。自主的な活動に留まらず，行政の制度的枠組みに裏付けられ，予算も措置されたシステムを担保するという，ガバナンスにも踏み込んでいる点が，HFAから一歩進んだ点として特徴的である。

このような流れの中，防災教育やコミュニティ防災において，ガバナンス機構を確保して十分な予算措置をはかることが求められており，これらの経験や知見から日本の優位性に着目し，防災先進国である日本としては，どのような国際防災協力支援がありうるのかについて，本章ではコミュニティ防災及び防災教育の分野から提言する。

2 途上国への防災支援の動き

（1）日本の上位政策

2015年の開発協力大綱によれば，日本の政府開発援助（ODA）の重点課題として，①「質の高い成長」とそれを通じた貧困撲滅，②普遍的価値の共有，平

和で安全な社会の実現，③地球規模課題への取り組みを通じた持続可能で強靭な国際社会の構築，の3つの柱があり，その中の③については，気候変動対策，ユニバーサル・ヘルス・カバレッジの推進・感染症対策，防災の主流化，防災対策・災害復旧対応，食料安全保障及び栄養，資源・エネルギーへのアクセス確保などが挙げられている。①貧困削減については，低開発国が中心的なターゲットであるが，地球規模の問題への取り組みについては，低開発国から中進国まで網羅している。

たとえば，国際協力機構（JICA）による国別の援助方針での防災の扱われ方は，ネパールなどの後発開発途上国では，持続可能な経済成長のための社会基盤・制度整備の目標の中で防災対策を行っており，開発レベルがネパールよりも上のフィリピンでも脆弱性の克服や生活・生産基盤の安定・強化をはかるべく，災害に対応するソフトを含むインフラ整備の中で，防災支援を行っている。

一方，イランやトルコなどの開発レベルが高い国では，原油の安定供給のため，あるいは，互恵的なグローバルパートナーとしての関係強化のために，防災支援を行っている。これは第7章でも述べられているように，防災支援は人道支援であり，日本は「防災先進国」として日本の防災技術や優位性が活用されている状況を示している。人道支援の切り口からも受け入れやすく，イランでは，アメリカや欧米諸国による経済制裁で，主要諸国がイランへの支援を停止する中にありながらも，日本は人道支援として，支援を継続してきた協力の実績がある。また，最近のJICAの支援内容をみると，土木インフラ系の防災インフラ整備など莫大な資金を要するものよりは，防災計画策定や応急対応計画策定支援も多くなっており，さらにトルコにみられるように，教育省などをカウンターパートとする防災教育などのソフト的な防災支援も行われるようになっている（表10-1）。

また，国土交通省の動きとしては，防災技術の海外展開に関し，「インフラシステム輸出戦略」（5月17日閣議決定）などに基づき，東日本大震災などの過去の災害経験で培ったわが国の防災に関する優れた技術や知見を活かし，アジアを中心とする新興国の防災機能の向上に寄与するとともに，そのインフラ需要を取り込む方針としている。そのための取り組みの一環として，日本の防災

表10-1　国別援助方針及び事業展開計画にみる防災支援の特徴

国名	援助の基本方針 (大目標)	重点分野 (中目標)	開発課題 (小目標)
ネパール	後発開発途上国からの脱却を目指した持続的かつ均衡のとれた経済成長への支援	持続可能な経済成長のための社会基盤・制度整備 ●内　容 　国民生活の改善のため，環境，防災に配慮しつつ，社会基盤・制度整備を支援	●協力プログラム名 　環境・気候変動・防災対策プログラム ●協力プログラム概要 　気候変動への緩和，適応のための再生可能エネルギーの導入，温室効果ガスの削減及び防災技術の向上
フィリピン	「包摂的成長」の実現に向けた支援	脆弱性克服と生活・生産基盤の安定 ●内　容 　自然災害，気候変動などの環境問題，特に貧困層へ影響が大きい各種リスクに対する脆弱性の克服及び生活・生産基盤の安定・強化を図るべく，災害に対応するソフトを含むインフラ整備	●協力プログラム名 　災害リスク軽減・管理プログラム ●概　要 　ハード（防災インフラ）及びソフト（住民避難対策，制度強化）の両方の観点からの支援。地方自治体（LGU）の能力を踏まえ，組織強化への支援。本邦の経験を踏まえ，インフラの耐震化促進，災害リスク啓発
イラン	【外交政策特記事項】 世界第2位の石油及び天然ガス埋蔵量を有し，我が国の主要な原油供給国		●協力プログラム名 　地震防災プログラム ●協力プログラム概要 　非常時の政府・自治体の体制整備，建物の耐震化，コミュニティ防災の確立など
トルコ	互恵的なグロール・パートナーとしての関係強化	持続的経済発展の支援 ●内　容 　世界第10位以内の経済力を有する「先進的民主主義国」になるとの計画を踏まえ，持続的経済発展に向けた支援。特に，防災・災害対策支援	●協力プログラム名 　防災・災害対策能力の向上プログラム ●概　要 　防災に係る行政機能の強化，市民啓発活動研究能力向上，災害に強いまちづくり等の支援を通じた防災力向上

(出所)　国際協力機構 (2012) 及び事業展開計画 (2011) をもとに筆者作成。

　技術の海外展開をより有効に進めるため，産学官で連携し，災害発生時の協働内容も含め，平常時から防災に関する協力体制について対話を進めることにより，相手国政府などのニーズと，主に民間が有するニーズの適切なマッチングをはかる「防災協働対話*」を展開している。目的としては，災害の経験や知識を共有し，防災上の課題に対応して協働することにより，日本国とトルコ国双方の災害管理能力を持続的に強化することとしている。

　*　両国の産学官が共同して，防災上の課題に対応した技術や解決策を追求するもの

第10章　防災教育及びコミュニティ防災分野における日本の役割

であり，国土交通省では国別に展開をはかることとしている。

　協力の内容としては，①住宅，建築物，都市及び道路にかかる地震防災対策，②洪水対策及び地すべり対策を含む水災害対策，③関係主体の啓発を通じた地域防災力の強化，④災害リスクの軽減及び減災，⑤情報通信技術などが挙げられており，③は防災のソフト的支援分野と考えられる。

　近年では，タイ，インドネシアなどで，直近では2014年1月に当時の太田国土交通省大臣とトルコ国アタライ副首相との間で，防災協働対話に関する協力意図表明文書を締結した。

　また，東日本大震災以降は，防災を世界に発信するという第1章が設けられ，東日本大震災の教訓を世界と共有することが大きく謳われている。

（2）JICAの防災支援に関する文書にみられる記述

　実際の防災支援の現場では，JICAの前身である国際協力事業団が2003年に「防災と開発」の調査研究＊を実施し，今後のJICA事業への示唆として，すべての開発への防災の視点の付加（防災の主流化）を報告書の結論の1つに位置付けている。つまり，「今後の開発には予め防災の要素を織り込んでいくことが求められており，開発と防災は一体として取組むべき課題である。開発事業における防災への配慮は，短期的な視点からは，単なるコスト増とみられ，計画に防災を盛り込むことが困難な場合が多いが，災害によるリスクをコストとしてみること，すなわち社会資本を守ることによる便益についても，評価の対象項目とするなど，防災に関する指標も逐次整備していくことが今後の課題である」としている。

　　＊　座長は河田惠昭氏，委員は林春男氏など，筆者はコンサルタントとして参画（「防災と開発――社会の防災力の向上を目指して」2003年）。

　JICAの課題別指針防災（2009）においても，開発のあらゆる側面において，防災の観点を取り込むための努力，すなわち防災の主流化を進めていくことが明確に謳われてから4年が経過し，JICAの防災案件は構造物対策を主とする

ハード整備のみからハード整備とソフトコンポーネントの組み合わせが主流となった。そのソフトコンポーネントでは，たとえば防災教育やコミュニティ防災などが含まれている。また，昨今は，防災計画策定といった上位計画よりも，さらに上流の防災政策に関する防災のための適切なガバナンス構築のための支援を戦略的に行っていくようになっている。これらの支援は，構造物対策を比べて，費用やインパクトを考えると今後も採択しやすい内容と思われる。

　JICAの防災協力の方針である，国際協力機構（2015）では，JICAの5つの開発戦略目標が掲げられ，①防災体制の確立と強化，②自然災害リスクの的確な把握と共通理解の促進，③持続的開発のためのリスク削減対策の実施，④迅速かつ効果的な備えとレスポンス，⑤より災害に強い社会へのシームレスな復旧と復興が掲げられた。コミュニティ防災や防災教育に関するところでは，①において，防災を掌る組織体制を確立し，組織の責任を明確にし，行政機能を強化し，官民学連携や防災に関係する組織同士の連携体制の構築，災害関連情報の共有，防災人材育成などを支援するとしている。②については，災害リスクを的確に把握し，まずは予防措置を検討する一方で，社会における災害リスク理解の向上をはかることへの試みとして，コミュニティ防災活動能力強化，防災教育活動などが挙げられている。コミュニティレベルでの活動として，災害特性，被害特性，社会文化など，個々の状況に配慮した活動を行うことが効果の発現にとって重要であるとしている。また，事例として，トルコでの防災教育プロジェクトが紹介されており，現職教員を対象に防災教育指導案作成，及び教員研修を実施し教員から子どもへ，子どもから家族へ正しい防災知識が広がることを目指したことが取り上げられている。

3　調査手法と分析方法

　これまでの政策レベルでの動向を踏まえ，本項では，特にコミュニティ防災や防災教育に着目して，アジア地域を広くとらえ，さまざまな政治体制，市民社会参画の度合いの異なる国，防災意識や価値観にも影響を与える宗教も異なる，ネパールのカトマンズ，フィリピンのマニラ，イランのテヘランで防災支

援活動を行った経験をもとに，公助，共助，自助の観点から，市民レベルの防災意識の特徴を考察し，日本の防災教育の経験をどのように活かせるかを考えるための一助とする。

具体的な調査方法としては，市民の防災意識調査結果を用いて，リスク認識について分析し，実際に活動を実施した際の事例を踏まえ，リスク認識の向上の方法，災害準備に繋げるための方法を分析した。さらに，この分析結果を踏まえ，日本の防災支援として，どんなことがコミュニティ防災，防災教育の観点から強みとして考えられるのかについて，提言を行う。

4　共通する防災意識の特徴

防災活動を行った地域では，災害の経験が多い地域であっても，災害知識（特に，災害発生メカニズム，災害対策）に乏しく，漠然と災害を怖がり災害が起こらないことを祈る，あるいは災害について語ることを嫌う傾向がみられた。災害経験の多い国であっても，被災の実態を政府が過小に発表し，災害の記録や防災関係者の対応記録などを十分に残さず，人々の間でも，悲劇は早く忘れようとする意識から，被災体験の伝承が圧倒的に少ない。災害からの教訓を十分に活かし切れずに，次の災害を迎えてしまうのである。

この背景には，第一に，学校での防災教育が十分に行われておらず，一般の人々の防災の知識レベルもさることながら，教員が防災を正しく教えられる程十分な知識をもち合わせていないこと，特に地震の場合は，発生頻度が低いため，十分な履歴が残っていないことも多く，研究者でさえも間違った認識をもっていたり，根拠が不明な間違った知識が一般に認知されていたりすることもある。地震の場合は，起震装置をもつ途上国はかなり限定的であり，地震の揺れの現象についても認識が高いとはいえず，災害時の適切な対応について，正しい広報が十分に行われている例も非常に少ないことなどが挙げられる。災害を具体的にイメージできないために，具体的な対応や対策へと考えが及ばないことが多い。対策を立てたいと思うものの，どのような対策を行えばよいのか全くわからない，あるいは，何から手を付けてよいのかわからないと考える者

図10-1　身の処し方を教える挿絵

（出所）　トルコ国国民教育省（2005）。

も多い。日本ほど有感地震が頻発していないことも時系列に対処行動をどうすべきか，事細かに検討されていない理由と考えられる。

　1999年にマルマラ地震を経験したトルコであっても，国民教育省発行の生活の教科書には，身の処し方として，机の横に頭を抱えてしゃがむようイラスト付きで解説している（トルコ国国民教育省，2005，59頁）（図10-1）。これは，過去の被害調査で，構造物の躯体が崩れても，残存空間として堅牢な家具などの下の三角形の空間にいた人が助かったことに由来している。振動台実験での建物の揺れ方を観察すれば，どんな身の守り方が良いかは明らかである。建築構造の考慮なしに，地震発生時に建物のドアの下が他の場所よりも安全であると考える人々や防災知識を伝えるパンフレットなどもカトマンズ，テヘラン，マニラでみられた。地震の揺れ方や建物崩壊のメカニズムを再現できないがために，身の処し方も正しい情報を伝達できていない。

　また，防災教育を阻害する要因としては，宗教から由来する諦念観，運命論などがある。文化は人々の思考や認知に影響を及ぼす。リスクに対する認知はそこで暮らす人々の社会や文化の影響を受けている（Douglas and Wilddavsky, 1982, 29頁）。宗教への信仰心が篤い国では，災害を神の思し召しと考えており，宗教によっては，災害は天罰としてとらえる向きも少なからずある。災害に関するデータが十分ではないこともその背景にあるものの，災害前のリスクを把握しようとせず，災害後も政府の責任回避から，振り返りや検証などが十分に

第10章　防災教育及びコミュニティ防災分野における日本の役割

行われているとは言い難く，抵抗感を示されることもある。

5　防災意識調査の結果

　カトマンズ，マニラ，テヘランにおいて，それぞれ2002年，2003年，2004年に防災意識調査を行った（表10-2，表10-3）。いずれの地域においても，防災知識と教育レベルまたは所得レベルは相関していることがわかった。災害は神の仕業であると考える人は，宗教によってばらつきがあり，ヒンズー教が多いカトマンズでは3割弱でそれほど多くないのに対して，キリスト教が多くを占めるマニラで95％超，イスラーム教が9割以上を占めるテヘランでは，59％となっている。

　防災活動の第一歩として，災害や防災の知識をもち，次に自分の住んでいる地域のリスクについて知り，リスク認識が高ければ，よりわが事として真剣に考え，災害準備に繋がると考えている。その中で，災害準備に繋げる鍵となるリスク認識は非常に重要な因子であると考えており，自分の自宅が損壊する，あるいは，人生の中で自分が災害に遭う可能性があるととらえていることは，防災活動を行う上での前提条件としては，好条件である。地震は，洪水，地すべりなどの土砂系の災害と比べ，発災頻度が低く，体験することもなかなかなく，いくら地震の切迫性を数値で示しても，実感が非常に薄く，できるだけ地震については，考えないようにしようとする意識が働き，地震への備えに対する意識付けは，他の災害と比べて非常に難しいと筆者は実感している。

　このことを踏まえると，自宅の損傷があると考える程のリスク認識をもっている人は，すべての都市で7割近くあることは特筆に値する。人生の中で，自分が災害に遭遇すると考える率も，マニラ，テヘランで7割以上ある。災害は神の仕業であると考える率が3割弱であったカトマンズは，災害に遭う可能性を認識する率が46％と他都市と比べて低い。いずれの都市でも被害想定結果などから，地震の切迫性があるとされており，カトマンズは，識字率の低さもあり，広報が十分行き届いていない。

　耐震改修の意志については，いずれの都市も半数を超えていた。特にカトマ

第Ⅲ部 日本に何が求められているのか

表10-2 調査地域の状況

	カトマンズ	マニラ	テヘラン
宗教	ヒンズー教 宗教心が篤い	カトリック教	イスラーム教 宗教心が篤い層あり
前回の地震	1934年 1988年	1937年	1830年
ガバナンス	政府弱体 外助依存 市民組織活発	政府と市民社会のバランス	強権国家 市民社会未発達
コミュニティ参加	非常に活発 インフォーマルな市民組織,血縁組織も多い	活発 バランガイ 登録された市民組織が多い	ほとんどない 自治体の末端組織を形成中

(出所) 筆者作成。

表10-3 防災意識調査からの特徴

	カトマンズ	マニラ	テヘラン
地震の経験	58%	47.6%	23.9%
災害は神の仕業	31.1%	95.3%	59%
リスク認識 　自宅の損傷 　災害に遭う	 69% 46%	 73% 72%	 69% 82.6%
耐震改修意志	78%	63%	51.4% 優遇住宅ローンがあれば耐震改修を行う 72%
興味ある防災活動	救命救助 22.8% 意識啓発 22.5% 訓練教育 14.9% 建築許可 11.4% 防災計画 7.9% 建物強化 5.1% 避難訓練 2.8%	NA	救命救助 47.4% 応急手当 24.0% 避難訓練 11.6% 火災訓練 9.0% 建物強化 6.4% 訓練教育 6.0% 防災計画 1.4%
特記事項	同一カーストのみ水,食物,避難場所を共有 10.9%	有事の際,地域社会の助け合い(共助)が期待できる	防災対策は政府,自治体の責任との認識多い
避難場所	空地 55% 学校 19%		一部学校の地下

(出所) 筆者作成。

ンズでは，建設費の10%程度のアップであれば，安全な住宅に住めるよう，耐震性を確保するための予算アップは可能であると答えている。テヘランについては，ペルシャ絨毯は財産と考えており，絨毯に火災保険をかけている人もおり，災害への備えとして支出を行う準備がある人もいる。テヘランでは住宅ローンも普及しており，耐震建物に対する優遇ローンがあれば，耐震性の高い住宅を選択すると考える人も72%あった。

　市民に興味のある防災活動については，救命救助，応急手当などは，上位にランクされる傾向がある。テヘラン，カトマンズの結果は，第1位は救命救助であった。赤十字や赤新月社などが研修を行っていることもあり，防災といえば，応急対応の訓練をまずは思い浮かべる人が多い。防災というと緊急対応のテクニックを学ぶものという考え方が主流である。また，日本のように防災訓練を行っておらず，訓練がどんなものかをイメージできる人は少ないのが一般的である。防災訓練について説明をすると，参加したいという意向を示されることも多い。シナリオを参加者に示さず，その場の状況に応じて意思決定を行い行動するような発災型の訓練や，地域住民と学校と協働で行う訓練などはほとんど行われていない。

　カトマンズは，他の都市に比べて，防災の知識は一般市民に広まっておらず，まずは意識啓発に参加したいと考える人も2割ほどと少ない。コミュニティでの防災計画を策定し，地域で互助能力を高め地域防災力を高めようとするような活動は，洪水常習地域では，認知されているものの，カトマンズのような伝統的な互助の考え方がある地域であっても，取り組むべき活動として取り上げられることが少なく，数値としては，ほとんどあらわれていない。

　特筆すべき宗教由来の留意点としては，ヒンズー教の場合，下位カーストの人達とは，水・食べ物を共有したくないと考える人が多く，避難場所を他のカーストと共有できると考える人はわずか10%程度となっている（本調査は2015年のゴルカ地震の起こる前に実施）。しかし，ゴルカ地震直後のヒアリングでは，非常時では，下位カーストの人達とも，水・食べ物を共有できると答える人が大半であった。宗教観に由来する意識は，非常時では和らぐことがわかった。

6 防災意識調査を踏まえたコミュニティ防災活動からの学び

　防災意識調査の結果からは，自宅の損傷の可能性や人生の中で災害に遭遇する可能性があると考えている人の割合は比較的高かった。また，耐震改修の意志も高い数値が示された。しかし，実際には，災害準備が進んでいない。また，防災意識調査の結果を踏まえ，コミュニティ防災活動を実施しても，非常持ち出し袋などは，コミュニティ防災活動を実施した後に準備を進めることは比較的容易であるが，地震防災対策の本質である耐震改修を行える人は非常に少ない。集合住宅であれば，さらに合意形成が難しい。しかし，個人の住宅であっても，ローンの優遇があれば，借りるという人々は7割を超えている。

　そもそも，リスク認識の低い人達に対しては，多少災害の実態を伝え，防災知識を伝達する際には，災害準備を進めないと自分が後で困る，ということを納得できるよう，被災映像や実体験などを紹介して，ある程度のショックを与えることも必要である。また，人間には自分にとって都合の悪い情報を無視したり，過小評価したりしてしまう心理的な特性（正常性バイアス）が働きがちで，我が事と思わない人も少なからずいる。このため，科学的な根拠に基づいたデータによる発生確率や地域のリスク評価を一般にもわかりやすい表現で，我が事意識をもたせるように周知していくことにより，人々の納得や対策へと繋げていく。

　地震防災では，たとえば，P波・S波などの物理的な現象，対策であれば建物の耐震性など難解な知識もあるが，いかにして親しみやすく伝えることが大事であり，当初興味をもたなかった人達も，6～7回集まるような集会で，難しいこともわかりやすく体験などを通じて伝えることで，興味をもち，1回目のワークショップよりも2回目以降のワークショップの出席者が増えていった。近所の人や知人を誘い合わせ，口コミで出席者が後々増えていった。日本の実体験に基づく事例や教訓は，情報として貴重なものであり，反応や反響が良かった。

　また，地震防災の対策に繋げるには，多くの時間を過ごす自宅の耐震性を高

めることが鍵となる。耐震性の知識，コストとの関係についても興味をもって受け入れられ，納得しやすい材料となった。耐震実験などにより，自分で気づき，納得するプロセスが非常に重要であった。

　日本のような自治会組織は，マニラやカトマンズなどで，地縁や血縁関係の組織がみられ，互助的活動が行われる素地がある地域は，コミュニティ防災活動も比較的受け入れやすかった。しかし，テヘランのようにコミュニティでの活動など結社が容易でなく，旺盛な個人主義や独立心などの気質のある地域では，共助を高める活動を成功させるのは，非常に難しい。既存の組織や地域のリーダーが存在していること，リーダーに対する住民の信頼の度合いにより，コミュニティ防災活動の成否が決まる傾向にある。活動を継続するには，市民だけの取り組みだけでは限界もある。予算的な措置や行政のコミュニティ防災を支援するしくみや専門家による助言などにより，活動を継続的に行っていくことが容易になる。

7　コミュニティ防災及び防災教育分野における日本の役割

　第7章で述べられている通り，日本はアジア全体の災害対応力の向上に貢献する役割がある。コミュニティ防災及び防災教育の分野に関して，比較優位な点に着目し，日本の防災協力としてどのような役割が果たせるかについて述べて結論としたい。

　予防局面の防災活動に関して，一連の防災に関する手順を振り返ると，まずは地域のハザード，リスクについて，技術的な根拠に基づく評価を行い，計画に反映し，市民に周知していく。さらに行政，市民側ともに，対策を理解し，実際の備えを行っていく。日本の防災協力としては，リスクの認識の段階では，被害想定の手法が特筆される。また，リスクの理解を深める段階では，災害のさまざまな現象を簡易な実験やモデルなどを使っての実体験に基づいた我が事意識を高め，モチベーションをあげていく教育手法，さらに教育を効果的に実現するためのさまざまな教材の蓄積がある。科学的な知識をわかりやすく理解してもらうさまざまなツールを用いて，興味を引き付けることは非常に有効で

あり，日本の防災教育や住民教育の事例が豊富にある．特に，日本が防災研究のために投資した研究機関の研究施設，実験装置，観測の基礎的なデータ蓄積の実績などを防災教育に活用することは科学的な根拠を示せ，非常に説得力があり効果的である．

　我が事として，重要な事だと認識してもらうのに，非常に効果的なのは，日本の数多くの被災経験からの普遍的な経験の共有，たとえば，災害の貴重な映像資料を用いた災害現象や災害が引き起こす被害の状況，先人からの伝承，被災者の体験談などの教訓の共有などがある．語り部や内閣府を中心としてとりまとめられた被災者の体験を基にした「1日前プロジェクト（災害の1日前に戻るとしたら，何をしておくかという観点での経験や教訓を取りまとめたもの）」は，被災者の経験を語り継ぎ，これらの経験からわが身に立ち返って災害への備えに対するモチベーションに繋がっている．動画は，非常にインパクトがあり，わが事意識を植え付ける有効なツールである．さらに，このような過去の被害の状況をアーカイブにして一元的に集約している研究機関や行政の試みがあり，このような情報源の豊富な蓄積は実務者や教育関係者にとっても貴重である．

　途上国では被災経験が語り継がれている国は少なく，特に地震については，時系列でどんなことが起こり，それに対してどのように対応していくべきか，また，事前の対策としてどんなことが必要かについて，系統立ててイメージできる人はほとんどいない．対策を講じるためのモチベーションを引き起こすことは重要な要因であり，多少のショックを与えることも必要である．しかし，ショックを与えるだけでは無責任である．事象に対してどのように対策を立てていくのかを明らかにし，行政，地域社会，家族，個人とそれぞれの役割は何かについてもきちんと把握したうえで，個人や家族，地域組織としての役割を決定し，備えを進めていかなくてはならない．行政のコミュニティ防災支援としては，小学校区などを中心とした防災コミュニティの構築，防災リーダーの育成，防災資機材配備や防災活動のための補助金や支援などがあり，コミュニティの活動を持続的にするための行政のしくみとして鍵となる．

　対処行動の誘発に関しては，対策の有無による結果の違いを映像で目の当たりにすることで効果を実感させることが必要である．日本には，技術力を駆使

した実験データや実験映像があり，これらを対策実施に向けて効果的に活用できることは，日本の優位な点である．また，実際に進めようとするには，耐震診断の無料化や耐震改修への補助金導入，施工する側の技術者の技術を証明する，一定の技術をもった技術者の情報を行政がプールするなど，行政側の制度設計も併せて，国の施策として進めていくことが必要であり，制度に関する日本の経験を共有し，それぞれの国の状況に合わせた制度を提案していくことが大変重要である．

さらに，防災計画立案へのコミュニティの参加は，非常に重要であり，参加型の計画立案も貴重であるが，地域固有の情報を行政に伝えるという重要なプロセスでもある．このような時間がかかるものの，地道な普段からの人間関係の構築が緊急時に奏功すること，そのノウハウなどを伝えていくことが重要である．日本の防災の優位性として，防災教育が広く浸透していることは防災活動を行う下地として良条件が整っていると言える．

防災教育については，日本の優位性が際立っている分野である．特に日本の阪神・淡路大震災を経験して，日本の防災教育は大きな変革を遂げた．国語や道徳での被災経験を経た命の尊さを感じる心，表現する力，社会での地域を学ぶ中での災害史や災害対策などを実践的に学ぶ機会，復興ソングや防災体操などの音楽や体育などでの横断的な取り組み，実務家や語り部などによる出前授業，経験を語り継ぐ行事など，単なる防災技術や知識を身に着けるだけに留まらない，心や道徳にも及び，さらに防災の課題から発想して，地域の課題解決に繋がるような計画の立案，その内容を発表するようなプロジェクト学習など，ダイナミックな授業が展開されている．また，防災教育を実施する体制としても，継続性を担保するために，防災教育を指導する主事などの配置や教員養成のしくみなど，非常に良く検討された制度となっている．防災教育のカリキュラムや指導案づくりなど，日本の経験に学ぶことは大きい．また，日本の場合は，おおかた小学校区が住民の避難の単位になっていることから，地域住民と学校の合同での防災訓練の実施や，地域単位での防災教育としての連携はとりわけ強調すべきである．

また，成人教育や子供たちの防災教育の一環としての被災経験の語り継ぎや

体験型の防災教育を提供する場としての防災博物館があり，付随する機能としての専門家の人材育成，震災関連データベース構築や語り継ぎのノウハウや情報ネットワークの構築などの防災博物館の支援も昨今需要がある分野である。世界各地で防災博物館の建設のアイディアがあり，運営のしくみのノウハウも参考になると考えられる。

　兵庫県は防災施設の集積拠点として，防災計画立案への地域コミュニティの参加，行政とメディアの連携などこれまで活発に取り組んできており，このような豊富な経験，教訓を日本の先進的な取り組みとして発信できる。これらを踏まえた防災技術協力を支援することは，アジア地域で防災の主流化を普及させ，定着していくことに繋がっていく。

引用・参考文献

国際協力機構「課題別指針　防災」国際協力機構，2009年。
国際協力機構「イラン国事業展開計画」国際協力機構，2011年。
国際協力機構「ネパール国国別援助方針」国際協力機構，2012年。
国際協力機構「フィリピン国国別援助方針」国際協力機構，2012年。
国際協力機構「JICAの防災協力　防災の主流化に向けて」国際協力機構，2015年。
国際協力事業団・国際総合研究所「防災と開発——社会の防災力の向上を目指して」2003年。
国連防災戦略「災害に強い国・コミュニティの構築——兵庫行動枠組2005-2015」骨子2005国連防災世界会議プログラム成果文書，2005年。
トルコ国国民教育省「生活教科書1年生」2005年。
Douglas, M. and A. Wilddavsky, *Risk and Culture: An Essay on the Selection of Technological and Environmental Dangers,* Berkley, University of California Press, 1982.

第11章

自衛隊による災害救援・防災協力の今後
――東日本大震災からフィリピン,ネパールへ――

吉冨　望

1　支援者であり受援者でもある自衛隊

　日本国外で大規模な災害が発生した場合,自衛隊が「支援者」として災害救援に赴くことは最早一般化している。また自衛隊は,防災協力の一環として国外での能力構築支援や多国間訓練を行っている。こうした災害救援・防災協力は被災国,被災者,被支援者等の裨益者のみならず,日本国民からも高い評価を得ている*。他方で,自衛隊が災害救援・防災協力を一層効果的・効率的に実施する上で,これまでの活動の中で見えてきた課題を整理しておくことは重要である。

* 2014年度に内閣府が実施した自衛隊・防衛問題に関する世論調査では,自衛隊の海外での活動について「評価する」とする者の割合が89.8%,「評価しない」とする者の割合が7.3%となっている。なお,自衛隊の国内における災害救援活動については第5章「自衛隊の災害救援活動」を参照のこと。

　また,2011年の東日本大震災において日本は外国軍による災害救援を受け入れ,自衛隊は来援した米軍や豪州軍と連携して救援活動を実施した。自衛隊はこのときに「支援者」ではなく「受援者」となったのである。この際に自衛隊には,よき受援者となるための多くの課題がみつかった。加えて東日本大震災は,自衛隊が受援者の目線で支援者として行う国外での災害救援をみつめ直す機会となった。そこで,自衛隊が東日本大震災の後に実施したフィリピン巨大台風ハイヤン(2013年)及びネパール大地震(2015年)における災害救援において,東日本大震災での受援者としての教訓を反映しているかを問うことは有意

義であろう。この際，1つの視座となるのは「グローバル・スタンダード」である。受援者であれ支援者であれ，国際機関や各国の民軍組織と関わりながら円滑に災害救援や防災協力を行うためには，共通の行動基準としてのグローバル・スタンダードを踏まえることが重要となる。とはいえ，災害の特性や被災地の特性を超えた普遍的で具体的なグローバル・スタンダードを生み出すことは難しく，どのようなグローバル・スタンダードを形づくっていくべきかは常に模索されている。

こうした問題意識に基づき本章では，まず自衛隊による国外での災害救援・防災協力の概要と課題を確認し，次いで東日本大震災に際する自衛隊による外国軍の受入れの概要と教訓を振り返り，その教訓を活かしたフィリピン及びネパールでの災害救援に目を向け，最後に，グローバル・スタンダードの視点から今後の自衛隊による災害救援・防災協力を展望する。なお，本章では2015年2月に閣議決定された「開発協力大綱*」に示された開発協力の目的たる「国際社会の平和・安定・繁栄の確保による国益の確保への貢献」を踏まえて，自衛隊による災害救援・防災協力の目的を「災害によって脅かされる人間の安全保障を回復し，地域の安定を確保すること」ととらえる。また，「災害救援」を「国際緊急援助隊法に基づき，災害が発生した後で実施する国際緊急援助活動としての救援活動」，「防災協力」を「災害発生前（平素）から災害時の被害の軽減や円滑な災害救援等のために実施する措置への協力」とそれぞれ定義する。

* 「開発協力大綱」では，政府及び政府関係機関が平和構築やガバナンス，基本的人権の推進，人道支援等のために行う国際協力活動を「開発協力」ととらえている。

2　自衛隊による国外での災害救援・防災協力

（1）災害救援の概要

自衛隊による災害救援は，1992年に「国際緊急援助隊の派遣に関する法律（国際緊急援助隊法）」が一部改正されて実施可能となった。自衛隊が国際緊急援助隊活動として実施する災害救援の内容は①応急治療，防疫活動等の医療活動，

②ヘリコプターによる物資，患者，国際緊急援助隊員等の輸送活動，③浄水装置を活用した給水活動，④国際緊急援助隊活動を行う人員，機材等の海外の地域への輸送である。また，自衛隊が国際的な災害救援に派遣される際に必要な手続きは，①被災国政府又は国際機関からの要請，②外務大臣から防衛大臣に派遣を求めるための協議，③防衛大臣による派遣命令である。なお，国際緊急援助活動については武器使用が必要と認められる場合は派遣しないものとし，武器の携行は行わない旨の閣議決定がなされている。

　自衛隊は，国外での突発的な災害に即応し，概ね3週間の活動が実施できるよう平素から待機態勢を維持している。陸上自衛隊では医官2名等による活動を行いうる規模の部隊が，航空自衛隊ではC-130輸送機2機が防衛大臣の派遣命令から48時間以内に第1波として出発できるよう待機している。また，第2波として派遣命令後5日以内に出発できる態勢を維持しているのは陸上自衛隊のUH-1ヘリコプター3機，CH-47ヘリコプター3機及び追加的に医官11名等による活動を行いうる規模の部隊，海上自衛隊の輸送艦1隻，補給艦1隻及び護衛艦1隻，航空自衛隊のC-130輸送機6機（第1波の2機を含む）である。陸海空自衛隊では関係部隊がもち回りで待機態勢を維持しており，陸上自衛隊では，各方面隊が6ヶ月ごとに持ち回りで部隊を待機させている。

　自衛隊は1998年以降，ほぼ毎年，国外での災害救援を行っている。災害救援の場所については，2015年末までの自衛隊による全救援回数18件のうち11件がアジアへの派遣となっている。また，災害救援の内容に関してはヘリコプター，艦艇または輸送機を使用した人員，物資等の輸送活動及び医療活動が中心となっている。

(2) 平素における防災協力の概要

　自衛隊は，平素から国外において災害時の被害軽減や円滑な災害救援等のための防災協力を実施しており，能力構築支援及びパシフィック・パートナーシップの枠組みの中で防災協力を実施している。また自衛隊は防災協力に資する訓練・会合等に国内外で参加し，一部で主催している。

①能力構築支援

　自衛隊による能力構築支援とは，自衛隊が有する能力を活用して他国軍・軍関係機関の能力向上を支援することである。2010年12月に閣議決定された防衛計画の大綱や中期防衛力整備計画において初めて能力構築支援が明記され，自衛隊は2012年から事業を開始した。自衛隊による能力構築支援の分野は人道支援・災害救援，地雷・不発弾処理，防衛医学，海上安全保障，国連平和維持活動等であり，実施の形態は自衛官等を派遣しての教育訓練，セミナー及び防衛省・自衛隊関連部隊・機関等への研修員の受入れである。自衛隊の能力構築支援の中で防災協力に相当する事業としては，2016年にASEAN諸国軍向けの人道支援・災害救援セミナーを英国との共催で実施したほか，2014年以降ミャンマー，パプア・ニューギニア，フィリピン及びラオスの各国軍に対して個別に人道支援・災害救援に関するセミナーを実施している。

②パシフィック・パートナーシップ

　パシフィック・パートナーシップとは，2007年より米太平洋艦隊がアジア太平洋地域で主催している活動であり，米海軍等の艦艇が東南アジア及び大洋州内の各国を訪問して，医療活動，土木工事及び文化交流を行っている。パシフィック・パートナーシップの目的は各国政府，軍及びNGOとの協力を通じて各国の連携強化や国際平和協力業務及び災害救援の円滑化をはかることである*。自衛隊は2007年以降，要員を派遣して医療活動に参加させていたが，2010年以降は毎年，艦艇，航空機，医療要員，施設要員等を派遣するとともに日本のNGOの参加を得ている。

　　＊　パシフィック・パートナーシップには豪州，カナダ，ニュージーランド等の政府機関，軍，NGO等も参加している。

③訓練・会合等

　アジアではASEAN地域フォーラム災害救援実働演習（2013年，2015年），ASEAN災害救援実働演習（2014年），拡大ASEAN国防相会議（ADMMプラス）人道支援・災害救援／防衛医学演習（2013年）等の災害救援に特化した多国間訓練が実施されており，自衛隊はこれらにすべて参加している。また自衛

第11章　自衛隊による災害救援・防災協力の今後

隊は，米軍とタイ軍が共催して毎年タイ国内で実施されるコブラ・ゴールド，米海軍が主催してほぼ隔年ハワイ周辺で実施される環太平洋合同演習（RIMPAC），日米豪共同訓練として毎年グアム島周辺で実施されているコープ・ノース・グアム等でも災害救援関連の実働訓練に参加している。なお，日本は2014年からADMMプラスのもとに設置されている人道支援・災害救援専門家会合（HA／DR EWG）の共同議長国をラオスとともに務めており，災害救援時の各国支援軍による活動を効率化するための標準作業手順書（SOP）等について討議を行っている。ちなみに，陸上自衛隊は2002年以降，太平洋地域多国間協力プログラム（Multinational Cooperation Program in the Asia Pacific: MCAP）を毎年主催し，主としてアジア太平洋地域の軍関係者等と災害救援等に関する討議を行っている。

（3）災害救援・防災協力上の課題

①災害時の救援ニーズへの対応

被災国や被災者の救援ニーズに応えることは災害救援の基本である。しかし先に述べたように，現在，自衛隊が実施できる業務は①医療活動，②ヘリコプター等による輸送活動，③給水活動，④国際緊急援助活動を行う隊員，機材等の海外への輸送の4つと定められている。言うまでもなく，災害の形態は多様であり上記の4つの業務以外に重要な救援ニーズが生じる場合もあるが，その際には自衛隊は対応できない。たとえば，2013年のフィリピンでの災害救援では巨大台風による高潮が沿岸部を襲い，台風通過後には大量の瓦礫が被災地を覆った。このため被災地では早期復旧のために瓦礫撤去のニーズは高かったが，瓦礫の撤去は上記の4つの業務に含まれないため，自衛隊は制度上，これを実施できなかった。しかし，自衛隊の能力上，重機を装備する陸上自衛隊の施設部隊を輸送艦で輸送して被災地で瓦礫撤去を実施することは十分に可能であった。自衛隊による災害救援を多様な救援ニーズに応えられるものにするためには，自衛隊が柔軟性をもって救援活動を実施できるような制度にしておく必要がある。加えて，第12章で述べるように，災害救援で自衛隊の派遣が予想される国々と事前に取り決めを結び，自衛隊の迅速かつ円滑な派遣を可能にする制

度を整備しておくことは重要である*。すでに日本政府はフィリピン政府との間でこうした取り決めについて検討中であるが，多くのアジア諸国との間でこうした制度を整備することは，自衛隊が救援ニーズに適時に対応する上で意義が大きい。

 * 一例として，国内で活動する外国軍人の法的地位等を定めた訪問軍地位協定（VFA）がある。

 他方，上記4つの業務に合致し，被災地での救援ニーズが高いにもかかわらず自衛隊が実施しなかったケースもある。2015年のネパールでの地震災害では山崩れ等が多発し，山間部の多くの道路が通行不能となって孤立する被災地が多く生じたため，現地ではヘリコプターによる輸送へのニーズが高まった。こうした中，自衛隊は被災地に医療部隊を派遣したものの，ヘリコプター部隊は派遣しなかった。その理由は公表されていないが，第一義的にはネパール政府からの要請が無かったことが考えられる。しかし，仮に要請があったとしても，自衛隊の現在の能力では内陸国であるネパールにヘリコプターと資機材を搬入して部隊の活動拠点を設けるまでには多くの日数を要し，救援活動の開始が遅れたことは想像に難くない。自衛隊としては今後，ネパールと同様に内陸の被災地でヘリコプターによる救援が要請された場合に備えて，ヘリコプターの活動拠点を迅速に設置する能力を強化する必要があろう。この際，ヘリコプターや大量の資機材を一挙に輸送できるC-2輸送機を用いて活動拠点を迅速に開設する，あるいは被災地から離隔した地域・海域に活動拠点を開設し，高速で航続距離の長いV-22輸送機（オスプレイ）を用いて救援活動を行うことも考えられよう*。

 * 航空自衛隊は2018年度までにC-2輸送機を10機，陸上自衛隊は2018年度までにV-22輸送機を17機，それぞれ調達予定である。

②他の救援アクターからの支援要請への対応
 大規模災害に際して発生する救援ニーズは多様かつ膨大であり，単一の救援アクターだけで対応することは難しい。したがって，自衛隊が国際協力機構

(JICA)，日本赤十字社，NGO 等の救援アクターを支援したり，国際機関や他国の組織を支援したりすることは救援活動の効果と効率を高める効果をもたらす。こうした支援内容の一例としては，JICA が国際緊急援助隊として日本から救助チームや医療チームを派遣する際の自衛隊による輸送支援が考えられる。実際，2010年のニュージーランド地震への災害救援の際には自衛隊の政府専用機が救助チームを日本から現地に運んだ。しかし，現在の制度では自衛隊が国際緊急援助隊として派遣される前に防衛省・自衛隊は外務省とは協議を行うものの，JICA との協議は規定されていない。このため，JICA が救助チームや医療チームの派遣前に日本から現地への輸送支援を自衛隊に要請する公的な場は制度的に準備されていない*。

* 実際には，自衛隊の派遣に際して防衛省・自衛隊と JICA との一定の連絡・調整は行われている模様であるが，制度的な連絡・調整ではない以上，その限界は否定できない。

では，この制度が国際緊急援助隊の派遣に際して影響を与えた可能性について考えてみたい。JICA は，2013年のフィリピンでの災害救援に際しては医療チームを，2015年のネパールでの災害救援に際しては救助チームを，それぞれ発災直後に国際緊急援助隊として派遣した。この際に JICA は，これらのチームを派遣するために急遽，民航機を手配している。他方，航空自衛隊では平素から C-130 輸送機 2 機を待機させていたが，JICA が C-130 輸送機を活用すべく防衛省・自衛隊と調整した形跡は確認できない。もちろん，自衛隊機を活用して速やかに医療あるいは救助チームを派遣するためには，被災国による自衛隊への派遣要請や自衛隊機の領空通過許可を早期に得る措置が必須となる。他方，民航機での派遣にはこうした措置は不要であり，自衛隊機よりも早く出発できる場合もある。他方，2017年3月に配備が始まった航空自衛隊の C-2 輸送機は民航機が使用できない不整地や短い滑走路でも離着陸でき，人員・物資等の積み下ろしのための機材を必要とせず，12t 積載時の航続距離が約 6500 km と長く，速度も民航機とほぼ同じである。また，陸上・航空自衛隊が保有する CH-47JA ヘリコプターは航続距離約 1000 km，陸上自衛隊が導入予

定のV-22輸送機（オスプレイ）の航続距離は約3900kmであり，日本の近隣国等に国際緊急援助隊を派遣する場合には，直接被災地に着陸できるこれらの機体が有効である。このように，民航機にも自衛隊機にも一長一短はあるが，救助チームや医療チームを一刻も早く派遣するためにはJICAがそれらのチームの派遣前に日本から現地への輸送支援を自衛隊に要請できる制度をつくることが重要であろう。

　また，自衛隊は現地到着後に被災国の政府機関（軍を含む）や来援している他の救援組織から臨機の支援を打診されることがあるが，自衛隊がこうした要請にタイムリーに対応できる余地は少ない。なぜなら，自衛隊の派遣部隊の基本任務は行動命令の中で示されており，これに明示的に該当しない業務を実施するためには，実施の可否の検討に時間を要する場合もあるからだ。たとえば，2013年にフィリピンで災害救援を実施した「フィリピン国際緊急援助統合任務部隊」に与えられた基本任務は医療・防疫活動，救助活動及び援助物資等の輸送等であり，他の救援組織への支援は明示的には含まれない。このため，JICAが自衛隊の派遣部隊に要請したC-130輸送機による首都マニラとタクロバンとの間の医療チームの輸送支援については，実施が決まるまでに時間を要した模様である。したがって，行動命令に他の救援組織に対する支援を基本任務として明記すれば，派遣部隊は可能な範囲でより柔軟かつタイムリーに他の組織からの支援要請に対応できる。また，自衛隊がともに災害救援を行っている外国軍から燃料等の物品や整備等の役務の提供を要請された際，これに応えるためには当該国との間で物品役務提供協定（Acquisition and Cross-Servicing Agreement: ACSA）が必要となるため，多くの国とACSAを締結しておくことが重要となる。

　なお，災害救援において国際機関が大きな役割を果たしている現実を踏まえると，国際機関からの支援要請への対応は重要である。たとえば，国連世界食糧計画（World Food Programme: WFP）は災害等の人道的危機に際して大規模な食糧支援を行っているが，自衛隊が保有している輸送機や要員の一部をもってWFPの活動を支援することは可能であろう。こうした支援は人道上の効果のみならず，国際機関における日本の存在感を高めるという戦略的な効果をも

第11章　自衛隊による災害救援・防災協力の今後

たらす。

③災害救援のために国外に派遣される隊員等の安全確保

　すでに述べた通り，国際緊急援助隊法は武器の携行を認めていない。しかしながら，被災直後の被災地では治安の悪化は常態である。特に，元々治安が不安定な地域で災害が発生した場合には，治安が極度に悪化する可能性がある。たとえば，2010年にハイチ及びパキスタンに，2013年にフィリピンに自衛隊が派遣される際には被災地の治安に懸念があったことは否めない。それでも自衛隊が派遣された背景には人間の安全保障上の，あるいは地域安定上の強いニーズがあったからであろう。災害による治安の悪化のみならず，過激派組織「イスラム国（IS)」等に関係する無差別テロが頻発する現在の状況を踏まえれば，国際緊急援助隊を派遣する場合における自衛隊員及び他の国際緊急援助隊員等の安全確保は避けて通れない課題である。この際，自衛隊が活動拠点となる宿営地や沖合の艦艇に武器を保管し，やむを得ない場合には武器を使用して安全を確保できるよう制度を改正することも一案である。

④専門人材の育成・確保

　災害救援において自衛隊は，派遣に先立って外務省経由で被災国政府から救援ニーズを提示される。しかし，より具体的な救援ニーズについては，部隊の現地到着後に被災国の首都や被災地域に設置された調整所において被災国の政府機関（軍を含む）から打診される。また，これらの調整所で他の救援アクターから支援要請が打診される場合もある。さらに，被災地で国連人道問題調整事務所（UN Office for the Coordination of Humanitarian Affairs: UNOCHA）が主導するクラスターのミーティング*において救援ニーズや支援要請を打診される場合もある。いずれの場合でも，被災直後の混乱の中で迅速な対応が求められ，あるいは国内外のさまざまな救援組織の目的や利害が交錯する中で，打診された内容に対する自衛隊の対応能力や優先順位を踏まえた調整が必要となる。こうした複雑な調整環境の中で自衛隊の派遣目的に合致する案件を見出して実行するためには，戦略的な視点をもち，自衛隊の救援能力，救援現場の実情，国内外の救援組織の特性，クラスターのミーティング等での調整手法等に通暁した専門要員の存在が不可欠となる。また，災害救援や防災協力にあたっては

現地の文化，風俗習慣，社会制度等への理解が欠かせない。特に，防災協力の効果を高めるためには現地に密着した長期的な取り組みが求められるため，地域への理解が深く，長期間に渡って特定国への防災協力が実施できる専門要員の存在が不可欠である。

* 人道支援活動に際しては，被災国の認可のもと，国連人道機関が保健，輸送等のクラスターを設けて，それぞれのクラスターに適した国連人道機関を中心とする支援組織間のパートナーシップを構築し，現場における支援活動の効果を高める取り組み（クラスター・アプローチ）が実施されている。

しかしながら，自衛隊には災害救援や防災協力に携わる専門人材を育成・確保する制度が存在しない。このため，自衛隊の中に専門要員はきわめて少なく，現状では陸上自衛隊の中央即応集団民生協力課や国際活動教育隊等に勤務する少数の者が専門的知見を有しているに過ぎない。加えて，こうした少数の人材も2年程度を基準として他の部署に異動するため，自衛隊内で専門要員が慢性的に不足し，その専門技能についても深化が難しい環境にある。加えて，2017年度に陸上自衛隊が陸上総隊を創設する際に中央即応集団（民生協力課を含む）が廃止される予定であり，今後の災害救援や防災協力を担う専門人材の育成と確保がますます難しくなることが懸念される。

3　東日本大震災に際する自衛隊による外国軍の受入れ

（1）外国軍による災害救援受入れの概要

2011年の東日本大震災に際して日本政府は外国軍による災害救援を受け入れ*，自衛隊は来援した米軍及び豪州軍と連携して救援活動を行った。米軍は，日本政府からの要請に基づきピーク時には人員約1万6000名，艦船15隻，航空機140機を投入した大規模な災害救援活動（トモダチ作戦）を実施した。米軍を受け入れるにあたって自衛隊は，日米防衛協力のための指針（ガイドライン）で規定されている調整メカニズムに準じる形で防衛省（市ヶ谷），在日米軍司令部（横田）及び陸上自衛隊東北方面総監部（仙台）に米軍との調整を行う日米

調整所を設置した。自衛隊と米軍は行方不明者の捜索，救援物資の輸送・提供，仙台空港の復旧，学校の復旧等において協力した。また，豪州軍も日本政府からの要請に基づき東日本大震災に対する災害救援活動（パシフィック・アシスト）を発動し，空軍のC-17輸送機を使用して自国の救助隊員の日本への輸送，原発対応のための高圧放水ポンプの緊急輸送，自衛隊及び米軍等の人員，車両，救援物資等の輸送を実施した。自衛隊と豪州軍は米空軍空輸管制センター（横田）を通じて調整を実施した。

* 豪州軍は朝鮮国連軍の一員であり，国連軍地位協定によって在日米軍の主要な基地を使用できるため，日本国内での効果的な救援活動が可能であった。なお，東日本大震災の際には韓国軍，タイ軍及びフランス軍の輸送機が救援要員・物資を日本国内の空港に空輸したほか，イスラエル軍の医療チームが宮城県栗原市及び南三陸町で医療活動を行ったが，自衛隊がこれらの活動に関与する場面は無かった。

（2）外国軍受入れ上の教訓：日米共同調整に焦点をあてて

東日本大震災に際して自衛隊は災統合任務部隊（JTF-東北）を編成し，米軍は災害救援（トモダチ作戦）のために統合支援部隊（Joint Support Force: JSF）を編成した。自衛隊と米軍は，武力侵攻事態や周辺事態を念頭に置いた共同訓練を積み重ね，共同調整要領を深化させていたが，東日本大震災では未曾有の巨大・複合災害という未知の分野における日米共同調整という課題が突き付けられた。この調整にあたっては防衛省，在日米軍司令部及び陸上自衛隊東北方面総監部の3ヶ所に設置された日米調整所が主要な役割を担い，自衛隊と米軍の部隊や艦隊に相互に派遣された連絡幹部が，機微な調整や意志疎通によって日米調整所を補完した。東日本大震災後に防衛省は，日米調整所が米軍の支援に係る総合的な調整機能を発揮したと評価しつつも，①調整メカニズムのあり方や日米調整所の位置付けの明確化，②各日米調整所の人員・機能の増強及び機能の明確化，③情報共有・調整のためのカウンターパートの整理が必要との教訓を述べている。

①調整メカニズムのあり方や日米調整所の位置付けの明確化

1997年に策定されたガイドラインでは日米間の調整メカニズムは周辺事態と

第Ⅲ部 日本に何が求められているのか

日本有事のみでの発動に限定されていた。このため，東日本大震災において設置された日米調整所はこのガイドラインに基づくものではなく，各日米調整所の機能区分については不明確であり，業務に混乱が生じた場合もあった模様である。なお，2015年に改定された新ガイドラインでは日本国内での大規模災害を含むあらゆる事態において日米間の調整メカニズムを適切な場合に機能させることとなり，部隊運用に焦点をあてた共同運用調整所（Bilateral Operations Coordination Center: BOCC）及び各自衛隊と米軍各軍種間の調整所（Component Coordination Centers: CCCs）がメカニズムの中に位置付けられた。これらは東日本大震災から得られた教訓が反映されたものと考えられる。

②各日米調整所の人員・機能の増強

東日本大震災における各日米調整所は震災が発生してから必要な要員を集めて立ち上げられたものである。しかしながら，ほとんどの要員は災害救援に関する日米調整は未経験であり，機能を発揮するまでには一定の時間を要した。災害救援に迅速性が求められることを踏まえれば，事態が発生してから急遽，要員を集めて日米調整所を立ち上げるのではなく，平素から所要の人員・機能を備えた常設の日米調整所を設置し，有事において機能を増強する方向に転換することの有効性は明白である。新ガイドラインはこうした常設の日米調整所の設置に道を開いており，早急に具体的な措置を講じる必要があろう。

③日米間の情報共有・調整のためのカウンターパートの整理

東日本大震災の際にはJTF-東北指揮官の隷下に陸海空の各自衛隊災害派遣部隊が編入されていたが，JTF-東北司令部内の日米調整所における調整の焦点は陸上自衛隊と米陸軍・米海兵隊の間の調整であった。海上自衛隊，米海軍，航空自衛隊及び米空軍は日米調整所に連絡要員を常駐させていたものの，日米調整所以外における軍種毎の調整を重視していた模様である。このように，日米間でカウンターパートの整理が不十分であった原因は，日米として初めて共同調整組織を立ち上げ，同時に自衛隊が初めての統合任務部隊を編成するという未経験の環境にあったとも考えられる。したがって，今後，災害救援を含むさまざまな事態における日米・陸海空のカウンターパート関係を平素から検討し，訓練等を通じて情報共有・調整の円滑化を図る必要があろう。

なお，上記の①，②，③の教訓を確実に反映するため，国内での大規模災害時の外国軍の受入れを想定した防災訓練が頻度を増している。訓練の形としては，自治体が実施する訓練に自衛隊と外国軍が参加する形（最近の事例では2014年の兵庫県及び阪神地域7市1町による合同防災訓練，2014年の東京都・杉並区合同総合防災訓練，2015年の静岡県総合防災訓練，2015年の首都圏九都県市による合同防災訓練），及び自衛隊が実施する訓練に外国軍が参加する形（自衛隊統合防災演習，日米共同統合防災訓練，みちのくアラート2014，ノーザン・レスキュー2015）がみられる。こうした訓練には主として米軍が，一部の訓練には豪州軍も参加して図上訓練や実働訓練を実施している。

4　外国軍受入れ時の教訓：東日本大震災からフィリピン，ネパールへ

（1）戦略性への意識

東日本大震災において自衛隊は来援した米軍を受け入れ，さまざまな課題を克服しながら緊密に連携して救援活動を行った。このことによって自衛隊と米軍は，相互運用性の高さを示すとともに，日米同盟が緊急時においても円滑に機能するとの戦略的メッセージを世界に発信できた。当時，北朝鮮による核・ミサイル開発の継続や中国による急速な軍近代化と尖閣諸島周辺での一方的な行動等で日本を取り巻く戦略環境は厳しさを増していたが，そうした中で日米（自衛隊と米軍）が発信した戦略的メッセージは東アジア地域の安定のための一定の抑止効果をもつものであったといえよう。その後，2013年11月に発生したフィリピンでの台風被害に対する国際的な救援活動では，日本も過去の国際緊急援助活動では最大の1100名規模の陸海空自衛隊を派遣した。また，派遣された自衛隊部隊はフィリピン軍，米軍，英軍，豪州軍等と連携し，ともに地域の安定を目指す姿を示す等，災害救援を通じた戦略的メッセージを発信した。また，2015年4月に発生したネパールの地震に際しては，自衛隊がインドと中国に挟まれた戦略的な要衝である同国で活動することで，日本がこの地域の安定に積極的に寄与する姿勢をメッセージとして発信できたといえよう。こうした

戦略性を踏まえた災害救援は，東日本大震災に際する外国軍受入れが残した教訓の反映といっても過言ではない。

（2）自衛隊の統合運用への努力

すでに述べた通り，東日本大震災において日米（自衛隊と米軍）間でカウンターパートの整理が不十分であった。そこから得られた教訓は，自衛隊が統合任務部隊の運用に習熟する必要があるというものであったが，自衛隊は2013年のフィリピンにおける災害救援においてこの教訓を生かした。自衛隊はこの災害救援にあたり国際緊急援助活動では初となる統合任務部隊（フィリピン国際緊急援助統合任務部隊）を編成し，救援活動を実施する陸海空自衛隊の部隊の活動を統制するとともに，米軍，英軍，豪州軍等との協力に関しても調整を行った。このフィリピンにおける経験を踏まえて，自衛隊は今後とも必要に応じて国際緊急援助活動において統合任務部隊を編成し，平素の防災協力，特に多国間の災害救援訓練等においても統合運用を見据えた取り組みを行うこととなろう。

（3）グローバル・スタンダードへの考慮

東日本大震災において自衛隊と米軍は3ヶ所の日米調整所を設置した。そのうち防衛省と在日米軍司令部の調整所は中央レベルでの調整を行い，陸上自衛隊東北方面総監部に設置した調整所は現場レベルでの調整を行い，それぞれの調整所では中央省庁及び地方自治体からの要請等に基づき自衛隊が主導して米軍と調整した。このように中央レベルと現場レベルで軍・軍調整及び民軍調整を行う方式は，災害救援におけるグローバル・スタンダードと結果的に符合していた。その後，2013年のフィリピンにおける国際的な災害救援では，首都マニラに中央レベルでの調整のために多国籍調整センター（Multi-National Coordination Centre: MNCC）が，被災地のセブには現場レベルでの調整のために統合運用調整所が設置されたが，自衛隊はそれぞれの調整所においてフィリピン軍や他の外国軍との調整及び民軍調整を行っている。このように，東日本大震災で外国軍を受け入れた結果，自衛隊内で災害救援におけるグローバル・スタンダードが浸透することが期待される。

（4）他国の軍・文民機関と調整ができる専門人材の不足

東日本大震災に来援した米軍は，多くの要員を日米調整所に配置するとともに，多くの連絡将校を自衛隊の現地部隊に派遣して円滑な日米協力が可能な態勢を築いた。一方，2013年にフィリピンに派遣された自衛隊はマニラのMNCC及びセブの統合運用調整所に加えてUNOCHAが運営する現地活動調整センター（On-Site Operations Coordination Center: OSOCC）にも調整要員を派遣したが，それらに加えて被災地沖合に位置する護衛艦「いせ」艦上の統合任務部隊司令部でも多くの要員が調整に従事した。しかし，自衛隊内で国際的な災害救援に関する多国間調整ができる要員は，すでに述べた通り陸上自衛隊の中央即応集団民生協力課や国際活動教育隊等に所属する専門的な知識と経験を有する一部の隊員に限られるため，能力の高い調整要員の不足は否めなかった。

5　自衛隊による災害救援・防災協力の展望

　国際的な災害救援に大規模な部隊を派遣できる軍は，緊急展開能力をもち，多国籍の人道支援に習熟した先進国の軍に限られる。他方，先進国は基本的に国内での災害に自力で対処できるため，他国の軍から来援を受けた経験が無い。ほぼ唯一の例外が日本である。自衛隊は東日本大震災において米軍や豪州軍を受け入れ，国内の災害派遣における軍・軍及び民軍の多国間調整を初めて経験した。その調整の有様は，国外での災害救援で自衛隊が支援者として参加してきた多国間調整の姿が受援者に立場を変えて再現されたものであった。その意味で東日本大震災における米軍や豪州軍の受入れは，国内での災害派遣と国外での災害救援との垣根の一部を取り払うこととなった。

　今後ともアジアでは地震，津波，台風等の自然災害で大きな被害が生じ，日本を含む国際的な救援活動が行われることが予想される。そして日本でも，南海トラフを震源とする巨大な地震と津波による広範囲かつ甚大な災禍に際しては，米軍等の外国軍の来援が見込まれる。来援する外国軍が遅滞なく効率的・効果的な救援活動を実施するためには，来援者にジャパン・スタンダードでの軍・軍及び民軍の多国間調整への順応を求めるのではなく，受援者がグローバ

ル・スタンダードを踏まえた調整メカニズムを整えておく必要があることを自衛隊は認識しているであろう。

　現在，アジア太平洋地域における自然災害に際しての多国間調整のスタンダードとしては UNOCHA が提唱している Asia-Pacific Regional Guidelines for the Use of Foreign Military Assets in Natural Disaster Response Operations がある。とはいえ，このガイドラインは包括的なものであり災害現場での使用に耐える具体性には欠けている。自衛隊は支援者と受援者の双方から軍・軍及び民軍の多国間調整のグローバル・スタンダードを眺めることのできる稀有な立場にある。また自衛隊は，すでに国連 PKO 工兵部隊マニュアルの作成を主導する等，グローバル・スタンダードの形成に寄与した経験を有している。今後，自衛隊が引き続き国外での災害救援・防災協力に積極的に参画する方向性に変化はないであろう。この際，本書のサブタイトルである「グローバル・スタンダードと現場との間」のギャップを埋めて，よりよいグローバル・スタンダードを形成し，人間の安全保障と地域の安定をより効果的・効率的に達成する上で，自衛隊が果たしうる役割は大きい。

　最後に，国外での災害救援に関わった自衛隊員諸官に想いを致したい。著者の32年間にわたる陸上自衛隊での勤務間，多くの同僚が国外での災害救援に赴いた。彼ら，彼女らは被災直後等の困難な状況にあっても任務達成のために献身的に努力し，被災国や被災者の目線に立って行動した。この真摯な姿勢こそが自衛隊による災害救援の高い質を担保している最大の要因であろう。この場を借りて隊員諸官に最大限の敬意と感謝を表する。

引用・参考文献

今井和昌「東日本大震災における自衛隊の活動・日米協力――自衛隊の災害派遣と米軍のトモダチ作戦の課題」参議院事務局企画調整室編集・発行『立法と調査』No. 329，2012年6月。

上杉勇司・藤重博美・吉崎知典・本多倫彬編『世界に向けたオールジャパン　平和構築・人道支援・災害救援の新たなかたち』内外出版，2016年4月15日。

外務省「開発協力大綱」（http://www.mofa.go.jp/mofaj/files/000067688.pdf　2015年12月10日アクセス）。

木場紗綾・安富淳「日本の国際平和協力活動における民軍協力アプローチの課題――南スーダン国際平和協力業務とフィリピン国際緊急援助活動から」神戸大学『国際協力論集』第22巻第1号，2014年7月，77-108頁。

木場紗綾・安富淳「災害救援を通じた東南アジアの軍の組織変容――民軍協力への積極的姿勢の分析」神戸大学『国際協力論集』第23巻第1号，2015年7月，21-41頁。

下平拓哉「東日本大震災における日米共同作戦――日米同盟の新たな局面」海幹校戦略研究，2011年12月（1-2），50-70頁。

鈴木滋「国際活動をめぐる陸上自衛隊の組織改編――中央即応集団の新編を中心に」国立国会図書館『レファレンス』2010年1月。

内閣官房「国家安全保障戦略」(http://www.cas.go.jp/jp/siryou/131217anzenhoshou/nss-j.pdf　2015年12月12日アクセス)。

中内康夫「国際緊急援助隊の沿革と今日の課題――求められる大規模災害に対する国際協力の推進」参議院事務局企画調整室編集・発行『立法と調査』No. 323，2011年12月。

日本赤十字国際人道研究センター「『東日本大震災と国際人道支援研究会』提言書」『人道研究ジャーナル』第3巻，付録，2014年3月。

防衛省「国際緊急援助隊法に基づく自衛隊の活動」(http://www.mod.go.jp/j/approach/kokusai_heiwa/pdf/law_jdr.pdf　2015年12月14日アクセス)。

防衛省『平成23年版　日本の防衛――防衛白書』ぎょうせい，2011年8月19日。

防衛省「東日本大震災への対応に関する教訓事項（最終とりまとめ）」2012年11月(http://www.mod.go.jp/j/approach/defense/saigai/pdf/kyoukun.pdf　2015年12月21日アクセス)。

防衛省「平成26年以降に係る防衛計画の大綱」2013年12月17日（http://www.mod.go.jp/j/approach/agenda/guideline/2014/pdf/20131217.pdf　2015年12月1日アクセス)。

防衛省『平成27年版　日本の防衛――防衛白書』日経印刷株式会社，2015年8月14日。

吉富望「海上交通の安全確保における陸上自衛隊の役割――海洋国家の陸軍種として」国際安全保障学会編『国際安全保障』第43巻第1号，2015年6月，106-122頁。

吉富望・山口昇・小谷哲男・福嶋輝彦・David Fouse・Jessica Ear・Jeffrey Hornung・Paul Barnes・Mark Gower「防災・災害救援における日米豪協力強化について――多様な民軍アクターによるアプローチ」平成24年度国際交流基金日米センター助成事業，2013年7月。

吉富望・有江浩一・今村英二郎・斎藤大介・坂口大作・田村俊之・廣瀬律子「大規模災害に際する国際／軍官民協力――東日本大震災における実相と教訓」『防衛大学校紀要』（社会科学分冊）第105輯，別冊，2012年9月。

第Ⅲ部　日本に何が求められているのか

陸上自衛隊東北方面隊「東北方面隊の概要と東日本大震災の活動」（http://www.mod.go.jp/pco/iwate/common/higasinihondaisinnsai.pdf　2015年12月26日アクセス）。

陸上自衛隊中央即応集団ホームページ（http://www.mod.go.jp/gsdf/crf/pa/crfmission/crfmissionindex.html　2015年12月28日アクセス）。

和喜多裕一「開発協力大綱の意義と課題──ODA60年の歴史から探る新たな開発協力の姿」参議院事務局企画調整室編集・発行『立法と調査』No. 361, 2015年２月。

OCHA, *Asia-Pacific Regional Guidelines For The Use Of Foreign Military Assets In Natural Disaster Response Operations,* January 14, 2014.

第12章

国際緊急援助隊の政策的課題
——支援の送出しと受入れにかかる地位——

木場紗綾

1 なぜ国際緊急援助隊の地位が重要なのか

　本章では，今後も展開が予想される国際緊急援助隊の地位，なかでも軍組織が他国での災害救援に従事する際の法的地位や損害賠償責任に関する政策的議論の必要性を指摘する。

　本書ですでにみてきたように，アジア太平洋地域では過去10年以上にわたって，国際緊急活動が展開されてきた。自然災害の多発する東南アジアにおいては特に，防災協力は近年ますます注目を集めている。

　この地域に将来起こりうる災害を見据え，迅速な支援の送出しと受入れを実現するためのネットワークを築き，域内の協力の態勢を整えておくべきことの重要性は，東アジア首脳会議（East Asian Summit: EAS）や ASEAN 首脳会議をはじめとした地域フォーラムの場で合意されている。しかし，その実現には多くの社会的，文化的，政治的，そして法的な課題がある。

　外交の通例では，国家機関を外国に派遣する国は，活動中に生じる可能性のある紛争を予防するため，特権（privilege）と免除（immunities）の付与について，条約などの形で事前に受入れ国の了承を得ておくことが多い。軍組織も国家機関の一部であり，平時に外国で任務を遂行する可能性がある場合は，「訪問軍地位協定（Visiting Forces Agreemeut: VFA）」を締結しておくことが常とされる。地位協定には，刑事裁判権と民事裁判権からの免除，制服着用の特権，武器携行の特権，課税と関税からの免除，軍人と物の出入国，傷害・損失・損害などに関する紛争手続きなどについての合意が盛りこまれる（髙井，2009）。

　しかし，軍による国際災害救援活動は従来，地位協定のないままに行われて

きた。特権や免除の取り決めのないなかでの活動は、送出し国と受入れ国の双方にとってリスクとなる。たとえば、人命救助のために国際緊急援助隊が私財である家屋をやむなく損傷させてしまった場合、あるいは、国際緊急援助隊の医療チームが傷病人を搬送しているときに交通事故などの二次災害に遭遇し、傷病人の生命が失われてしまった場合などに民事・刑事上、どのような対応がなされるのか。これらの取りきめなしに各国が緊急援助隊を送り続けるのは、きわめてリスクが高い。

日本戦略研究フォーラムの「『防災と法』研究会」(2011年の東日本大震災後、12回開催、事務局長：髙井晋) はこの課題への提言として、①外国軍隊に対して国内法令を適用するため、災害対策法に外国軍隊の支援受入れのための規定整備について検討すること、②外国軍隊の日本領土における行動基準を定め、合意をもって活動させること、を挙げている*。

* 日本戦略研究フォーラムホームページ (http://www.jfss.gr.jp/news/bousaitohou/ 2017年4月20日アクセス)。

他方、ASEAN地域フォーラム (Asian Regional Forum: ARF) や拡大ASEAN国防相会議 (ASEAN Defense Ministerial Meeting: ADMMプラス) のいくつかの専門家会合では、外国軍による支援を何らかの形で制度化するための議論が行われ、軍組織が他国で災害救援に従事する際の法的な身分保障（識別、通過、不逮捕特権、賠償補償など）も提案されてきた。

しかし、協定は双務的なものとなることから、日本を含めどの国も、自国が受入れ国になる場合のことを考えると、特に裁判権免除については慎重にならざるをえない。

本章では、国際救援活動の中核を担う国際緊急援助隊の法的な地位について下記の3点から論じる。第一に、現在、外国の援助隊の地位はどのようなものであり、何が課題なのか。第二に、ASEANの主要国は現状をどのようにみているのか。第三に、今後、地位に関する国際約束の締結などの進展の可能性はあるのか。

本章の結論は以下の通りである。ASEAN主要国は、ASEAN共同体の発足

に伴う域内協力の強化を見据えて，加盟国10ヶ国内での災害救援部隊の身分保障や外国の救援部隊の医療活動にかかる規定整備についての議論に強い関心を示している。それは，①自国の緊急援助隊の海外での活動時の安全を確保したい，②救援活動を域外大国にコントロールされたくない，との2つの理由によって支えられている。

2 日本の現状と課題

（1）送出し

日本は従来，国際緊急援助隊（海上保安庁・警察・消防を含む政府職員，JICAの職員，及び自衛隊）の派遣に際して，受入れ国との間で国際約束を締結してはこなかった。これは，万が一活動中に事故や物損などの不測の事態が発生した場合には，個別の協議と調整が必要となることを意味する。

国連PKOに参加する軍事要員の行動は，「国際連合の特権および免除に関する条約（Convention on privilege and immunities of the United Nations of 13 February 1946)」により規定されている。また，イラク人道復興支援特別措置法や海賊対処法に基づく自衛隊の海外展開に際しては，日本政府はそれぞれクウェート，ジブチとの間で，国際約束の締結を含めた措置によって自衛隊員の法的地位の確保を追求した経緯がある。

しかし災害派遣については，発生が予測不可能であること，迅速な派遣が優先されることに鑑み，現在まで，地位協定を有する米国以外の国との間での国際約束は存在しない。国際約束の取り決めには国会承認が必要となる。政府にとっては，いつ起こるかわからない災害のために複雑な手続きにエネルギーを費やす意義は低いと思われる。

日本とフィリピンとの間では，2015年6月にベニグノ・アキノ大統領（当時）が国賓として来日した際に合意された「戦略的パートナーシップ強化のための行動計画（共同宣言附属文書）」において，「両政府は，2013年の台風ヨランダの際の人道支援・災害救援活動における日本国自衛隊の貢献を想起し，フィリピンにおける災害救援活動時の自衛隊の法的地位を定めるためのあり得べき

方途について検討する」と，その方針が明記されたが*，2017年4月現在，具体的な協議は進んでいない。

 * Action Plan for Strengthening of the Strategic Partnership (Annex of the Joint Declaration)，外務省ホームページ。

 なお，緊急出動を要しない多国間共同訓練においては，訓練中に発生する不測の事態に備え，損害賠償請求権についての協議が行われた事例がある*。また，2015年には，自衛隊が米海軍の主催するアジア太平洋地域最大の人道支援・災害救援訓練である「パシフィック・パートナーシップ (Pacific Partnership)」に参加するにあたり，訓練実施国の1つであったフィリピン政府との間に，国会承認を必要としない行政文書としての取り決め事項 (Terms of Reference) を締結した例もある**。

 * 2015年2月14日，タイにおける共同軍事演習「コブラ・ゴールド」参加中の陸上自衛隊中央即応司令部要員へのインタビュー。
 ** 2015年7月27日，フィリピンの元国軍司令部民生協力部副部長である指揮幕僚学校司令官へのインタビュー。

（2）受入れ

 日本は阪神・淡路大震災，東日本大震災においてそれぞれ，諸外国からの緊急支援の人員を受け入れているが，地位協定を締結している米国を除いては，援助隊の地位に対する協定は結んでいない。

 本章11章「自衛隊による災害救援・防災協力の今後」でも触れられているように，東日本大震災においては，日本政府は米軍，オーストラリア軍の救援活動を受け入れた。オーストラリア軍は厚木の在日米軍基地に軍用機を着陸させた。日豪間に地位協定が締結されていない中での上陸であった*。韓国軍，タイ軍，フランス軍はいずれも輸送機を派遣して救援要員，物資の空輸を支援した。これらの国々との間にも，軍の地位に関する取り決めは存在していなかった。特に，在日米軍基地への外国の軍用機着上陸は機微な問題であることから，前述の「『防災と法』研究会」は，国家緊急事態においては外国軍用機の上陸許可手続きの簡素化や入管法の適用除外規定などを検討すべきであると指摘し

ている**。実際，2015年11月に開催された第6回日豪外務・防衛閣僚協議（2プラス2）においては，地位協定にも議論が及んだと報じられている***。

> *　豪州はこのとき，朝鮮国連軍の一員として「朝鮮国連軍地位協定」の枠組みを部分的に適用したとする報道もあるが，筆者が在京豪州大使館に確認したところによると，「朝鮮国連軍地位協定」は適用されていない（2017年6月13日，先方より書面回答）。
> **　日本戦略研究フォーラムウェブサイト・第3回「防災と法」研究会（2011年9月開催）報告要旨（http://www.jfss.gr.jp/news/bousaitohou/20111011-3kai.htm　2017年4月20日アクセス）。
> ***　『産経新聞』「日豪2プラス2「地位協定」で絆を深めよ」2015年11月25日。

3　ASEAN主要国の見方

　長年，防衛研究所で国際法の研究に従事した髙井は，不慮の事故の場合の対応を見据え，各国は特権免除を規定するモデル地位協定を作成しておき，国際緊急援助隊の派遣要請を受けた際にはそれを原文として受入れ国と速やかに地位協定を締結することが望ましいと指摘している（髙井，2009）。

　国連は，PKO部隊に派遣される軍事要員について「国連PKOと軍事要員の地位に関するモデル協定」を規定している。これは1990年に国連事務総長の名のもとに発表されたもので，翌年には派遣国との間のモデル協定案を策定して国連総会に提出したが，多数国間条約として採択されるには至らなかった（山田，2010，36）*。このため，いまだに協定は「モデル協定」のままであり，国連PKOの派遣に際しては，受入れ国の状況に応じ，協議によって内容の調整が行われたうえで，個別の地位協定が締結される必要がある。

> *　内容には，「国際連合の特権および免除に関する条約（Convention on privilege and immunities of the United Nations of 13 February 1946)」の適用，現地法令の尊重，国連旗及び車両標識の使用，無制限の通信，受入れ国内での移動の自由，公租公課の免除と売店の運営，国連PKO施設の不可侵と便宜の供与，現地職員の雇用，入域・滞在・出発に際しての旅券や査証などの規則の免除，身分証明書の発給と提示，制服・武器携行に関する規定，自動車運転免許に関する規定，裁判権の扱い，死亡した要員の扱い，紛争の解決などが含まれる。

PKOのように災害救援においてもモデル協定をつくることを目指すべく，何らかの議論のたたき台や事案をつくることは望ましいが，他方で，地位のレベル（ウィーン外交関係条約に基づく特権・免除と同様のレベルを追求するのか），日米地位協定など，すでに存在する地位協定との兼ね合いはどうすべきか，公的活動外の行為も裁判権免除の範囲に含めるのかなど，きわめて機微な課題が山積している。米国はアジア太平洋地域において外国の緊急援助隊の法的地位を規定するモデル協定の策定を2010年に提案したが，ASEAN諸国からの賛同が得られなかった＊。

　＊　2015年12月9日，国連人道問題調整所アジア太平洋地域事務所（バンコク）へのインタビュー。

　ではASEAN諸国は本件についてどのような見方をしているのだろうか。筆者は公益財団法人りそなアジア・オセアニア財団の共同研究助成＊を受け，ASEANの防災協力の主要プレイヤーであるフィリピン，インドネシア，タイに対して，次の3点を調査した。
　(1)国際緊急援助隊の送出しの基本方針と援助隊の法的地位。
　(2)国際緊急援助隊の受入れの基本方針と援助隊の法的地位。
　(3)本課題に関し，各国政府の中でどのような議論がなされているか。

　＊　りそなアジア・オセアニア財団共同研究助成「日本と東南アジアの防災協力——国際緊急援助の送り出しと受入れにかかる多国間枠組みと国内調整の課題」（研究代表者：木場紗綾，2015年4月～2017年3月）

　調査は，各国の外務省，防災担当省庁，国防省，国軍担当部署の関係者へのインタビューを主とし，2015年1月から2016年3月にかけて実施した。また筆者は，2016年3月にタイ国防省が主催した「災害救援における民軍調整ワークショップ」（バンコク）にも出席した。
　3ヶ国を選んだ理由は以下の通りである。
　まず，フィリピンは台風，地震，地滑りなどの災害多発国であり，2013年11月の巨大台風「ハイヤン」（フィリピン名・ヨランダ）の救援活動に日本を含む

諸外国の文民・軍の緊急援助を受け入れた経験がある。2009年にはARFによる初の災害実動演習を主催した。

インドネシアも災害多発国であり，2004年のスマトラ沖地震・インド洋津波の際に自衛隊を含む国際緊急援助を受入れた。同時に，東日本大震災でも救援チームを派遣するなど，送出しも行っている。また，ASEAN防災・人道支援調整センター（ASEAN Coordinating Centre for Humanitarian Assistance: AHAセンター）はジャカルタに設置されており，人員の送出しと受入れ制度についてインドネシア政府と緊密な議論を行っている。

タイもインドネシア同様，2004年のスマトラ沖地震の際に自衛隊を含む国際緊急援助を受け入れた。近年では，東日本大震災の際に軍用機によって物資を日本に輸送したほか，2013年フィリピン台風，2015年ネパール地震，同年のミャンマー浸水などにいずれも軍用機や軍による医療チームを派遣している。

調査の結果，いずれの国においても，外務省が緊急援助の送出しにおいて自国の援助隊の法的地位や免責などに一定の関心を有していることが明らかになった。ただし，多国間での取り決めは困難であることから，フィリピンはまず同盟国である米国及び戦略的パートナーである日本との二国間関係において整備を始めたいとしている。

①フィリピン

国際緊急援助隊の送出し方針やその構成は大統領によって決定される。日本の国際緊急援助隊のような登録・ローテーションの制度は存在しない。

フィリピン政府は米軍及び豪州軍と訪問軍地位協定を締結しているが，それ以外の国との間には国際約束は存在せず，2013年台風「ハイヤン」の際は多くの外国軍が身分保障のないままに活動を行った。実際に外国の援助隊が人命救助のために民家を破壊した事例はあるが，国防省は，「非常時にやむなく行ったことであれば，どの国の援助隊であれ，被害者がその責を追求することはないであろう，それがフィリピンの文化であり，今後も特に大きな問題に発展するとは思えない。」と回答している。国軍司令部民生協力部に勤務経験を有する複数の将官からは，フィリピン軍は長年，米軍との間で共同軍事演習を実施

してきており，その最中に誤って銃弾を民家に貫通させるなどの機微な案件も発生しているが，そうした事案の解決の鍵は，国際協定の有無ではなく軍のオペレーションに対する国民の信頼と協議による和解である，よって災害救援時に発生するかもしれない事故について事前に国際約束が必要であるとは思わない，との回答があった。国軍司令部民生部副部長も務めた指揮幕僚学校司令官は，「緊急援助隊の地位を明確にしたいのは送出し国のほうであって，フィリピン側には政策レベルでも運用レベルでもそのようなインセンティブはないのではないか。日本との間では過去に議会承認を必要としない取り決め事項（Terms of Reference）を締結した例もあるが，取り決め事項のような行政文書では外国の国家機関に特権と免除を付与することはできない。」と述べる*。

 * 2015年11月24日インタビュー。

 外務省は別の見方を提示している。2013年に台風「ハイヤン」への緊急支援の受入れを担当したジーザス・ドミンゴ外務次官（当時）は，当時の支援受入れに際し，国防省が先に受入れを表明して外務省の承認が後追いになったケースがあったことを重く受け止め，大統領府と国防省，外務省を軸とした国内調整メカニズムの構築が急務であると述べる。フィリピンの災害救援は依然として軍の人員と装備に多くを依存している。また，国際緊急支援は既存の外交・安全保障メカニズムに連動するので，フィリピン軍は緊急時には国連主導の多国間調整よりも米軍との二国間の調整を尊重する傾向がある。これらのフィリピンに固有の背景を見据えた上で，外交・防衛上の配慮と，国際機関との協調が今後の課題であるという。同外務次官は，議会（上院）承認を必要とする国際約束の締結には時間がかかるものの，フィリピンはすでに米国，豪州と訪問軍地位協定を締結していることから，災害救援に適用できる部分だけを抜粋し，日本，カナダ，韓国，英国，EUとの間での国際約束をそれぞれ二国間で協議するべきだとも述べる*。

 * 2016年3月19日インタビュー。

②インドネシア

2015年3月にマレーシアのランカウイで行われた第9回ASEAN国防大臣会議（ADMM）でASEAN各国は，災害救援活動の円滑化と迅速化を目的とした概念文書「人道支援・災害救援に関するASEAN各国軍即応グループに関する概念文書（Concept Paper on ASEAN Militaries Ready Group*）」を採択し，被災国の要請と同意に基づきASEANとしての救援部隊を派遣する，被災国が全体の指揮調整を実施する，各国が協力可能な部隊と装備，連絡窓口のデーターベースを作成し共有する，各国の軍の相互運用性を高めるための共同訓練を実施する，などの基本概念に合意した。

* "Concept Paper: ASEAN Militaries Ready Group on HADR," March 16, 2015.

この案を主導したのはマレーシアであるが，インドネシアも支持していた。ただし，そのためにASEAN加盟国全体で同即応グループの地位協定を締結するという案には多くの国が消極的であり，特にミャンマーはASEANの内政不干渉主義を理由に反対したといわれている。そのようななかでインドネシア国防相は，災害救援に限定するのであれば地位協定の議論を始める意義はあるとの立場を示した*。

* 2016年3月30日，タイ国防省主催「災害救援における民軍調整ワークショップ」（バンコク）において国連人道支援調整事務所（UNOCHA）から共有された情報。

この議論はADMM本体ではなくADMMプラスの専門家会合に委ねられたが，ここでもインドネシアとマレーシアは地位協定のための議論に積極的な姿勢をみせているという。2015年12月にバンコクで開催された国連人道問題調整所主催の「アジア太平洋地域における民軍調整コンサルティング・グループ（Regional Consultative Group on Humanitarian Civil-Military Coordination for Asia and the Pacific）の合同ワークショップにおいては，インドネシアのADMMプラスの専門家会合参加者とAHAセンターが，ASEAN加盟国間の地位協定を議題として提案した*。

* 同上。

③ タイ

2004年津波以降、2011年の洪水を除いては大規模な自然災害に見舞われていないタイは、2015年に制定された国家災害対策計画（National Disaster Prevention and Mitigation Plan 2015）の4本柱の1つとして国際防災協力を掲げている。送出しについての具体的な計画は国防省が主導している。タイ内務省防災局（Department of Disaster Prevention and Mitigation: DDPM）によると、受入れに関する政策的議論はない。

タイの国際緊急援助隊は、DDPMの救助チーム、保健省と医療NGOによる医療チーム、軍によるチーム（輸送、医療）の3種類から構成され、どのチームをいつ派遣するかは閣議で決定される。日本の緊急援助隊と異なり、登録隊員のローテーションはない。また、タイ国際開発協力機構（Thailand International Development Cooperation Agency: TICA）は緊急援助には関与しない。海外への送出しの指揮をとるのは首相府であり、物資と軍チームと文民チームはそれぞれ別々に送られる。

国防省は、軍チームと文民チームを統合し、日本の国際緊急援助隊のようなローテーションや予防接種、パスポート管理を含む派遣体制を固めたいとしている*。しかし、国防省が文民部門の派遣まで管理するとの考えには、タイ赤十字などが反対している。

 * タイ国防省政策計画室民生課のボーワン大佐へのインタビュー。なお、国防省は2013年、「災害対応における民軍関係に関するガイドライン」を起草している。

ASEAN防衛医学センター（ASEAN Center of Military Medicine）*の計画運用部長を務めるティティサック陸軍大佐は、ASEAN共同体の発足によって人やモノの国境を越えた移動が活発になり、一国の大規模災害や感染症がASEAN域内の経済、社会に甚大な影響を及ぼすリスクはいっそう高まっている中、加盟各国は米国や豪州に頼るのではなく、域内の軍組織の豊かな災害救援の経験を共有して相互運用性を高めるべきであると述べる。「国際緊急援助隊の送出しと受入れ手続きの法的な簡便さは、国際支援活動の相互運用性の根幹を占める。2013年の台風『ハイヤン』の際、真っ先にフィリピンに到着したのは米軍

であり，ASEAN 加盟国の中で最初に軍の人員を派遣したインドネシアでさえ 72 時間以内には到着できなかった。物理的に近く，キャパシティもある東南アジアの軍隊が臨機応変に助け合えないのは非合理的であり，できるかぎり柔軟に制度を変えるべきである。国内法に依拠する税関，出入国管理，検疫などの制度を統合するようなことは現実的ではないが，各国の国際緊急援助隊の登録隊員の医師免許や看護師免許情報の共有，融通できる民軍の医療機材情報の共有などを行うことで，国内法に抵触しない範囲で，送出し国も受入れ国も安心できるシステムを作るべきである**」。

タイ陸軍衛生課予防医学部副部長で，2015 年 8 月のミャンマー洪水の際に部隊を 7 日間派遣した経験をもつ同陸軍大佐は，緊急支援においては受入れ国から何らかの形で部隊防護（force protection）がなされるべきであるとも述べ，ADMM プラスの専門家会合で ASEAN 内での地位協定の議論が進むことに強く期待していると述べている***。

* 2016 年 4 月に発足した。
** 2016 年 3 月 30 日，タイ国防省主催「災害救援における民軍調整ワークショップ」（バンコク）でのプレゼンテーションから。
*** 2016 年 3 月 30 日タイ国防省主催「災害救援における民軍調整ワークショップ」（バンコク）でのプレゼンテーションから。

4 調査から明らかになった ASEAN 諸国のロジック

本調査によって，日本の防災協力のもっとも重要なパートナーであり，潜在的な国際緊急援助隊の送出し／受入れ国である ASEAN 加盟国は，地位協定について独自の見方をしていることが明らかになった。それらは以下の 3 点に集約される。

第一に，地位協定は議会承認を必要とすること，「従来，なくてもやってこられた」ことから，各国ともに国際約束の締結には消極的である。

第二に，しかしながら，アジア太平洋地域では 2 つの要素が，ASEAN 内部での多国間地位協定への議論を促進している。1 つは ASEAN 共同体の発足

に伴う災害の影響の拡大や自国の援助隊員の安全に関する不安であり,もう1つは,国際災害救援の枠組みを域外大国に主導されてしまうことへの不安である。

近年,煙害などの越境的脅威を経験しているインドネシアやマレーシア,ネパール地震の際に自国民を軍用機で退避させた経験をもつシンガポールは特に,他国の大規模災害に全く介入できないことはリスクであると認識し,そのリスクを軽減するためには,緊急時に限っては内政不干渉というASEANの原則に反して互いに介入しあう訪問軍地位協定のような国際約束が必要であるとの見方に近づいている。

また,緊急援助における多国間調整を経験したインドネシアやタイ,フィリピン,ミャンマーの国防省・軍組織を中心に,「望ましくない大国に特権や免除を付与して救援活動を主導されるくらいであればASEAN内で協力しあいたい」との見解もみられるようである。米国や国連機関に主導されるよりは,文化や価値観を共有し合える東南アジア地域を中心に,納得できる制度づくりをしようではないかとの提案は,2016年3月にバンコクで開催された「災害救援における民軍調整ワークショップ」において,特にフィリピン,インドネシア,マレーシアの民軍両方の参加者からの支持を集めた。

5 　ASEAN諸国とどのように議論を進めていくか

国際緊急援助隊の受入れ国,送出し国の双方のリスクを最小限にとどめるための国際約束の存在は,迅速な派遣と相互運用性の向上のために不可欠であろう。しかし,外国の機関や人員の特権や免責を含む国際約束には国内の議会承認が必要となるケースがほとんどであり,米国が提唱したような形で多国間のモデル協定を一気に目指すことは現実的ではない。

その上で,今後,日本とASEAN諸国との間でリスク軽減のためになんらかの対策を講じるとすれば,次のような点に注目すべきであろう。

1つの可能性は,ASEAN及びその対話国(ADMMプラス加盟国である米国,豪州,中国,インド,日本,ニュージーランド,韓国,ロシア)を基軸としたゆるや

かなモデル協定の可能性を，ADMMプラスの専門家会合の場で引き続き追求しつつ，日本‐豪州，日本‐フィリピン，インドネシア‐マレーシアのように，すでに緊密な外交・安全保障関係が確立され，個別に関心を有している国の間で，地位協定よりも拘束力や介入度合いの低い二国間協定の締結を進めていく，それが叶わない場合は議会承認の不要な「取り決め事項」の締結を視野に入れる，という三段階方式で緊急援助隊の地位を保証していくことであろう。

　一方で，受入れ国の国内法令の範囲内で調整が可能となる事項もある。たとえば税関，入管，検疫プロセスの一時免除である。本書第3章「東日本大震災における国際支援受入れと外務省の対応」でも述べられているように，緊急援助隊の持ち込む機材や物資の持ち込みにかかる関税の免除，隊員の入国手続の迅速化・簡素化や査証の特別免除，救助犬などの動物検疫の迅速化・簡素化，国際緊急援助隊の車両などの自由な移動，そして外国人医師による医療行為の一時的認可などは，国会や内閣の承認を必要とするような国際協定がなくとも，事務レベルで改善が可能な措置であろう。

　こうした対応について，各国が域内の情勢を踏まえつつ制度整備を目指していくことが重要と思われる。

引用・参考文献

赤藤司『多国領域内で活動する軍隊の国際法的地位について——受入国の同意の有無によるその変容』同志社大学大学院法学研究科修士論文（2015年度），2016年。

外務省ホームページ（http://www.mofa.go.jp/mofaj/files/000083659.pdf　2017年4月20日アクセス）。

髙井晉「国際平和協力活動と損害賠償責任」『青山法学論集』第51巻第1・2号合併号，2009年。

日本戦略研究フォーラムホームページ（http://www.jfss.gr.jp/news/bousaitohou/20120321-10kai-01.htm　2017年4月20日アクセス）。

道下徳成・アンドレア・プロッセーロ「日米協力の国内外への影響」恒川惠一『大震災・原発危機下の国際関係』東洋経済新報社，2015年。

山田洋一郎「国際平和活動：いくつかの国際法的論点」『外務省調査月報　2010』第3号，2010年。

ロバート・D・エルドリッヂ，アルフレド・J・ウッドフィン「日本における大規模

第Ⅲ部　日本に何が求められているのか

災害救援活動と在日米軍の役割についての提言」『国際公共政策研究』第11巻第1号，2006年9月，143-158頁。

第13章
大規模自然災害における在外邦人輸送

安富　淳

1　在外邦人輸送

　2013年1月に邦人10名の犠牲者を出したアルジェリアでの人質事件や，邦人2名が殺害された「イスラム国（IS）」による人質事件，そして2016年7月に邦人7名の犠牲者を出したバングラデシュにおけるテロ，同年7月の南スーダンの治安悪化に伴うJICA職員の退避等，近年，海外での治安悪化時における在外邦人保護や国外退避に関する議論が活発になっている。また，平和安全法制2法が2015年9月30日に公布，2016年3月29日に施行され，自衛隊による海外での邦人救出に関する法的課題や具体的な方法論を巡る議論が深まってきた。
　一方で，自然災害時における自衛隊による在外邦人輸送に関する議論は，これまであまり注目されることはなかった。現に，これまで海外の大規模自然災害時においてこの目的で自衛隊の出動を要する事態は発生していない。とはいえ，近年，世界各地で大規模自然災害が頻発する状況を考えると，今後も在外邦人輸送を要するような事態に直面しないとは言えないだろう。
　そうであれば，今後，自然災害時の在外邦人輸送をどのように理解し，どのような課題を抱えているのだろうか。自然災害時と治安悪化時とでは在外邦人輸送にどのような共通点と相違点があるのだろうか。諸外国のケースから学ぶ点はあるのだろうか。
　本章では，あえてこの課題を取り上げ，災害救援の支援送出し・受入れの態勢構築を考えるうえでの一助としたい。

第Ⅲ部　日本に何が求められているのか

（1）邦人救出，邦人輸送，非戦闘員退避活動

　アルジェリアでの人質事件等の文脈において用いられる「邦人救出」とは，日本国外に滞在する日本人（及び外国籍の配偶者等の関係者）が紛争や災害等の緊急事態において自力で避難できない状況に陥った場合に，自衛隊を派遣し，保護，帰国あるいは他の安全な場所までの移動を支援することを意味する一般用語である。

　後述するように，自衛隊による「邦人救出」に関する機能は，自衛隊法第84条の4に定める「在外邦人等の輸送」と同第84条の3の「在外邦人等に対する保護措置」に分けられる。前者の「輸送」は，災害，騒乱等の緊急事態において危険を回避するために安全な場所に邦人等を航空機・船舶・車輌を使用して輸送することを意味する。後者は，2015年に公布された平和安全法制によって追加されたもので，在外邦人の輸送のみならず，生命・身体に危害が加えられるおそれがある邦人の警護，救出，その他の生命・身体を保護するための措置を指す。

　自衛隊は在外邦人等の輸送活動をTJNO（Transportation of Japanese Nationals Overseas）と呼び*，輸送の対象となる在外邦人等のスクリーニング（輸送対象の確認），セキュリティ・チェック，及び危険地域の出国空港・港湾からの輸送を含む一連の作業を指す（ただし厳密にはスクリーニングは外務省の管轄）。また，2013年の法改正により，これまでは出国空港・港湾からの移動のみに限定されていた行為に加えて，危険地域における出国空港・港湾までの自国民の移動も含まれるようになった。

　　＊　なお，現在は，平和安全法制の施行により，RJNO（Rescue of Japanese Nationals Overseas）を用いている。

　これに対して，米国（及び英国・カナダ等を含む多く）の軍では，「非戦闘員退避活動（Non-combatant Evacuation Operation: NEO）」という用語を用いる。米軍は，緊急時において政府がNEOを宣言し国防省の指示により，①危険地域の出国空港・港湾までの自国民移動，②スクリーニング，セキュリティ・チェック，危険地域の出国空港・港湾から自国（あるいは他の安全な場所）までの輸

送，③本国における受入れ（入国審査等），及び④外国人の本国への帰国支援，を含む一連の作業を担うことになる。日本では，自衛隊による活動は上記の内の①及び②の中でも輸送活動のみに限定され，その他の業務は外務省やその他の省庁が管轄することから，NEO と区別して TJNO を使用している。本章では，便宜上，これらを総称して NEO と呼ぶことにする。

（2）自衛隊による NEO の実績

自衛隊による NEO の実績はこれまでに 4 例ある。2004 年，イラクのサマワで当時イラク人道復興支援特措法に基づく自衛隊の国際平和協力活動を取材していた邦人ジャーナリストに対し，当地の治安が著しく悪化したことを受け，自衛隊法第 84 条の 3（当時は第 100 条の 8）に基づき，10 名をイラク・タリル飛行場からクウェート・ムバラク空軍基地まで C-130H 輸送機で輸送した。これが自衛隊による初の NEO となった*。2 例目は，2013 年 1 月に発生したアルジェリアでの人質事件で死亡した邦人職員 7 名と遺体（9 名）を航空自衛隊特別航空輸送隊の政府専用機が日本へ輸送したケースである。3 例目は，2016 年 7 月にバングラデシュ・ダッカで発生した人質事件において死亡した邦人 7 名の遺体とその家族を政府専用機が日本へ輸送した。4 例目は，同年 7 月に南スーダンの情勢悪化に伴い，C-130H 輸送機を小牧基地からジブチに 3 機派遣したのち，そのうち 1 機を南スーダン・ジュバへ派遣し，退避する大使館員 4 名をジブチに輸送した。

 ＊ 朝日新聞社（2004），宮嶋（2005）に TJNO の状況が詳細に記載されている。

この他，実際の輸送には至らなかったものの，外務大臣による NEO の準備命令により自衛隊機を待機させた例はこれまでに 4 件あった。1997 年 7 月，カンボジア首都プノンペンで国内諸派による騒擾事件が発生した際，在留邦人に対する NEO の準備行為として，C-130H 輸送機 3 機を隣国タイのウタパオ空港に移動して待機した。1998 年 5 月，アジア通貨危機に端を発したジャカルタ市内で華人に対する暴行を含む大規模な暴動を受け，自衛隊は C-130H 機 6 機を隣国のシンガポール・パヤレバ空港に移動し待機させた。2002 年 6 月には，

第Ⅲ部 日本に何が求められているのか

インド・パキスタン間の軍事的緊張が発展したことを受け，自衛隊はB747政府専用機，C-130H輸送機等を含む編成準備を行い日本国内で待機させている。さらに，2003年3月，米国を中心とした有志連合によるイラク戦争が間近になった事態を受け，自衛隊はB747政府専用機2機を日本国内で待機させた。いずれのケースでも実際の在外邦人の輸送活動は行われず，数日後には防衛大臣（長官）による準備行為解除指示により撤収した。

　以上8件は，いずれも治安悪化を由来としたNEO活動・準備行為であり，自然災害を由来とするものではなかった。スマトラ島沖地震（2004年），フィリピン台風「ハイヤン」（2013年），及びネパール地震（2015年）における大規模自然災害においては，いずれも在外邦人の被害はあったが，自衛隊にNEOを要請する事態は発生せず，準備行為に関する議論も外務省及び防衛省内にはなかった*。

　*　国際緊急援助隊（自衛隊員）に対する筆者によるインタビュー，2015年11月9日。

　諸外国では自然災害時のNEOの事例は少数ながら存在する。たとえば，米国沿岸警備隊が，ハイチで発生した地震（2010年1月12日）で負傷した米国の文民職員をグアンタナモ海軍基地まで輸送している（Margesson and Taft-Morales, 2010）。2011年3月11日の東日本大震災において，米軍は震災や津波及び原発事故後の影響を懸念する米軍の家族（希望者のみ）2100家族を対象に，米国本土に帰国させる輸送活動Operation Pacific Passageを実施した（Smith, 2011）。また，シンガポール軍は，2015年4月25日に発生したネパール地震の際に登山中に帰国できなくなった観光客を含むシンガポール人及び外国人計95名を本国へ輸送している*。

　*　Changi Regional HADR Coordination Centre（RHCC），presentation in 1st ASEAN Civil-Military Coordination（ASEAN CMCOORD）Workshop 29, March 2016.

2 大規模災害における NEO の特徴

(1) 多国間共同訓練「コブラ・ゴールド」からみる NEO の特徴

タイ,米国,日本等がタイで毎年実施している多国間共同訓練「コブラ・ゴールド」の1つに大規模な自然災害における NEO を想定した訓練があり,日本はこれに毎年参加し,NEO の訓練を実施している。コブラ・ゴールド2015では,陸上・航空自衛隊から約70名,外務省・在外公館(在タイ日本大使館を含む)から約50名,輸送される邦人役ボランティア(大使館員家族等)約50名及び米国,タイの軍人・避難民役により実施された*。

*　筆者は,コブラ・ゴールド2014及びコブラ・ゴールド2015に参与観察を行った。

訓練の想定では,タイ国内で震度7程度の地震が発生し,首都機能が一部麻痺,混乱で反政府デモや暴動が起き死傷者も発生する。在留邦人は一時帰国を開始したが,後に大きな余震で国際空港が閉鎖され,約40名は帰国できない状態であり,被害規模と政情悪化を深刻と判断した外務大臣は防衛大臣に対し在外邦人等輸送を要請する。これを受け,防衛大臣は,首都から約150キロ離れたウタパオ海軍航空基地に C-130H 輸送機を派遣し,邦人輸送を開始する。

コブラ・ゴールドから,自然災害時の NEO の特徴について少なくとも以下の5点が挙げられよう。第一に,NEO は,自衛隊のみならず,他の多くの省庁が関与する作業である。在外邦人輸送には,輸送を担当する防衛省・自衛隊の他,被災国や友好国との連携や調整,在外邦人の把握,パスポートの確認や再発行(領事業務)等は外務省の管轄であるし,総合的な危機管理安全対策は内閣官房が担当する。この他,自衛隊機が使用する空域の調整を国交省,税関を財務省,検疫を農水省,出入国管理を法務省が担当する。このように,NEO には省庁間連携は不可欠である。第二に,NEO は短時間で実施される。1997年7月のカンボジア内戦で日本政府が在外邦人輸送のために隣国タイのウタパオ海軍基地に自衛隊機 C-130H 機3機を派遣したのは,米軍,豪州軍,シンガポール軍を含める諸外国の軍がそれぞれ軍用輸送機による NEO をすでに

終了し，民間空港機も離発着し始めた後であったことから，日本国内では対応の遅さが指摘された（竹田，1998）。コブラ・ゴールド2015での想定では，外務大臣から防衛大臣に対し輸送準備依頼が発出され，NEOの実施を決定し，輸送が行われるまで7日間しかない。実際に行われた過去2回のNEOでも，イラクでは外務大臣から防衛庁長官（当時）への輸送依頼から実施までに1日，アルジェリアでは4日で実施している。つまり，NEOは，事前準備は制限時間内に上記のような省庁間連携を求められることから，関連機関の間での合意，訓練，調査・研究等を平素から実施しておく重要性を意味している。第三に，自然災害の混乱に乗じた治安悪化や政情不安は頻発する現象であり*，NEOではこれに対応する必要がある。コブラ・ゴールドでの想定においては，混乱に乗じた反政府デモの強制排除により20名以上の死傷者が発生する事態となっており，また同訓練では退避する邦人に対する妨害行為・反対デモ（タイ軍による協力）の中，自衛隊が邦人を出国空港まで輸送する陸上輸送訓練が行われている**。実際，NEOの実施中に救出する軍が現地のデモ隊に襲撃される事例は少なくない。1996年5月に中央アフリカ共和国で自国民救出を行ったフランス軍は，現地のデモ隊による攻撃を受け死者2名が発生している。また，1997年のコンゴ共和国からのNEOでフランス軍が，救出対象者が集合する場所付近で現地の武装勢力から待ち伏せ攻撃を受け，兵士6名の死傷者が発生した（Dundin, 2011）。第四の特徴として，退避対象者に対するさまざまな側面からの支援が必要となることが挙げられる。具体的には，在外邦人には，急病人，怪我人，妊産婦，高齢者，乳幼児など特別なケアを必要とする避難者もおり，さらに，ペットを連れた家族，外国籍配偶者や，これに該当しない外国人，過剰にクレームを訴える避難者も含まれる。コブラ・ゴールドではこのような状況に置かれた避難者役をボランティア等が演じ，自衛隊員や外務省職員等が対応する経験を積んでいる。第五の特徴として，退避するのは，当然日本のみではなく，諸外国も同様な退避活動を行うことが考えられる。コブラ・ゴールド2015では，米軍とタイ軍が同空港をNEOに使用した。このことは，短時間に大規模な輸送を円滑かつ安全に実施するため，諸外国との協力と連携が必須であることを示唆している。そのためには，コブラ・ゴールドをはじめとした多

第13章 大規模自然災害における在外邦人輸送

国籍訓練や交流を通した情報交換が重要となる。

* たとえば，Department of Injuries and Violence Prevention, World Health Organization（2005），Mohsen Rezzaeian（2013, pp. 1103-1107）
** コブラ・ゴールド2015は，出国空港までの輸送が可能となった2013年の法改正後，初の陸上輸送訓練となった。

（2）諸外国の事例からみるNEOの特徴

諸外国の事例からは，NEOについてどのような特徴がわかるだろうか。この点については，橋本靖明・林宏が，過去約四半世紀に実施された諸外国のNEOを詳細に調査し，国際法の観点から分析している（橋本・林，2002, 77-79頁）。同研究の中でも特に興味深いのは，以下の3点の特徴である。

第一は，NEOの際の避難拠点が首都・大使館になる可能性が高い点である。これまで実施されたNEOではほとんどが首都・大使館から行われている。2000年のシエラレオネでの革命統一戦線の反政府運動による治安悪化を理由として実施されたNEOでは，イギリス軍が首都から自国民及び外国人約350名を隣国セネガルに輸送した。これは，救出に必要となる空港その他の施設が比較的整備されており，相手国との調整，情報収集，集合の便宜性の高さという背景がある。第二は，NEOは短期間で大量人数の救出を行うという特徴である。2000年6月のソロモン諸島における国内武装集団同士の武力衝突で治安悪化が深刻となり，豪州軍の艦艇，空軍輸送機及びニュージーランド空軍輸送機により，自国民及び外国人1000名以上を救出した。これらの事例は，自然災害時のTJNOの対象者数も，数名から状況によっては，数百，数千という単位になる可能性もあることを示唆している。さらに，第三の特徴は，輸送には自国民（及びその外国籍配偶者等）のみを対象にするということは非現実的であるという点である。橋本・林の研究では，自国民のみを救出したというケースは1件もなく，むしろ，自国民と同時に外国籍の者も多数輸送対象となったと述べている。具体的には，1994年のルワンダ内戦に出動したイタリア軍によるNEOで救出された284人のうち，自国民（イタリア国籍）は全体のわずか3分の1で他は外国籍であった。また，1997年のアルバニア危機の際のドイツ軍に

よるNEOでは，対象となった130名のうち，ドイツ国籍はわずか1割であった（橋本・林，2002）。日本は輸送対象を「在外邦人等」を対象としており，この「等」とは邦人の外国籍配偶者や親類等を指し，原則として邦人等を対象としているものの，真に切迫した事態であれば，これらの事例のように，状況によっては邦人より多くの外国人を輸送する事態も考えられよう。

　このような治安悪化時のNEOの特徴は，自然災害時の在外邦人輸送でも類似の課題に直面する可能性が高い。特に留意すべきは，上記第二，第三の特徴で，数千人規模の輸送を安全に短時間に，他国民をも同時に救出可能とする体制づくりが必要となると指摘している点である（橋本・林，2002）。この点は，自然災害時の在外邦人輸送を検討する際も極めて重要である。

（3）自然災害時のNEO：治安悪化時のNEOとの共通点と相違点

　以上でみてきたように，日本及び諸外国によるNEOは，紛争や暴動等の治安悪化に由来するものがほとんどであり，自然災害を由来とするものは限定的であった。自衛隊が参加したコブラ・ゴールド訓練も想定は首都での大震災による被害からの退避ではあるものの，震災の混乱に乗じた暴動や反政府デモの大規模化による治安悪化からの退避という意味合いが強い。大規模自然災害に由来するNEOと治安悪化に由来するそれとでは，決定的な相違点はあるのだろうか，これらの2つの文脈は同等にとらえてよいのだろうか。

　まず，自然災害を由来とする在外邦人輸送に関する軍（自衛隊）の関与は，治安悪化によるものに比して低いことが考えられる。在外邦人輸送に限らず，自衛隊による災害救援への自衛隊の関与の条件は，公共性，非代替性，及び緊急性の3点であり，軍による人道支援活動は民ではできない分野，また，治安上の問題等から民のアクセスが困難な地域に限定され，軍（自衛隊）の役割は補完的である*。自然災害被害が甚大となった場合においても，在留邦人は，まずは民間航空機等の公共交通を利用し，帰国あるいは安全な他の場所に自力で退避すべきであり，この点において軍関与の「公共性」「非代替性」が低くなる。さらに，自然災害の被害がある程度収拾するまで現地あるいは比較的安全な場所で待機し，それまで閉鎖されていた空港が再開された際に移動するこ

とが可能なので，上記条件の「緊急性」においても限定的である。これらの点を考えれば，自然災害時の自衛隊による在外邦人輸送の機会は限定的であろう。

　＊　たとえば，吉崎（2011, 74頁）。

　自然災害時のNEOは，治安悪化時に比して安全に対する脅威の種類とレベルが異なる。上述したNEO活動中に攻撃にあったフランス軍の例からわかるように，治安悪化時のNEOでは，武装勢力等によって救出活動そのものを標的として攻撃される可能性があるなど，不確実性の高い脅威に対処する必要がある。つまり，治安悪化時のNEOはきわめて高度な政治的・軍事的な判断を要する活動である。他方，自然災害時のNEOでは，コブラ・ゴールドの例でみられたような反政府デモや暴徒等に対する警備が必要な点はあるものの，高度な軍事的判断を必要とする活動ではなく，いかに迅速に，（必要に応じて）大人数を的確に安全な近隣地へ移動させるかが重要になり，むしろ技術的な課題が中心となる＊。

　＊　在外邦人輸送に従事した経験を有する元自衛官への，筆者によるインタビュー（2015年12月16日）。

　このような背景から，外務省，防衛省，国家安全保障局等の関連省庁内では，無論，治安悪化時の邦人保護措置及び邦人輸送に関する議論は活発に行われているが，自然災害時の在外邦人輸送に関する議論は特段されている様子はないという。これは，自然災害時の邦人輸送に対する政策や危機意識が低くおざなりにされているという意味ではなく，自然災害状況下で邦人輸送を自衛隊が実施するというシナリオをあまり想定していないのが理由である＊。これらの省庁では，自然災害よりも，朝鮮半島有事や台湾有事の大量のNEOの事態を想定した議論がもっぱら急務である。このNEOは，軍事的な脅威や作戦の難易度からいえば，自然災害時のそれと比較すれば「雲泥の差」である。したがって，自然災害時のNEOは，治安悪化時のNEOで要求される軍事的な困難な部分を排除したようなオペレーションと位置付けられ，前者は後者のいわば「簡易版」というのが基本的な姿勢のようである＊＊。

＊　在外邦人輸送に従事した経験を有する元自衛官への，筆者によるインタビュー（2016年1月28日）。
　＊＊　筆者によるインタビュー（2016年1月28日），筆者によるインタビュー（2015年12月16日），筆者によるインタビュー（2016年2月18日）。

3　NEOの課題と取り組み

　自然災害時のNEOを実施するためには，具体的にどのような課題をどのように克服すべきであろうか。以下の6点を挙げたい。

（1）法的課題

　これまで，海外で治安悪化を背景として日本が在外邦人の退避の危機に見舞われるごとに，自衛隊法改正の必要性が広く指摘され，何度か自衛隊法改訂を重ねてきた。最初の重要な改正は1994年であった。当時，在外邦人の退避の手段として政府ができることは，在外邦人に対して民間航空機等による自発的な避難を呼びかけるか，政府が民間機をチャーターするのみであった。1985年にイラン・イラク戦争の時，多数のイランの在外邦人の帰国の際に民間機チャーターの調整が困難となり，トルコ航空による輸送に依存した反省を踏まえ，自衛隊機を在外邦人輸送に使用することが可能となった。1999年には輸送手段に船舶と回転翼機（ヘリコプター）が追加された。さらに，自衛隊員及びその保護下にある邦人等の生命及び身体の危険から防護するための必要最小限の武器使用が認められた。2007年1月の法改正により，在外邦人等の輸送が自衛隊の本来任務とされ，自衛隊法第84条の3（当時）に明示されたことにより，在外邦人輸送の機能と責任が自然災害を含む緊急事態時の任務の1つとなった。3度目の大きな法改正の転機は，2013年に発生したアルジェリア人質事件である。同事件後に開催された政府検証委員会報告書（在アルジェリア邦人に対するテロ事件の対応に関する検証委員会，2013）等の提言を基に自衛隊法を改訂し，在外邦人輸送の対象者に政府職員や医師，企業関係者，その家族等も含め，さらに輸送手段に，これまで航空機と船舶に限定されていたのを車輛を追加し，武器使

用の防護対象者を拡大した*。

 * 自衛隊法第94条の 6 （在外邦人等の輸送の際の権限）。

これに加え，2015年に公布された平和安全法制による自衛隊法改正によって，第84条の 3 では，これまでは「邦人救出」は輸送に限定されていたが，在外邦人救出のために相手の攻撃の程度に応じて武器の使用を認めた自衛隊法第94条の 5 と併せ，在外邦人及び当国からの合意など一定の条件のもと外国人も含め，生命・身体の危険からの保護措置の機能が追加された。この改訂により，NEO の機能と意味合いが大きく変化した。

（2）被災国による軍隊（自衛隊）の受入れ合意

在外邦人輸送で課題となるのは，受入れ国の合意が必要となる点である。当然ながら，受入れ合意なしに自衛隊（及び他国軍も同様に）は NEO を含むあらゆる活動を実施することは不可能である。自然災害における活動であっても，一般に，どの国も外国軍の受入れには常にきわめて敏感である。緊急支援が必要で人道支援活動を行うとはいえ，外国軍が自国内で活動すると，自国軍や政権に不都合となる情報を暴露する機会が増え，軍や政権の維持に障害となりかねない国内状況の情報が流布するリスクを高めることになる。特に，軍事政権など権威主義的な政局を維持する諸国では，外国軍の受入れは限定的になる。2008年 5 月に発生したミャンマーのサイクロンによるイラワジ地域における甚大被害に対して，東南アジア各国・欧米諸国及び日本政府が災害支援を申し出たが，ミャンマー政府は，物資支援のみを受け入れ，その他文民及び軍の活動を一切拒絶した。ベトナムについても，近年少しずつ変化をみせているとはいえ，原則的に，ベトナム人民軍は，海外での活動及び他国軍の受入れを禁止している。また，受入れ国の合意が得られたとしても，当該国に到着するまでの航空機の空域通過許可が得られない場合も考えられる。実際，2015年のネパール地震に派遣された自衛隊活動では C-130H 輸送機の派遣も検討されたが，ネパール到着までに通過する各国からの領空通過許可の迅速な取得が困難となったため民間機で移動した経緯がある*。このように，自然災害時において，（治

安悪化由来におけるNEOにおいても同様に)，特に権威主義体制の諸国ではNEO活動が困難となる可能性が高い。さらに，反日感情の高い国にとっても，自衛隊による当国内での活動には強い抵抗を示すことが考えられる**。自然災害時のNEOであっても自衛隊の受入れの可能性は未知数である。

 * 筆者によるインタビュー（2015年7月3日）。
 ** 筆者によるインタビュー（2015年12月16日）。

（3）他省庁との連携：外務省との連携の重要性

コブラ・ゴールドの例でみたように，NEOには自衛隊による活動だけでは成立せず，多省庁との連携が不可欠である。特に当国との調整や在留邦人の把握等を担う外務省との協力がきわめて重要となる。米軍の統合ドクトリンにおいてもNEOは広範囲に亘る米国政府が関与する活動であり，省庁内の綿密な調整が重要であると明記している（Joint Publication 3-68, 2015）。

NEOにかかる省庁連携の一例として，防衛省・自衛隊と外務省との間での役割分担の明確化が挙げられる。防衛省・外務省の間で交わされた「覚書」(2000年6月) に沿って，隊員や在外邦人等の手続きや費用分担が合意されている。基本的には，自衛隊の航空機・船舶の領空通過，空港使用許可等の手続き，派遣要員の旅券・査証手続き等は外務省が担当し，在外邦人等輸送のための自衛隊の航空機・船舶の運行に直接かかる業務を防衛省・自衛隊が担当する。外務省が出国に係る必要な手続きを終えた状態で防衛省に引き継ぎを行い，それを以って輸送対象者は防衛省の保護下に入る。

課題は，実際の運用だ。コブラ・ゴールド2015の例では，自衛隊は，統合幕僚監部運用部訓練班が設計・調整し，事前の訓練計画会議で米軍及びタイ軍と調整し，日本国内での陸上・航空自衛隊による独自の事前訓練を実施したうえで，タイでの実際の訓練に臨む。この過程では，外務省（及び他省庁）はほとんど関与しない。訓練に参加する多くの外務省・在外公館職員はNEO訓練の3日前にタイに集合し，事前説明及び予行演習で初めて訓練の状況設定や内容を確認するため，状況把握や行動手順等を準備する時間は限られる。覚書については，訓練に参加する外務省職員・在外公館職員の間でこれを熟知している

者は決して多くない。日々膨大な業務をこなす彼らにとって日常から同覚書を熟知しておくことは困難であろうが，定期的な訓練や研修等を通して，その内容を身につけておくことが重要である。

　また，自衛隊は通常，外務省が担うべき具体的手続き，外務省・領事館の邦人保護業務の実態，組織文化，用語等になじみがない。逆に外務省では，自衛隊の用語，軍事用語や軍事的な知識をもっている職員は決して多くない。NEOに限ったことではないが，自衛隊も外務省も，数年単位で人事異動があるため，コブラ・ゴールドのような機会に蓄積された経験・知識は容易に失われかねない。こういった知識・経験は体系的に記録し，受け継いでいくことが重要となろう。コブラ・ゴールド2015の例でいえば，訓練実施後に多くのAAR（After Action Reviews，反省会）が実施され，自衛隊・防衛省と外務省間，また，統合幕僚監部が取りまとめをしている。他方で実際に訓練に参加した複数の自衛隊員は過去の訓練の教訓記録を目にしたことはないと述べていた*。また，訓練に参加した別の陸上自衛隊員は，「コブラ・ゴールド2015実施前の日本での事前訓練では，隊員が在外邦人を誘導する『外務省役』を演じた。外務省の実際の業務方法や手順に馴染みがなく想像しながら行ったが，実際の訓練に参加したところ，事前訓練と実際はかなり異なっていた。そのこと自体はある程度予測がついたものの，この体験を共有する機会がなかった」とも述べている**。

　＊　筆者によるインタビュー（2015年2月15日）。
　＊＊　筆者によるインタビュー（2015年2月15日）。

　さらに，緊急時における指揮命令に関する分業化についても検討の余地がある。アルジェリアでの人質事件後にまとめられた「在留邦人および日本企業の保護の在り方等に関する有識者懇談会報告書」では，危機管理の際に総理大臣の指示のもと政治主導が重要なことは当然であるも，政治レベルの政策決定責任者の負担が荷重となる傾向があったと指摘している。政治レベルの迅速な政策判断とともに各省庁間の典型的な「行政の縦割り」弊害を極力排除し，省庁一体で，いわゆる「オールジャパン」による対応が必要であったと述べている

(在留邦人および日本企業の保護の在り方等に関する有識者懇談会，2013）。同報告書は，治安悪化由来の邦人救出・輸送にかかるものではあるものの，政治主導に重きを置き過ぎた結果，政策決定責任者の負担が過剰になってしまい，省庁間連携に支障を来しかねなかったという指摘は重要であり，自然災害時の邦人輸送の課題にも共通する事項であろう。

　加えて，現地大使館が果たすべき役割も大きい。在外邦人輸送が実施されると判断し，当該国で全体を指揮するのは，当該国在外公館長（大使）となる。大使は，緊急時に邦人輸送の要請を行う必要がある。現地の自国民の判断と政府判断が異なる場合も想定される。実際に，1997年，カンボジア国内で治安悪化が深刻化した際，豪州政府は当初，救助は不要と判断したが，大使館の強い要請により実現している（橋本・林，2002，85頁）。さらに，大使は当該国政府や輸送を行う他国との協力や調整，本国（日本）外務省をはじめとする多省庁との調整等を指揮する。それゆえ，平素から邦人救出や邦人輸送の際にはどのような業務をどのようにすすめるべきかを理解しておくことが求められよう。したがって，平素からの訓練が重要になる。たとえ自衛隊によるNEOの手段を取らないとしても，緊急時，特に大規模災害で公共交通インフラにも甚大な被害が発生している中での民間航空機・船舶の確保，安全な周辺国への退避の際の周辺国との連携や取決めが必要であり，日本の大使館同士の連携，他国軍との連携なしでは実現しない*。そのためには，平素から各国の個別の事情を反映させた計画立案が不可欠である**。

　　＊　在外邦人輸送に従事した経験を有する元自衛官への，筆者によるインタビュー（2015年12月11日）。
　　＊＊　筆者によるインタビュー（2015年12月11日）。

（4）情報・インテリジェンス
　現地情報の収集はNEOに不可欠な要因であることは論を俟たない。日本では，特に2013年のアルジェリアの人質事件後に，在外邦人救出の際に求められる技能として，情報収集（インテリジェンス）の重要性が広く議論された（丸谷，2016；佐々，2013）*。現地における紛争やテロの活動や治安情報全般に亘る情

報収集については，一般の企業や個人では限界があるため，大使館を中心としたインテリジェンス機能を強化すべきとの指摘は，2015年5月に発生したシリアの人質殺害事件後に作成された「『在外邦人の安全対策強化に係る検討チーム』の提言——シリアにおける邦人殺害テロ事件を踏まえて」でも強調され（外務省，2015），専門家の養成や武官・補佐官の増員派遣等の措置がとられはじめている。この点において，自然災害時の在外邦人輸送に関しても共通の課題が存在する。在外邦人輸送の計画に携わった経緯を有するある元自衛官も，「平素からの情報収集の重要性は自然災害時の在外邦人輸送であれ治安悪化由来のものであれ変わらない。現地では平素から情報提供者や協力者を『育成』しておき，非常時に，自然災害時の混乱に乗じた強奪，暴徒，デモ等の現地治安情報や，現地人でしか知り得ない災害関連の安全情報を提供してもらえる人的ネットワークを構築しておくことはインテリジェンスの基本であるが，それが日本では未熟であることが過去数年間で改めて露呈してしまった」と強調する**。また，同元自衛官は，「自然災害発生後，本邦から情報収集のために自衛隊員や文民職員が当該国に入国して現地情報を得ようとしても，現地の言語や習慣の知識，現地人との人間関係を有していない状態では，緊急時に使用できる有益な情報は全く入手できない。自然災害においても全く同じことが言える***」と述べるように，自然災害時の在外邦人輸送の分野においても，平素からの現地の協力者との人的ネットワーク構築が急務となっている。

* たとえば，丸谷（2016），佐々（2013）。
** 筆者によるインタビュー（2015年12月11日）。
*** 筆者によるインタビュー（2015年12月11日）。

（5）諸外国との協力及び連携

基本的にNEOは，当該国の自国民を救出・輸送する活動であるが，上述したように，実際には自国民以外にも外国籍の避難民を多数輸送する可能性がある。当該国の出国空港・港湾等には諸外国人が集合し，諸外国の航空機・船舶が同様な輸送を行うことが予想されることに鑑みると，他国との連携は不可欠である（United States Government Accountability Office Report to Congressional

Requesters, 2007, pp.16-17)。

　自然災害時における在外邦人輸送の際には，日本も各国軍・各国政府との協力のための連携の責任と義務が発生することを示唆している。円滑な連携のためには，平素から，相互のNEOの経験の共有や各国の法律や手順等を学ぶため，交流や共同研究が有益であろう。

（6）国際的標準化に向けた取り組み
　NEOには各国独自の制約や手段があるとしても，救出活動にかかるドクトリン，訓練方法，方法論，手続き，用語等の基本的な事項に関しては多国間で標準化され相互理解を深めることによって，さらに多国間の連携を深化させることが可能となる。米国で緊急時に他国のNEOの手順や基本計画を把握していなかったことが反省点として指摘されたのは，上述した通りである。標準化の具体例の1つが，米統合軍・太平洋軍司令部を中心とした軍事作戦策定者からなるMultinational Planning Augmentation Team（MPAT）による取り組みである。MPATは，その活動の1つとして，自然災害・有事を含むすべてのNEOに関して，メンバー諸国内での標準化に向け，即応性，相互運用性，作戦の効率性等を向上させるためのマニュアル「多国籍軍標準作業手続き（Multinational Force-Standing Operational Procedure: MNFSOP）」の策定及び見直しを行い，演習，研究等を定期的に実施している（Multinational Force-Standing Operational Procedure（MNFSOP）version 3.0, 2015）。MPATの加盟国である日本も主体的な取り組みを強化していく必要があり，そのためにも，上記で指摘した課題にまずは取り組み，また，その過程をMPAT，コブラ・ゴールド，その他の災害救援の機会を通して広く共有していく必要がある。

4　大規模自然災害時に在外邦人を守るために

　現時点では，自然災害における在外邦人の輸送実現の可能性は高くはない。大規模自然災害発生時では，旅行者であれば，帰国が困難な状況に陥った場合，一時退避し状況が落ち着いた時点で帰国を考えればよいし，在留邦人の場合は，

特段緊急に帰国する必要はなく，まずは自宅等に避難し，必要に応じて後日改めて帰国するオプションがもっとも安全で経済的，かつ合理的だ。在外邦人は，原則として，自然災害時であれ治安悪化であれ，状況が悪化する前に民間交通手段によって自力で退避することが求められる。これらの点において，災害救援への自衛隊の関与の，公共性，非代替性，及び緊急性の3要件が満たされているとはいえない。そもそも，大規模自然災害が頻発するのは，経済・社会インフラが整備されていない政情不安定な途上国に多く，そのような場所での在留邦人及び邦人海外旅行者数は限られている。さらに，政情不安定の国が他国軍である自衛隊輸送機を受け入れることは困難であり，そこまで到着するまでの隣国の領空通過許可を取得するのも困難あるいは時間を要することが考えられる。

　これらの理由は，あくまでも現時点での問題であり，本課題が将来にわたって可能性がないと結論付けることは膚浅であろう。昨今の環境破壊や地球温暖化等の理由から大規模な自然災害は世界各地で頻発しており，在外邦人が多数いる地域においても甚大被害が発生し，帰国困難になる可能性を否定する論拠は存在しない。上述したように，米軍やシンガポール軍は大規模自然災害で自国民救出を実施している。また，厳密には自然災害ではないが，2014年3月にギニア，リベリア，シエラレオネを中心に広範囲に集団的発生したエボラ出血熱にみられたように，パンデミック（全国的・世界的な感染症流行）の事態において在外邦人が自力には退避できない状況を想像することは難しくない。

　本章で指摘した課題への取り組みには，国民からの理解が不可欠である。自然災害は一般の日本国民に直接影響する問題であり関心も高く，自衛隊による災害救援に対する評価も高い（内閣府，2015）。このため，自然災害時のNEOの課題への取り組みについても一般国民からも比較的容易に理解や支持が得られるはずだ。逆に，自然災害時のNEOの不備は，自衛隊に対するこの高い評価をそこないかねない。これまで，日本は，海外の紛争や治安悪化で在外邦人救出の必要に直面し，その都度，不備と課題が指摘され，対応に追われてきた。大規模自然災害は，世界のどこかでまた必ず発生する。その頻度は，大規模な紛争や騒乱よりも高いかもしれない。将来，自然災害時のNEOの必要に直面

第Ⅲ部　日本に何が求められているのか

したときに，安全，迅速，かつ効果的に実施できる体制を構築していくことが求められよう*。

＊　平和・安全保障研究所主任研究員。本章は筆者が所属する機関の見解を代表したものではない。

引用・参考文献

朝日新聞社「空自C130 輸送機で邦人記者をクウェートに移送」『朝日新聞』2004年4月16日。

外務省「『在外邦人の安全対策強化に係る検討チーム』の提言——シリアにおける邦人殺害テロ事件を踏まえて」外務省・在外邦人の安全対策強化に係る検討チーム，2015年5月26日（www.mofa.go.jp/mofaj/files/000082010.pdf　2016年1月8日アクセス）。

在アルジェリア邦人に対するテロ事件の対応に関する検証委員会「在アルジェリア邦人に対するテロ事件の対応に関する検証委員会検証報告書」2013年2月28日。

在留邦人および日本企業の保護の在り方等に関する有識者懇談会「在留邦人および日本企業の保護の在り方等に関する有識者懇談会報告書」2013年4月26日（https://www.kantei.go.jp/jp/singi/hogo/　2016年1月6日アクセス）。

佐々淳行『インテリジェンスのない国家は滅びる——国家中央情報局を設置せよ』海竜社，2013年8月。

竹田いさみ「海外紛争での邦人救出問題にいかに対処するか——邦人・外国人非戦闘員の救出と難民救援に関する政策提言」『日本の外交・安全保障オプション』日本国際交流センター，1998年6月（http://www.jcie.or.jp/japan/gt_ins/gti9709/ah3.htm　2016年2月15日アクセス）。

内閣府「自衛隊・防衛問題に関する世論調査」2015年1月調査（http://survey.gov-online.go.jp/h26/h26-bouei/　2016年2月15日アクセス）。

橋本靖明・林宏「軍隊による在外自国民保護活動と国際法」『防衛研究所紀要』第4巻第3号，2002年2月。

丸谷元人「安保法施行，日本政府は在外邦人救出に策があるか」『WebVoice』2016年3月31日（http://shuchi.php.co.jp/voice/detail/2919?p=1　2016年3月31日アクセス）。

宮嶋茂樹『サマワの一番暑い日——イラクのド田舎でアホ！と叫ぶ』祥伝社黄金文庫，2005年。

吉崎知典「大規模災害における軍事組織の役割——日本の視点」防衛省防衛研究所『平成23年度安全保障国際シンポジウム　大規模災害における軍事組織の役割　報

告書』2011年11月。

Department of Injuries and Violence Prevention, "Interpersonal Violence and Disasters," World Health Organization, 2005.（http://www.who.int/violence_injury_prevention/publications/violence/violence_disasters.pdf　2016年2月1日アクセス）。

Dundin, Sam, "The Historical Characteristics of Non-Combatant Evacuation Operations," Defence Science and Technology Laboratory: Policy and Capability Studies Department, 2011.

Joint Publication 3-68, "Noncombatant Evacuation Operations," November 18, 2015, I.

Margesson and Taft-Morales, "Haiti Earthquake: Crisis and Response 2010," *Congress Research Service*, 2 February 2010, p. 15.

Multinational Force-Standing Operational Procedure（MNFSOP）version 3.0, 2015（https://community.apan.org/wg/mpat/m/mediagallery/151318/download.aspx　2016年3月1日アクセス）。

Rezzaeian, Mohsen, "The association between natural disasters and violence: a systematic review of the literature and a call for more epidemiological studies," *Journal of Research in Medical Sciences*, Vol. 18, Nol. 12, December 2013.

Smith, Lorin T., "Operation Pacific Passage relocates 2,100 families," US Army, 2011（http://www.army.mil/article/54212/operation-pacific-passage-relocates-2100-families/　2016年1月10日アクセス）。

United States Government Accountability Office Report to Congressional Requesters, "Evacuation Planning and Preparations for Overseas Posts Can Be Improved," Washington, D.C., October 2007.

国際緊急援助隊の派遣に関する法律

(昭和62年9月16日法律第93号)
最終改正年月日:平成18年12月22日法律第118号

(目的)
第1条
　この法律は、海外の地域、特に開発途上にある海外の地域において大規模な災害が発生し、又は正に発生しようとしている場合に、当該災害を受け、若しくは受けるおそれのある国の政府又は国際機関(以下「被災国政府等」という。)の要請に応じ、国際緊急援助活動を行う人員を構成員とする国際緊急援助隊を派遣するために必要な措置を定め、もつて国際協力の推進に寄与することを目的とする。

(国際緊急援助隊の任務)
第2条
　国際緊急援助隊は、前条に規定する災害に係る次に掲げる活動(以下「国際緊急援助活動」という。)を行うことを任務とする。
　一　救助活動
　二　医療活動(防疫活動を含む。)
　三　前二号に掲げるもののほか、災害応急対策及び災害復旧のための活動

(関係行政機関との協議)
第3条
　外務大臣は、被災国政府等より国際緊急援助隊の派遣の要請があつた場合において、第1条の目的を達成するためその派遣が適当であると認めるときは、国際緊急援助隊の派遣につき協力を求めるため、被災国政府等からの当該要請の内容、災害の種類等を勘案して、別表に掲げる行政機関(次条において「関係行政機関」という。)の長及び国家公安委員会と協議を行う。
2　外務大臣は、前項の協議を行つた場合において、第1条の目的を達成するため特に必要があると認めるときは、自衛隊法(昭和29年法律第165号)第8条に規定する部隊等による次に掲げる活動につき協力を求めるため、防衛大臣と協議を行う。

一　国際緊急援助活動
二　国際緊急援助活動を行う人員又は当該活動に必要な機材その他の物資の海外の地域への輸送

3　前項の規定は，海上保安庁の船舶又は航空機を用いて行う同項第2号に規定する活動について準用する。この場合において，同項中「自衛隊法（昭和29年法律第165号）第8条に規定する部隊等による次に掲げる活動」とあるのは「海上保安庁の船舶又は航空機を用いて行う第2号に掲げる活動」と，「防衛大臣」とあるのは「海上保安庁長官」と読み替えるものとする。

（関係行政機関等の措置）

第4条

　関係行政機関の長は，前条第1項（海上保安庁長官にあつては，同項又は同条第3項において準用する同条第2項）の協議に基づき，その職員に国際緊急援助活動（海上保安庁の職員にあつては，同条第3項において読み替えられた同条第2項に規定する活動を含む。）を行わせることができる。

2　防衛大臣は，前条第2項の協議に基づき，同項に規定する部隊等に同項各号に掲げる活動を行わせることができる。

3　国家公安委員会は，前条第1項の協議に基づき，都道府県警察に対し，その職員に国際緊急援助活動を行わせるよう，指示することができる。

4　都道府県警察は，前項の指示を受けた場合には，その職員に国際緊急援助活動を行わせることができる。

5　消防庁長官は，前条第1項の協議に基づき，市町村（東京都並びに市町村の消防の一部事務組合及び広域連合を含む。次項において同じ。）に対し，その消防機関の職員に国際緊急援助活動を行わせるよう，要請することができる。

6　市町村は，前項の要請を受けた場合には，その消防機関の職員に国際緊急援助活動を行わせることができる。

7　関係行政機関の長のうち独立行政法人（独立行政法人通則法（平成11年法律第103号）第2条第1項に規定する独立行政法人をいう。以下同じ。）の主務大臣（同法第68条に規定する主務大臣をいう。）であるものは，前条第1項の協議に基づき，その所管に係る独立行政法人に対し，その職員に国際緊急援助活動を行わせるよう，要請することができる。

8　独立行政法人は，前項の要請を受けた場合には，その職員に国際緊急援助活動を行わせることができる。

(外務大臣の独立行政法人国際協力機構に対する命令)

第5条

　外務大臣は，第1条の目的を達成するため適当であると認める場合には，独立行政法人国際協力機構に対し，国際緊急援助活動を前条の規定に基づき行う国，地方公共団体又は独立行政法人の職員その他の人員を国際緊急援助隊として派遣するよう，命ずることができる。

2　前項の命令は，第3条第1項又は第2項（同条第3項において準用する場合を含む。）の協議が行われた場合には，当該協議に基づいて行うものとする。

(国際緊急援助隊の任務の遂行)

第6条

　外務大臣は，被災国政府等と連絡を密にし，その要請等を考慮して，国際緊急援助隊の活動の調整を行う。

2　国際緊急援助隊は，被災国政府等の要請を十分に尊重して活動しなければならない。

(独立行政法人国際協力機構による業務の実施)

第7条

　国際緊急援助隊の派遣及びこれに必要な業務（国際緊急援助活動に必要な機材その他の物資の調達，輸送の手配等を含むものとし，第3条第2項（同条第3項において準用する場合を含む。）に規定する活動のうち同条第2項第2号に該当するものに係るものを除く。）は，独立行政法人国際協力機構が行う。

附　則　抄

別　表（第3条関係）

内閣府　警察庁　総務省　消防庁　文部科学省　厚生労働省　農林水産省　経済産業省　資源エネルギー庁　国土交通省　気象庁　海上保安庁　環境省　防衛省

索　引
(＊は人名)

あ　行

アジア・アフリカ首脳会議　32
アジア太平洋地域における民軍調整コンサルティング・グループ会合　230
アジア防災閣僚会議　32
アジア防災センター　40
ASEAN　10, 11, 19, 41, 141, 142, 222, 226, 229, 231-233
ASEAN 共同体　222, 230, 231
ASEAN 国防相会議（ADMM），拡大 ASEAN 国防相会議（ADMM プラス）　19, 206, 222, 229, 231, 232
ASEAN 首脳会議　41, 221
ASEAN 地域フォーラム（ARF）　40, 206, 222, 227
ASEAN 防衛医学センター　230
ASEAN 防災・人道支援調整センター（AHA センター）　11, 142-143, 227, 229
アルジェリア人質事件　19, 235, 236, 244
アルバニア危機　241
伊勢志摩サミット　125
伊勢湾台風・水害　16, 100, 102-104, 109, 113, 168
移動式防災教室（MKRC）　173, 174
イラク人道復興支援特措法　237
イラン・イラク戦争　244
インシデント・コマンド・システム（現場指揮システム：ICS）　10, 145
インド洋津波　18, 30, 31, 40, 114, 154, 227
NGO（非政府組織）　5, 8-10, 14, 123
NPO（非営利組織）　10, 123
エボラ出血熱　251
MV-22B 輸送機（オスプレイ）　120, 125-126, 208, 210
オスロ・ガイドライン　11
Operation Pacific Passage　238

か　行

海外からの支援受入れに関する関係省庁連絡会議申し合わせ　87
開発協力大綱　204
関西広域連合　94
カンタベリー地震　148
関東大震災　98, 102, 113
カンボジア難民　47
気候変動（地球温暖化）　63, 251
教育復興支援　150
強襲揚陸艦　124
緊急医療チーム（EMT）　137
緊急援助物資（供与）　134, 135
緊急教育支援ミニマム・スタンダード　151
緊急災害援助　134, 145
（内閣府）緊急災害対策本部　67-69, 71, 87, 90
緊急災害対策本部 C 7 班（C 7 班）　67-71, 90
緊急消防援助隊　89
緊急人道支援　133, 144
空域通過許可　245
空港使用許可　246
熊本地震　17, 120, 126
クライスト・チャーチ地震　64, 140
クラスター（制度）　8, 137, 145, 152, 154, 160, 212
＊グラック，K.　119
クルド難民への支援　54
減災連携研究センター　125
現地オーナーシップ　181
現地活動調整センター（OSOCC）　136

現場主義　97, 100-103, 106, 107, 109, 110
原発事故　120
公助　193
国際医療チーム（FMT）　137
国際協力機構（JICA）　1, 2, 14, 17, 19, 26, 28, 47, 49, 54-56, 59, 60, 83, 93, 133-145, 188, 189, 191, 192, 208-210, 235
国際協力事業団（現・国際協力機構）　26, 191
国際協力事業団法　59
国際緊急医療体制（JMTDR）　2, 26, 47, 48, 55, 59
国際緊急援助　2, 25, 134, 215
国際緊急援助隊（JDR）　1-3, 16, 19, 26, 33, 50, 51, 54, 61, 83, 96, 134-136, 209, 210, 222, 223, 227, 231, 232
国際緊急援助隊医療チーム　137, 140, 143
国際緊急援助隊救助チーム　136
国際緊急援助隊の派遣に関する法律（国際緊急援助隊法, JDR法）　1, 27, 47, 52, 61, 84, 96, 135, 204
国際緊急援助隊派遣体制　48
国際緊急災害援助　134, 145
国際原子力機関（IAEA）　51
国際交流基金　25
国際人道支援　8, 134, 136, 137
国際捜索救助諮問グループ（INSARAG）　62, 136, 142
国際通貨基金（IMF）　78
国際防災協力　25
国際防災戦略（ISDR）　7, 30
国際防災の10年　7, 30, 152
国際連合の特権および免除に関する条約　223
国内対応力の強化　145
国防の基本方針　97, 103
国連災害評価調整（UNDAC）チーム　77, 79, 80, 91, 136-137, 142
国連児童基金（UNICEF）　76
国連人道問題調整事務所（UNOCHA）　8,

11, 12, 62, 76, 134, 211, 217, 218, 229, 230
国連世界食糧計画（WFP）　12, 73, 75, 76, 78, 210
国連難民高等弁務官事務所（UNHCR）　76
国連PKOと軍事要員の地位に関するモデル協定　225
国連平和維持活動（PKO）　2, 105, 205, 218, 223, 225
国連平和維持活動等に対する協力法（PKO法）　28, 61
国連防災世界会議　31, 38, 152, 167, 187, 188
子どもの権利条約　149
コブラ・ゴールド　19, 207, 224, 239-243
コミュニティ防災　187, 188, 192, 193, 198, 199

さ　行

災害外交（Disaster Diplomacy）　4, 5, 15, 17
災害管理能力　190
災害出動要請　100
災害時要援護者　149
災害対応能力　146
災害対策基本法　106, 108
災害対策専門家チーム　51
災害派遣医療チーム（DMAT）　62
災害派遣制度　100
在外邦人等に対する保護措置　236
在外邦人等の輸送活動（TJNO）　19, 235, 236, 241, 246
在外邦人の安全対策強化に係る検討チームの提言　249
災害補償　56
災害リスク　192
災害リスク管理サイクル　150, 164
在留邦人および日本企業の保護の在り方等に関する有識者懇談会報告書　247
C-2輸送機　208, 209
SEEDS Asia　170, 172-174, 176, 179
C-130H輸送機　205, 209, 210, 237-239, 245
自衛隊法　97, 99, 236, 244

索　引

自衛隊法改正　244
事業継続計画（BCP）　141
自己完結型　68-69, 91
自主派遣　106
自助　187, 193
自然災害対処において外国軍の施設を利用する際のアジア太平洋地域ガイドライン（APC MADRO）　11
四川大地震　148
持続可能な開発目標（SDGs）　39
持続発展教育（ESD）　169
シビリアン・コントロール　11, 99
JANIC（国際協力 NGO センター）　9, 75, 77
ジャパン・プラットフォーム（JPF）　75, 77, 161
ジュディス台風災害　98
状況報告書（Situation Report）　77, 179
省庁間連携　240
昭和南海地震　98
シリアの人質殺害事件　249
人道支援　6, 146, 242
人道支援機関と軍との運用調整所（HuMOCC）　13
人道支援・災害救助（HA／DR）　96
人道支援・災害救助に関する ASEAN 各国軍即応グループ　229
人道支援のアカウンタビリティと支援の質に関する基準（HAP）　151
新防衛大綱　29
スフィア・スタンダード（プロジェクト）　8, 9, 13, 80, 151
スマトラ沖地震　10, 30, 33, 62, 114, 227, 238
税関・出入国管理・検疫（CIQ）　68, 92
政災分離　126
正常性バイアス　198
青年海外協力隊　49, 51
政府開発援助（ODA）　26, 35, 133, 143, 146, 188
世界防災閣僚会議　37, 187
赤十字　74, 151, 176, 197, 209, 230
赤新月社　74, 151, 197
全体責任　97, 101-103, 106, 107, 109
仙台防災枠組2015-2030　7, 39, 152, 153, 164, 167, 178, 188

た 行

対応能力強化　137, 139
大規模地震対策特別措置法　103
体験型の学習　174, 178
体験型の防災教育　202
タイ国際開発協力機構（TICA）　230
第3海兵遠征軍（部隊）　115, 121
耐震改修　195, 197, 201
タイ内務省防災局（DDPM）　230
第二次防衛力整備三カ年計画（二次防）　102
太平洋地域多国間協力プログラム（MCAP）　207
台湾有事　243
多国間調整所（Multi-National Coordination Center: MNCC）　12
多国籍軍標準作業手続き（MNFSOP）　250
地位協定　221, 229-232
中央即応集団（CRF）　3, 108, 109, 212, 217
中央防災会議対策推進検討会議　123
中期防衛力整備計画　206
朝鮮国連軍地位協定　224, 225
朝鮮半島有事　243
東海地震　102, 103, 112, 121
トモダチ作戦　17, 109, 112, 118-123, 212, 213

な 行

内閣法制局（法制局）　49
ナルギス　10, 11, 170, 172, 182, 245
南海トラフ巨大地震　93, 123, 217
新潟県中越地震　114
新潟地震　113
日 ASEAN 統合基金（JAIF）　40, 41, 142
日米地位協定　226
日米（共同）調整所　109, 127, 212-214
人間の安全保障　31, 32, 36, 39

ネパール地震　8, 18, 137, 148, 179, 203, 238, 245
能力構築支援　205, 206

は 行

ハイチ大地震　8, 19, 34, 64, 78, 137, 140
ハイヤン（ヨランダ）　5, 6, 8, 10, 12, 18, 134, 137, 140-141, 157, 159, 160, 179, 203, 223, 226-228, 230, 238
パシフィック・アシスト　213
パシフィック・パートナーシップ　205, 206, 224
発災型の訓練　197
ハリケーン「カトリーナ」　65, 113
Vulnerable Group　149
阪神・淡路大震災　13, 16, 65, 67, 68, 83, 84, 86, 88, 89, 91, 97, 104-107, 109, 110, 112, 149, 168, 169, 180, 201, 224
パキスタン北部地震　151
パンデミック　251
非核神戸方式　113
東アジア共同体　33
東アジア首脳会議　221
東日本大震災　5, 13, 17, 18, 35, 40, 50, 64, 78, 81, 88, 90, 91, 93, 96, 108-110, 115, 121, 134, 140, 144, 149-150, 160, 169, 170, 180, 203, 217, 224
東日本大震災復興構想会議　36
非戦闘員退避活動（NEO）　236-250
兵庫行動枠組（HFA）　7, 31, 32, 152, 187, 188
標準作業手順書（SOP）　138, 143
物品役務提供協定（ACSA）　210
米国際開発庁　115

平和安全法制　235, 236
平和維持活動（PKO）　3, 4, 29, 51, 54
防衛協力プログラム　17
防衛計画の大綱　107, 206
防災技術協力支援　202
防災基本計画　65, 84, 87, 91, 92, 113
防災協働対話　191
防災協力プログラム　112
防災拠点学校　176
防災の主流化　191
防災福祉コミュニティ　169
邦人救出　236
訪問軍地位協定　6, 221, 227, 228

ま 行

ミレニアム開発目標（MDGs）　35, 37, 38
民軍調整（civil-military coordination）　11, 216
メキシコ大地震　48

や 行

輸送準備依頼　240
要請派遣　106
より良い復興（ビルド・バック・ベター）　153

ら 行

リエゾンオフィサー（外務省リエゾン）　69, 88
陸上自衛隊　117
リスク認識　193, 195, 196, 198, 199
リスク理解　199
ルース台風災害　98
ルワンダ内戦　241

執筆者紹介

片山　裕（かたやま　ゆたか）（神戸大学名誉教授・京都ノートルダム女子大学名誉教授　はしがき・序章）
　編著者紹介参照

木場紗綾（きば　さや）（同志社大学政策学部助教　序章・第12章）
　1980年生まれ，神戸大学大学院国際協力研究科博士課程後期課程修了，博士（政治学），東南アジア政治・政軍関係・民軍協力。

楠　綾子（くすのき　あやこ）（国際日本文化研究センター准教授　第1章）
　1973年生まれ，神戸大学大学院法学研究科博士課程後期課程修了，博士（政治学），日本政治外交史専攻。

栗栖薫子（くるす　かおる）（神戸大学大学院法学研究科教授　第1章）
　東京大学大学院総合文化研究科博士後期課程満期退学，博士（国際公共政策，大阪大学），国際関係論。

大島賢三（おおしま　けんぞう）（広島大学学長特任補佐　第2章）
　1943年生まれ，外務省経済協力局長・国連事務次長（人道問題担当）・国連大使・国際協力機構（JICA）副理事長。

河原節子（かわはら　せつこ）（在オランダ日本国大使館公使　第3章）
　1963年生まれ，1986年一橋大学法学部卒業，外務省入省，緊急・人道支援課長などを経て，2013年より2015年まで一橋大学法学部教授（外務省より出向）。

大江伸一郎（おおえ　しんいちろう）（兵庫県庁職員　第4章）
　1974年生まれ，神戸大学大学院国際協力研究科博士課程前期課程修了，修士（政治学），国際政治。

村上友章（むらかみ　ともあき）（流通科学大学経済学部准教授　第5章）
　1974年生まれ，神戸大学大学院国際協力研究科博士課程後期課程修了，博士（政治学），日本政治外交史。

ロバート・D・エルドリッヂ（元米国海兵隊太平洋基地政務外交部次長，エルドリッヂ研究所代表　第6章）
　1968年生まれ，神戸大学大学院法学研究科博士課程後期課程修了，博士（政治学），日本政治外交史・日米関係論・安全保障・危機管理・防災。

柳沢　香枝（やなぎさわ　かえ）（在マラウイ日本国大使　第7章）
　1958年生まれ，ジョンズ・ホプキンス大学高等国際問題研究大学院修士課程修了，国際協力機構（JICA）理事（執筆当時）。

桜井　愛子（さくらい　あいこ）（東洋英和女学院大学国際社会学部准教授　第8章）
　1970年生まれ，神戸大学大学院国際協力研究科博士課程後期課程修了，博士（学術），国際教育開発・災害復興・防災教育。

中川　裕子（なかがわ　ゆうこ）（特定非営利活動法人 SEEDS Asia 事務局長　第9章）
　1967年生まれ，神戸大学大学院国際協力研究科博士課程後期課程単位取得退学，国際学。

ショウ　智子（ともこ）（OYO インターナショナル株式会社防災部マネジャー　第10章）
　1967年生まれ，神戸大学大学院国際協力研究科博士課程後期課程単位取得退学，都市防災・コミュニティ防災・防災教育。

吉富　望（よしとみ　のぞむ）（日本大学危機管理学部教授　第11章）
　1959年生まれ，防衛大学校卒業，陸上自衛隊入隊，拓殖大学国際協力学研究科博士後期課程単位取得退学，安全保障・危機管理。

安富　淳（やすとみ　あつし）（一般財団法人平和・安全保障研究所主任研究員　第13章）
　1971年生まれ，ベルギー・ルーヴェン大学大学院博士課程修了，博士（社会科学），軍社会学・国際安全保障。

《監修者紹介》

五百旗頭　真（いおきべ・まこと）
- 1943年　生まれ。
- 　　　　京都大学法学部卒業，修士（京都大学大学院法学研究科［政治学専攻］），法学博士（京都大学）。
- 現　在　ひょうご震災記念21世紀研究機構理事長，熊本県立大学理事長。
- 主　著　『戦後日本外交史』（編著）有斐閣，1999年。
- 　　　　『日米戦争と戦後日本』講談社学術文庫，2005年。
- 　　　　『占領期――首相たちの新日本』講談社学術文庫，2007年。
- 　　　　『日本は衰退するのか』千倉書房，2014年。
- 　　　　『大災害の時代――未来の国難に備えて』毎日新聞出版，2016年。

《編著者紹介》

片山　裕（かたやま・ゆたか）
- 1949年　生まれ。
- 　　　　京都大学法学部卒業，法学修士。
- 現　在　神戸大学名誉教授，京都ノートルダム女子大学名誉教授。
- 主　著　『講座　東アジア近現代史4　東アジア史像の新構築』（共編）青木書店，2002年。
- 　　　　『アジアの政治経済・入門』（共編著）有斐閣，2006年，新版，2010年。

検証・防災と復興②

防災をめぐる国際協力のあり方
――グローバル・スタンダードと現場との間で――

2017年7月30日　初版第1刷発行　　　　〈検印省略〉

定価はカバーに表示しています

監　修　者	五百旗頭　　真
編　著　者	片　山　　　裕
発　行　者	杉　田　啓　三
印　刷　者	江　戸　孝　典

発行所　株式会社　ミネルヴァ書房

607-8494　京都市山科区日ノ岡堤谷町1
電話代表　(075)581-5191
振替口座　01020-0-8076

© 五百旗頭・片山ほか，2017　　共同印刷工業・新生製本

ISBN978-4-623-08063-2
Printed in Japan

検証・防災と復興

五百旗頭 真 監修

① 大震災復興過程の政策比較分析
―― 関東,阪神・淡路,東日本三大震災の検証 ――

御厨 貴 編著

大災害に際し,重大な役割を担う政治や行政はどのような備えを行うべきか。本書は,関東,阪神・淡路,東日本の三大震災を,①復旧・復興の政治過程,②政府と官僚の危機管理,③震災をめぐる社会認識について,政治学的な分析視角から比較検証。これらの知見を基に,2016年に発生した熊本地震も含めた今後の災害対策,復旧・復興体制を考察し,災害時の強固な統治体制や日本社会のあり方への認識を深める。

② 防災をめぐる国際協力のあり方
―― グローバル・スタンダードと現場との間で ――

片山 裕 編著

どこかの国で大災害が発生したとき,各国から救助隊の派遣や,必要物資の支援が行われる。本書では,日本からの支援に際しての二国間,多国間調整の必要性,受け入れる側での調整機能と関係セクターとの連携,さらに国際的防災教育の重要性も視野に入れ,東日本大震災における各セクターの具体的事例,国際防災協力における支援活動の実態を分析し,その経過と効果,今後の課題を析出する。

③ 災害に立ち向かう自治体間連携
―― 東日本大震災にみる協力的ガバナンスの実態 ――

大西 裕 編著

大規模災害において有効に機能する自治体間連携のあり方とは何か。東日本大震災に際し,関西広域連合が行ったカウンターパート方式と,他の支援体制との比較分析や組織的特徴について,行政学,政治学などの視点から広域災害に適用可能な理論的背景を提示。広域連合が有効に機能する条件とは何かについて実証的な解明を行う。人的・予算的リソースの確保や支援協定の検証など多くの示唆に富む提言の書。

―― ミネルヴァ書房 ――

http://www.minervashobo.co.jp/